本书获得以下基金项目的资助：

国家自然科学基金

"最严格耕地保护制度下土地发展权转移与交易的研究：理论框架、地方创新与政策含义"（71073138

国家社科基金重大项目

"城乡经济社会一体化新格局战略中的户籍制度与农地制度配套改革研究"（08/ZD025）

国家社科基金重大项目

"城乡统筹发展背景下户籍制度改革与城镇化问题研究"（11&ZD037）

Land Requisition System Reform in China:
Theories, Facts and Policy Portfolio

中国征地制度改革

理论、事实与政策组合

汪　晖　著

ZHEJIANG UNIVERSITY PRESS
浙江大学出版社

前　言

　　土地改革是中国当代经济转型过程中的一个关键环节,也是 30 多年前中国经济改革得以起步的一个关键所在。以土地改革为核心的农村改革极大地解放了被计划经济束缚的社会生产力,并为农民收入和生活水平的提高、城乡粮食和副食品供应的保障,以及 20 世纪 80 年代以乡镇企业发展为标志的乡村非农产业大发展打下了良好的经济基础。肇始于 20 世纪 80 年代中后期的城市土地使用制度改革更是推动了我国城市土地市场的发育和发展,提高了城市土地配置效率,为快速的工业化和城市化进程提供了土地和财政保障。

　　然而,进入 20 世纪 90 年代以后,随着中国经济体制的一系列改革和变化,尤其是财政体制改革、金融改革和国企改革的启动,围绕制造业投资进行的地区竞争浮出水面并日益激化,中国逐渐形成了以"区域竞次式"为特点的经济增长模式。在这种模式下,地方政府一方面以提供廉价制造业用地、放松劳动和环境管制为主要手段进行大规模制造业招商引资,从而推动地区经济增长;另一方面通过垄断土地一级市场、低价征收土地,并以招标、拍卖方式出让商住用地来获得大量的出让金收入,逐渐形成了所谓的"土地财政"现象。毋庸置疑,至少在 2008 年以前,这一模式看上去是非常成功的,中国经济取得了高速增长,工业化和城市化进程也开始加速推进。工业化、城市化过程的加速在推动农村人口大规模向城市迁移的同时,也带来了城市经济规模的迅速增长和城市空间范围的大幅扩展。然而,"区域竞次式"经济增长模式赖以发展的土地制度基础就是以"低补偿、无征地范围限制"为特点的征地制度。

　　中国现行征地制度形成于 20 世纪 50 年代,具有明显的计划经济特征,期间虽有局部的改革,但这一制度的核心原则一直延续至今,即以土地原用途为补偿原则,无征地范围限制。进入 21 世纪后,在"区域竞次式"经济增长模式下,以现行征地制度为支撑,大量农村集体土地被征为国有,不仅使得失地农民基本财产权益难以得到有效保障,而且也带来地方政府土地预算外财政缺乏透明度、各类工业开发区过度扩张、商住用地价格飙升、投资过热乃至农村非农建设用地大幅度增加、以租代征、小产权房大量涌现等一系列问题。工业化和城市发展过程中地方政府与失地农民之间在土地增值利益分配上的矛盾日益突出，出现了很多与征地有关的群体性事件和集体上访现象，严重地威胁了社会和谐和政治稳定。于是，征地制度改革的呼声逐渐浮出水面，引起政府、学界和社会的广泛关注，出现越来越激烈的讨论。最近一次激烈辩论应该是在 2004 年《宪法》修正案出台的前夕。"限定征地范围、界定公益性用地项目、取消按原用途补偿"等一系列征地制度改革的建议也正是在当时的背景下提出来的。但从总体上来看，2004 年以来中国进行的各种征地制度改革依然局限于有限度的提高征地补偿标准、提供被征地农民社会保障等修修补补式的调整，并没有从根本上触动既有的征地制度本身。

提出一个理想的改革目标相对容易，值得深思的是，为什么学界和政府部门部分官员不断呼吁并提出的理想改革目标难以推行？隐藏在征地制度改革背后的约束条件到底是什么？这不仅需要从理论上做出解释，更需要扎实的实证分析。

本书基于笔者主持的 2009 年全国 12 个城市大样本征地调查数据，结合多年的研究心得，试图从制度背景、理论和基本事实等三个层面深入剖析中国现行征地制度，并通过对地方改革实践的观察和总结，提出系统性改革的政策组合方案。

本书的结构作如下安排，在第一篇以三个章节回答征地制度的若干基本理论问题：现行征地制度的背景是如何形成的？征地制度改革的约束条件是什么？征地制度的核心是什么？政府为何要征地，以及征地权行使的合法基础是什么？公共利益如何界定？如何形成兼具公平与效率的征地补偿机制？在第二篇，基于大样本抽样调查数据，我们将对农民土地财产权意识觉醒、农民抗争、谈判与征地补偿、农村住房拆迁的影响因素及区域差异、土地征收对农民就业和生活满意度的影响等方面展开实证分析。在第三篇，我们将着重考察征地制度改革的地方实践，结合前两篇的理论和实证分析，提出征地制度系统性改革的目标和政策组合方案。

目　录

第一篇 基本理论：
制度背景、公共利益与征地补偿

1

中国征地制度:制度背景与基本事实

　　以"低补偿、无征地范围限制"为特点的征地制度无疑是当今中国最富争议的一项制度了。自 20 世纪 90 年代末期以来,从政界、法律界、学术界到社会公众,改革的呼声持续不断,因征地制度引发的社会矛盾也与日俱增,尽管从中央到地方,从法律政策到地方实践,对现行征地制度多少进行了一些局部改革,但并未从根本上撼动征地制度的核心。那么阻碍征地制度改革背后的约束条件究竟是什么? 只有将征地制度置于改革开放后中国经济转轨和增长这一大背景下,来理解中国经济转轨和增长的逻辑,才能找出征地制度改革背后的约束条件;也只有通过系统性的整体改革来改变这些约束条件,才能提供足够的激励,从而从根本上改革现行征地制度。本章将系统讨论中国经济转轨、增长与现行征地制度之间的逻辑联系,并归纳和总结现行征地制度的特点及基本事实。

1.1　经济增长、地区竞争与征地制度

　　中国当前阶段经济增长模式是一种以"区域竞次式"[①]为特点的增长模式(陶然等,2009),在这种模式下,地方政府以提供廉价制造业用地、放松劳动和环境管制为主要手段进行大规模制造业招商引资,从而推动地区经济增长。而这

---

　　① 关于"区域竞次式"经济增长模式的论述主要吸收了陶然教授的学术思想。作为合作者,本人与陶然教授分别于 2005、2007、2008、2009 以及 2011 年一起奔赴浙江、江苏、广东、四川、重庆、天津、山东和河北等地进行多次典型调查和大样本抽样调查,共同讨论相关问题,并在《经济研究》《领导者》等杂志上合作发表了关于中国经济增长模式、土地制度等方面的学术论文。"区域竞次式"经济增长模式的学术观点固然在土地制度方面有本人的贡献,但主要的学术思想还是来自陶然教授。

一经济增长模式的形成,是从 20 世纪 90 年代中期以来中国经济体制的一系列改革和变化开始的,在围绕制造业投资进行的地区竞争中浮出水面并逐步激化,而对地区竞争格局产生根本性影响的主要有四个方面的因素。

1.1.1　国企和金融改革

1992 年邓小平"南方谈话"以后,随着社会主义市场经济体制改革总目标的确立,新一轮市场化改革开始启动。FDI(外商直接投资)和私营企业迅速增加,地区间贸易壁垒逐渐瓦解,国内市场一体化加强,产品市场竞争日益激烈,这些变化迅速压缩了地方国有企业和乡镇企业的发展空间。中央政府在 1993 年发起的金融体制改革,在很大程度上抑制了地方政府影响国有银行地方分支机构通过行政性贷款扶持本地国有和乡镇企业的做法,导致 20 世纪 90 年代中期以后地方国有企业和乡镇企业的盈利能力显著下降。地方政府先前控制并赖以获取各种财政资源的这些企业现在开始成为地方政府的负资产(陶然,2011)。为此,一场大规模的国有和乡镇企业改制不得不开始(Li, Li and Zhang,2000)。到 1996 年年底,70% 的小型国有企业已在一些省份实现私有化,其他省份也有半数实现改制(Cao 等人,1999),而到 21 世纪初绝大多数的地方国有企业和乡镇企业已完成改制(Qian,2000)。20 世纪 90 年代中后期开始的地方国有和乡镇企业的大规模私有化,使得地方政府与企业的关系从所有者变成征税者,原来必须在本地交税、提供就业,因而也缺乏流动性的地方国有企业和乡镇企业,现在变成了具有更高流动性、更容易被能提供各种优惠条件,包括税收、土地等优惠条件的地区吸引的私营企业。也恰恰是由于无法从改制的国有、乡镇企业继续获取稳定财源,地方政府开始逐渐热衷于吸引私人投资,包括海外投资来培养新的地方税基。这样,地方政府在经济发展中所扮演的角色逐渐从地方国有、乡镇企业的所有者过渡为本地企业的征税者。很明显,相比于原先那种地方政府所有、必须在本地生产并为地方政府创造财源的国有、乡镇企业,这些企业有更大的流动性,可以根据各地政府提供的优惠投资条件来选择投资地,从而导致为扩大地方税基而争夺外来投资的激烈的地区竞争,以及 20 世纪 90 年代中后期开始的各地为招商引资而展开的一波又一波的开发区热潮(陶然,2011)。

1.1.2　财政体制改革

1994 年开始的以收入集权为基本特征的"分税制"改革,在保持政府间支出责任划分不变的同时,显著地向上集中了财政收入,大大限制了地方政府利用正式税收工具扶持当地制造业企业的机会。上述税制和征税方式两个方面的重大调整,与同一时期逐渐展开的地方国有和乡镇企业大规模改制、重组乃至破产一起,使地方政府难以继续沿用之前将本地国有和乡镇企业转移到地方预算外以避免中央收入集中的做法(Wong,1997;Wong and Bird,2005,World Bank,2002)。从税收工具来看,分税制改革后地方政府能用以扶持本地企业或争取外来制造业投资的方式已主要限于地方企业所得税。而在显著向上集中了财政收入的同时,"分税制"改革并没有相应调整不同级政府间支出责任划分。实际上,地方国有和乡镇企业在20世纪90年代中后期的大规模改制、重组和破产,极大地增加了地方社会保障支出的压力,因此分税制改革导致地方政府的实际财政支出责任显著加大。收入上移和支出责任事实上的增加迫使地方政府不得不全力增加本地财源。除了强化新税制下属于地方独享税的营业税、所得税的征收外,地方政府逐渐开始通过大规模的招商引资来争夺制造业投资,同时开拓以土地出让、各种行政事业性收费为主要内容的新预算外收入来源(陶然等,2009)。

1.1.3 "溢出效应"与财政激励

地方政府在招商引资过程中,其实不仅希望获得制造业所产生的增值税和企业所得税,还包括本地制造业发展对服务业部门的增长推动以及由此带来的相关营业税和商、住用地土地出让金等收入,或者可以称为制造业发展的"溢出效应"。由于制造业发展会大大推动本地服务业部门的增长,因此,如果能够通过提供廉价土地和补贴性基础设施之类的各种优惠政策来吸引到更多制造业投资的话,将不仅直接带来增值税收入,也会间接增加地方政府从服务业部门获得的营业税收入,同时还会增加服务业的用地需求,从而有助于获得高额土地出让金收入。由于营业税、土地出让金收入完全归地方政府所有,地方政府在工业用地出让上的盘算是,只要吸引到投资后直接带来的未来增值税流贴现值及其对本地服务行业推动后间接带来的营业税收入流贴现值,以及土地出让金收入能超过地方政府的土地征收和基础设施建设成本,那么就值得继续低价出让工业用地。正是出于上述盘算,地方政府在低价出让制造业用地的同时,往往通过高价招、拍、挂出让商、住用地来获得超额收益(陶然等,2009)。

自20世纪90年代后期开始,随着工业化和城市化的迅速推进,地方政府财政对以土地出让金为主的房地产收入的依赖度越来越高,形成了所谓的"土地财政"。图1-1计算了各年份省土地出让金占地方预算收入的比例的最小、最大和平均值。由于土地出让金是预算外收入的一部分,因此,这个比例只能用来说明土地出让金相对预算内收入大致有多大。以省为基准单位,每年给出最高、最低以及平均值。在90年代末,该比例在10%左右,但在4年内,土地出让金占预算收入比例由10%攀升到55%,之后保持在40%~50%的水平。对于地方政府而言，这项收入相当大。由于在此计算中使用的预算收入包括省级和省级以下政府收入，并且省一级政府通常不出让土地，因此上述比例实际上低估了土地出让金对市县财政的重要性。如各年的最大和最小值所示，区域差异也非常大。2003 年，浙江土地出让金甚至超过预算收入 65%，2004 年天津土地出让金也净增加 70%。可以说，在中国经济最活跃的地区，土地出让金是地方政府非常重要的收入来源之一。

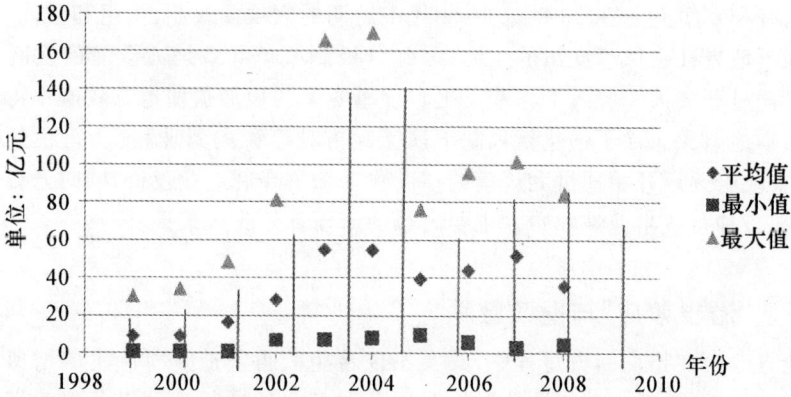

图 1-1　土地出让金占地方财政收入比例（1998—2008）
数据来源：《中国统计年鉴》(www.stats.gov.cn)和《中国国土资源年鉴》，由陶然（2012）整理。

不仅如此，地方政府财政收入对土地出让金的依赖度也逐年增加。图 1-2

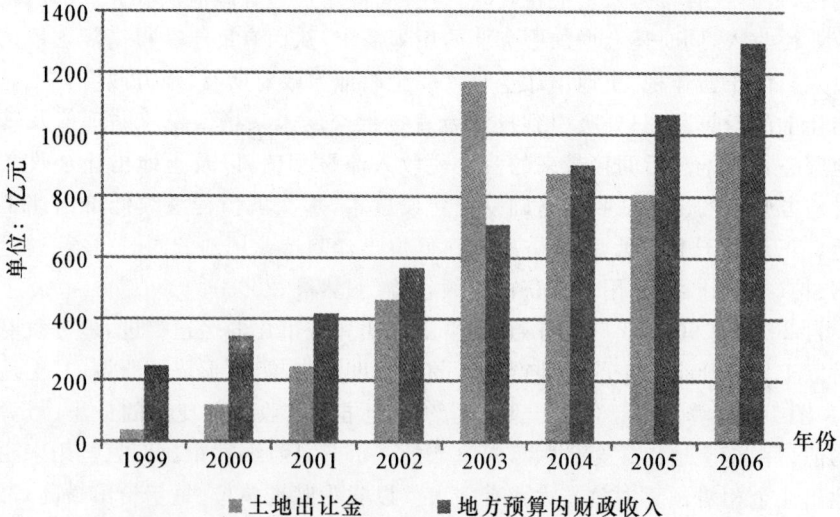

图 1-2　浙江省土地出让金与地方预算内财政收入（1999—2006）
数据来源：《浙江国土统计年报》(2000—2007)和《浙江统计年鉴》(2000—2007)。

显示了浙江省自 1999 年至 2006 年各年间土地出让金与财政预算内收入，1999 年浙江省土地出让金与地方财政预算内收入之比为 1∶6.61，到 2006 年这一比例上升到了 1∶1.29，在相当多的县市，土地出让金收入早已超过税收收入。

除了作为预算外收入的土地出让金外，地方政府也直接从对土地和房屋交易的各种税中收获得收入。房产税和契税是专门针对房屋和房产交易征收的。城镇土地使用税、土地增值税和耕地占用税则基于土地使用和转让。

表 1-1 列出了地方政府的这些税收总额，最后一列计算了地方政府上述与土地房产相关税种占地方征收总税收的比例（不包括国税系统征收、但归地方所有的共享收入）。可以看到，所有类别土地相关税收都显著增加，特别是土地增值税和契税，结果，与土地和房产相关的税收份额在 10 年里翻了一番，从 2000 年的 8% 增加到 2008 年的 15.7%。相比之下，增值税（对所有制造业企业征收）在地方税收收入中只占 20%。实际上，这些比例低估了土地和房产对地方预算内收入的重要性。由于房地产开发商往往是地方税收主要贡献者，住房在建设、销售过程中都需缴纳营业税，而营业税是地方政府收入中最大的一项（占 30%），由此推断房地产部门对地方预算内收入的贡献应该更大。

表 1-1　地方政府直接与土地和房地产有关的税收（2000—2008）　单位：万元

年份	房产税	城市土地使用税	土地增值税	农田占用税	契税	在地方税收中的比例
2000	2,093,819	647,648	83,936	353,160	1,310,811	8%
2001	2,284,249	661,542	103,296	383,340	1,570,772	7.25%
2002	2,823,827	768,328	205,104	573,390	2,390,709	9.26%
2003	3,238,610	915,681	372,812	898,968	3,580,454	10.9%
2004	3,663,167	1,062,260	750,391	1,200,850	5,401,041	11.8%
2005	4,359,577	1,373,444	1,403,140	1,418,490	7,351,400	13.0%
2006	5,148,467	1,768,092	2,314,724	1,711,174	8,676,745	13.4%
2007	5,754,590	3,854,863	4,030,975	1,850,376	12,062,460	14.3%
2008	6,803,359	8,168,960	5,374,329	3,144,075	13,075.394	15.7%

数据来源：《中国统计年鉴》(www.stats.gov.cn)。

1.1.4　"区域竞次式"增长模式与征地制度

如前所述，在"区域竞次式"增长模式下，地方政府以提供廉价制造业用地、放松劳动和环境管制为主要手段进行大规模制造业招商引资，从而推动地区经济增长，并形成对土地财政的长期和日益加剧的依赖。在此背景下，20 世纪 90 年代后期开始，全国各地开发区建设一浪高过一浪。2003 年 7 月全国开发区清理整顿结果显示，全国各类开发区达到 6866 个，规划面积 3.86 万平方公里，这些开发区到 2006 年年底被中央核减至 1568 个，规划面积压缩至 9949 平方公里。但事实上，这些被核减掉的开发区大多数只是摘掉了"开发区"名称而已，多数转变成所谓的"城镇工业功能区"或"城镇工业集中区"，原有的开发区功能以及开发区的空间规模几乎没有任何改变。根据我们的观察，2006 年以后各地在实际运作的工业开发区（包括城镇工业功能区或工业集中区）非但数量没有减少，而且用地规模仍在不断扩大。为吸引工业投资者，这些开发区一方面事先进行"三通一平""七通一平"等配套基础设施投资；另一方面制定各种税收和管理方面的优惠政策来招商引资。在 2003 年前后的一波开发区热潮中，各地制定的招商引资政策中几乎毫无例外地设置了用地优惠政策，包括以低价协议出让工业用地、按投资额度返还部分出让金等。这些开发区甚至每隔一段时间根据招商引资的进度，分析本地商务环境和生产成本的优劣并随时调整包括用地优惠在内的招商引资政策。于是，经常出现的情况是，基础设施完备的工业用地仅以成本价，甚至是所谓的"零地价"出让给投资者 50 年。由于地方政府需要事先付出土地征收成本、基础设施配套成本，因此出让工业用地往往意味着地方政府从土地征收到招商入门这个过程中在财政上实际上是净损失的。以珠江三角洲这个中国最活跃的制造业中心为例，20 世纪 90 年代末期和 21 世纪初，很多市、县、镇级地方政府提出"零地价"来争取工业发展。长江三角洲的情况也不例外，即使在土地资源最为紧缺的浙江省，征地和基础设施配套成本高达 10 万元/亩的工业用地，平均出让价格也只有 8.6 万元/亩，大约有 1/4 的开发区土地出让价不到成本价的一半。2002 年后的一段时间，很多市县工业用地的价格都在下降，降幅达到每平方米 40 元至 50 元（黄小虎，2007）。以我们在 2008 年在浙北某县的调查为例，该县征地区片综合价共分为两级，分别为 5 万元/亩和 4 万元/亩，工业用地出让地价大约为 14.5 万元/亩。表 1-2 显示，该县一级区片工业用地实际成本比土地出让价格仅高出 0.90 万元/亩，而二级区片工业用地实际成本比土地出让价格低 0.85 万元一亩。土地出让存在零利润甚至负利润的情况。

表 1-2 某县工业用地出让成本明细表

序号	费用种类	价格（万元/亩）	
		一级区片	二级区片
1	征地四项补偿	5.00	4.00
2	基础设施配套费	3.33	2.67
3	用地指标及新增建设用地有偿使用费	3.22	3.22
4	耕地占用税	0.57	0.57
5	水利集资款	0.02	0.02
6	耕地开垦费	0.03	0.03

续　表

序号	费用种类	价格（万元/亩）	
		一级区片	二级区片
7	造地改田资金	0.03	0.03
8	土地管理费	0.24	0.15
9	土地出让业务费（土地出让金的 2%）	0.30	0.30
10	县公路建设基金	0.20	0.20
11	农业开发基金	0.35	0.35
12	土地收益基金（总土地出让金的 5%）	0.75	0.75
13	社会保障资金（总土地出让金的 5%）	0.75	0.75
14	廉租住房保障资金（总土地出让净收益的 5%）	0.05	0.05
15	土地评估费（土地出让金的 0.1%～3.5%，分段计算累加）	0.03	0.03
16	拨地定桩费	0.02	0.02
17	土地勘测费	0.02	0.02
18	土地出让金公证费（总土地出让金的 0.1%～3.5%，分段计算累加）	0.03	0.03
19	土地出让公告费	0.02	0.02
20	县级土地开发复垦整理补助资金（总土地出让金的 1%）	0.15	0.15
21	县土地节约集约利用专项资金（土地出让金的 2%）	0.30	0.30
合计		15.41	13.66

数据来源：2007 年本人在浙江省调查所得，由硕士研究生赵恒坤整理。

注：(1)用地指标及新增建设用地有偿使用费中使用拆指标 4.76 万元/亩，使用复垦指标 2.78 万元/亩，使用计划指标 2.12 万元/亩，平均现价 3.22 万元/亩；(2)征地四项补偿为土地补偿费、安置补助费、青苗费及地上附着物补偿。

以苏南模式著称的苏、锡、常地区，对外来投资的竞争更加激烈。我们进行的实地调查表明，苏州市这个中国吸引 FDI 最成功的城市之一，在 21 世纪初每亩征地和建设成本高达 20 万元的工业用地平均出让价格只有每亩 15 万元人民币。为与苏州竞争 FDI，周边一些地区甚至为投资者提供出让金低至每亩 5 万～10 万元的工业用地。由于土地征收和建设成本在这些地区较为类似，在这类投资竞争中地方政府付出多大代价可想而知。近年来，随着沿海发达地区建设用地指标的紧张以及国内产业分工转移，开发区有向沿海欠发达地区和内地大规模蔓延的趋势，笔者近两年来在苏北、湖南、湖北、四川、重庆等地的调查发现，这些地区很多县、市政府，乃至乡级政府，都在大搞开发区建设。在招商引资过程中，各地几乎毫无例外地为工业投资者提供低价土地和补贴性基础设施，局部地区每亩工业用地的出让金，扣除征地和基础设施建设成本后，地方财政净损失居然高达 10 万元以上。

地方政府在招商引资上实行的低地价策略实际上是地区间的政策博弈（见

表 1-3）。假定影响投资的其他因素不变,那么地价可能是决定吸引投资的决定因素。对甲县来说,如果乙县不压低地价,而甲县压低地价,则甲县会吸引更多投资,这个结果尽管会导致土地利用的低效率,但招商引资的结果却是最佳的。问题在于乙县通常也会压低地价,这样投资者考虑是否在甲县或者乙县投资不再取决于土地价格,而是地价以外的因素,比如商务惯例、区位条件、税收政策、劳动力成本,等等。这一招商引资结果与甲县和乙县均不实行低地价政策的结果是相同的,但土地利用效率却降低了。

表 1-3　招商引资中的地价政策博弈:个体理性导致集体非理性

甲县:不压低地价 乙县:不压低地价 次优结果:土地利用效率高,招商引资不受影响	甲县:压低地价,土地利用效率低,吸引更多投资 乙县:不压低地价,土地利用效率高,招商引资受影响
甲县:不压低地价,土地利用效率高,招商引资受影响 乙县:压低地价,土地利用效率低,吸引更多投资	甲县:压低地价 乙县:压低地价 次差结果:土地利用效率低,招商引资不受影响

在这种地价政策博弈中,我们可以看到个体理性导致集体非理性的现象。但是打破僵局是非常困难的,因为单方面地改变低地价策略可能会导致招商引资的竞争力下降。

与此同时,通过采用与工业用地出让截然不同的策略,以招标、拍卖方式出让商住用地来获得大量的出让收入,在一些地区出让收入中已与地方一般预算收入相当,成为重要的财政收入来源。由于土地使用权出让后所得全部土地出让金都归地方政府所有,属于预算外财政收入,地方政府对于该部分资金在使用、审批等方面的约束较少,因此地方政府就有很强的激励去尽量扩大招商引资规模,同时推动商、住宅用地收入最大化。

地方政府一方面大规模征地建设开发区,并以低工业地价为优惠条件吸引外来投资;另一方面随着本地工业化和城市化进程的快速推进,商业和住宅用地不断升值,地方政府通过垄断城市土地一级市场,以招标、拍卖等竞争程度较高的方式出让商住用地获得高额的土地出让收入。地方政府这一整套策略赖以执行的制度基础就是以"低补偿和无征地范围限制"为特点的征地制度。首先,如果征地补偿以市场价值为依据,地方政府就不可能有足够的财力大规模征收集体土地建设开发区,更不可能以低价作为优惠条件招商引资;其次,如果将征地范围严格限定在公益性用地上,地方政府就不能征收商业和住宅用地,无法再从商住用地上获得庞大的出让金收入,财政收入也将随之大幅度下降;最后,没有现行征地制度的支持,地方政府严重依赖的"区域竞次式"增长模式将难以为继。抛开中国经济转轨和增长的这一逻辑,是无法理解征地制度改革背后的约束条件的。

1.2 中国现行征地制度的特点与基本事实

中国现行征地制度形成于 20 世纪 50 年代,具有明显的计划经济特征,征地范围广,强制性高,征地补偿标准低。20 世纪 50 年代中央政府制定了优先发展重工业、建立完整的工业体系的赶超战略,但由于发展重工业所必需的资本极其短缺,中央政府采取了以"低工资、低汇率"为特点的政策,人为压低要素价格。现行征地制度的基本原则和内容就是在上述背景下出台的,其目的就在于以较低的代价获得国家各类建设项目所需的非农用地。1953 年中央政府颁布了《政务院关于国家建设征用土地办法》,这是 1949 年之后第一部比较完整的土地征收法规。该办法确立了两大核心原则:首先是征地范围,办法第二条规定,"凡兴建国防工程、厂矿、铁路、交通、水利工程、市政建设及其他经济、交化建设等所需用之土地,均依本办法征用之",第十九规定,"私营经济企业和私营文教事业用地,得向省(市)以上人民政府提出申请,获得批准后由当地人民政府援用本办法,代为征用"。从这两条规定可以看出,中国征地制度建立之初,征地权行使的原则就没有将征地目的的公共利益考虑在内,征地范围几乎没有限制。其次是征地补偿,办法第八条规定,"被征用土地的补偿费,在农村中应由当地人民政府会同用地单位、农民协会及土地原所有人(或原使用人)或由原所有人(或原使用人)推出之代表评议商定之。一般土地以其最近 3～5 年产量的总值为标准,特殊土地得酌情变通处理之。如另有公地可调剂,亦须发给被调剂土地的农民以迁移补助费。对被征用土地上的房屋、水井、树木等附着物及种植的农作物,均应根据当地人民政府、用地单位、农民协会及土地原所有人和原使用人(或原所有人和原使用人推出之代表)会同勘定之现状,按公平合理的代价予以补偿"。该规定基本确立了征地补偿按照土地原用途产生的收益为基础,以土地年产值若干倍为补偿计算依据的原则,并不考虑土地的市场价值(market value)。更有甚者,办法第十七条规定市区内空地及地主出租的土地,均实行无偿征收。

这一制度的核心原则一直延续至今,不管是 1982 年国务院颁布的《国家建设征用土地条例》,还是自 1986 年起多次修订的《土地管理法》,法律内容表述虽有区别,征地补偿标准略有提高,安置补助的规定更加详细,但两大基本原则没有改变,即以产值倍数法为补偿依据,无征地范围限制。值得一提的是,1986 年版《土地管理法》首次规定征收土地是为了国家公共利益需要，只是公共利益的含义未加定义，征地范围实质仍然没有限制。近年来各地推行的区片综合价，从表面来看征地补偿标准的确定要体现土地的区位价值，不再沿用产值倍数法，但各地在区片综合价制定过程中仍以产值倍数法为依据，补偿标准也依然很低。总体而言，现行征地制度具有征地范围不受限制、征地补偿低、强制性高等特点。

1.2.1 征地范围

如前所述，中国当前"区域竞次式"经济增长模式赖以运行的制度基础之一就是现行征地制度，这就决定了征地范围必定是无限制的：一方面地方政府需要大量征收土地进行大规模基础设施投资，改善区位条件，以利于招商引资；另一方面地方政府需要大量征收土地进行工业园区建设，提供投资者工业用地；最后地方政府需要征收具有商业或住宅价值的土地，出让后获得巨额出让金，这些出让金作为重要的地方财源，既用于横向补贴低价出让工业用地的亏损，也用于基础设施投资的支出。笔者主持的 2009 年全国 12 个城市征地抽样调查结果（表 1-4），从 2004—2008 年间，来自长三角、珠三角、环渤海和成渝地区 12 个大中小城市的 60 个样本村总共被征土地 58550.88 亩，其中征收耕地 35842.99 亩，占 61.22%；征收其他农用地 12602.42 亩，占 21.52%；征收宅基地 5100.14 亩，占 8.71%；征收其他非农土地 5005.33 亩，占 8.55%。

表 1-4　全国 12 个城市征地规模及被征土地原用途　　　　　　单位：亩

城市	征地面积	耕地	其他农用地	宅基地	其他非农用地
乐清市(长三角)	1293.30	684.00	473.10		136.20
宁波市(长三角)	5388.00	2957.00	1889.00	542.00	0.00
无锡市(长三角)	4830.30	3640.70		839.60	350.00
三河市(环渤海)	2640.00	1240.00		630.00	770.00
潍坊市(环渤海)	1555.20	1142.00		376.20	37.00
济南市(环渤海)	2533.47	2457.47			76.00
广州市(珠三角)	2574.37	579.00	1726.70	27.00	241.67
中山市(珠三角)	6403.41	6140.61	100.00	42.30	120.50
东莞市(珠三角)	16165.00	7319.00	6530.00	201.44	2114.56
重庆市(成渝地区)	2851.35	1146.51	1067.24	331.60	306.00
南充市(成渝地区)	5433.00	3675.80	796.38	447.32	513.50
成都市(成渝地区)	6883.48	4860.90	20.00	1662.68	339.90
合计	58550.88	35842.99	12602.42	5100.14	5005.33

资料来源：2009 年全国征地大样本抽样调查数据，由笔者带队主持并整理。

上述被地方政府征收的土地中,39.39%被用于当地基础设施和公共建设使用,31.76%被地方政府征收后用于工业土地,22.76%被地方政府征收并出让,用于商业或住宅(表1-5)。基础设施、工业、商住这三大用途被征土地达到征地总规模的93.91%。

表1-5 全国12个城市土地征收目的或用途

城市	征收面积（亩）	基础设施和公共建设用地	工业用地	商业、住宅用地	其他
乐清市(长三角)	1293.30	18.87%	33.96%	3.72%	43.45%
宁波市(长三角)	5388.00	25.68%	61.96%	12.36%	0.00%
无锡市(长三角)	4830.30	14.90%	67.89%	9.44%	7.76%
三河市(环渤海)	2640.00	6.63%	76.33%	17.05%	0.00%
潍坊市(环渤海)	1555.20	14.78%	75.77%	9.45%	0.00%
济南市(环渤海)	2533.47	11.69%	77.42%	10.16%	0.73%
广州市(珠三角)	2574.37	100%	0.00%	0.00%	0.00%
中山市(珠三角)	6403.41	32.21%	23.55%	41.34%	2.89%
东莞市(珠三角)	16165.00	61.12%	8.88%	15.00%	15.00%
重庆市(成渝地区)	2851.35	31.00%	55.94%	13.06%	0.00%
南充市(成渝地区)	5433.00	62.41%	34.03%	3.56%	0.00%
成都市(成渝地区)	6883.48	17.77%	0.00%	82.23%	0.00%
合计	58550.88	39.39%	31.76%	22.76%	6.09%

资料来源:2009年全国征地大样本抽样调查数据,由笔者整理。

从表1-5简单的统计中可以印证,为了推动地方经济和财政收入增长,在"区域竞次式"模式下,地方政府必须征收大量集体土地用于基础设施建设、工业土地以及商住用地。"区域竞次式"增长模式和现行征地制度决定了当前阶段中国征地权行使不是以公共利益[①]为取向,而是服从地区增长的需要,因而征地范围必定是无限制的。

不过近年来,被征地农民对征地用途是否符合公共利益的质疑越来越多。据国土资源部的统计,2004—2010年,因"拒绝征地"引发的农民上访占征地纠纷总量的20%左右,其中相当一部分被征地农民认为征地范围过宽,征地的目的显然不符合公共利益(莫晓辉,2011)。

---

① 或者在地方政府看来,公共利益的定义可宽泛地理解成有利于经济发展和就业增长。

广东征地案申请全国人大监督

2007年12月，阳山县政府发布公告，依据广东省国土资源厅《关于阳山县阳城镇2007年度第三批次城镇建设用地的批复》（粤国土字〔2007〕563号），决定征收属于该县阳城镇暗浪陂村和范村的农村集体土地共7.70公顷。

黄应贵等暗浪陂村山根三组20位村民对此不服，于2007年12月底向广东省政府提出行政复议申请，要求撤销前述批复，停止征地。同村松树岗组的20位村民，作为第三人也参与了行政复议。村民们认为，这次征地在程序和实体上都存在违法问题，至为关键的是，前述征地是用于鞋厂、五金厂的工业用地，不是为了公共利益，违法了《物权法》的规定。

广东省国土资源厅认为征地行为合法，并称征地是为了促进山区经济发展的需要，阳山县政府在土地利用总体规划内将其划定为工业用地，属于公共利益行为。2008年6月，广东省政府作出行政复议决定，认为该案符合法律规定，用地审批程序合法，采纳了广东省国土资源厅的主张，认为该用地属公共利益行为。

村民们不服，又向国务院申请最终裁决。2008年12月19日，国务院作出行政复议裁决，认定前述征地批复"认定事实清楚，适用法律依据正确，程序合法"，维持广东省政府的复议决定。对于被征土地用途是否符合公共利益，该裁决书认为，"征收该案地块是作为工业用地，符合当地发展经济的需要，申请人以征收土地不是为了公共利益为由否定征地批复的合法性，事实和理由根据不足，不予支持"。

村民们不服国务院裁决，2009年2月17日村民黄应贵将一份《紧急申请监督国务院行政复议裁决案申请书》，通过特快专递寄往全国人大常委会，向全国人大常委会提出了申请，请求撤销前述裁决。村民认为申请启动监督程序，也是希望能对争议已久的征收和征用中的公共利益问题，有一个澄清和解决。

黄应贵等村民们认为，在他们村的征地案中，笼统地认定作为工业用地，符合当地发展经济的需要是为了公共利益，显然缺乏依据。村民在耕地上种植水稻、玉米、花生、蔬菜等农作物，而当地政府征地后要用于建设工厂，为什么工业生产就优先于农业生产而成为"公共利益"呢？此外，就在被征耕地旁边，该村2004年投资30多万元建成的新暗浪陂小学，2007年8月被政府撤销，将村里的300多名小学生划到邻近的学校读书，难道鞋厂比学校更符合公共利益么？

摘自：《广东征地案申请全国人大监督》，http://www.lawtime.cn/info/zhengdi/shenqing/201006101223.html。

1.2.2 征地补偿

低水平征地补偿是中国现行征地制度的另一个重要特点。从法律的角度来看，征地补偿低的主要原因是现行有关土地征收的法律规定了原用途补偿的原则。2004年修订的《土地管理法》第四十七条规定，"征收土地的，按照被征收土地的原用途给予补偿"。低水平征地补偿是"区域竞次式"增长模式赖以推动的基础,地方政府通过低补偿征地降低土地成本,进行与其财力不匹配的大规模基础设施建设,通过低补偿征地为投资者提供低价工业土地,通过低补偿征地获得高额出让金用于城市建设和基础设施投资,并横向补贴低价出让工业用地造成的亏损。

按照现行《土地管理法》第四十七条规定,征地补偿主要包括三大块内容,以耕地为例,包括:

土地补偿费。即"为该耕地被征收前三年平均年产值的六至十倍"。

安置补助费。即"按照需要安置的农业人口数计算。需要安置的农业人口数,按照被征收的耕地数量除以征地前被征收单位平均每人占有耕地的数量计算。每一个需要安置的农业人口的安置补助费标准,为该耕地被征收前三年平均年产值的四至六倍。但是,每公顷被征收耕地的安置补助费,最高不得超过被征收前三年平均年产值的十五倍"。

地上附着物和青苗的补偿。即"被征收土地上的附着物和青苗的补偿标准,由省、自治区、直辖市规定",地上附着物和青苗的补偿通常根据评估加以补偿。

征收其他土地,"土地补偿费和安置补助费标准,由省、自治区、直辖市参照征收耕地的土地补偿费和安置补助费的标准规定"。《土地管理法》第四十七条同时规定,为了保持被征地农民原有生活水平,地方政府可以提高补偿标准,但是"土地补偿费和安置补助费的总和不得超过土地被征收前三年平均年产值的三十倍"。不过,国土资源部 2004 年颁发的《关于完善征地补偿安置制度的指导意见》(国土资发〔2004〕238 号)文件规定,"土地补偿费和安置补助费的统一年产值倍数,应按照保证被征地农民原有生活水平不降低的原则,在法律规定范围内确定;按法定的统一年产值倍数计算的征地补偿安置费用,不能使被征地农民保持原有生活水平,不足以支付因征地而导致无地农民社会保障费用的,经省级人民政府批准应当提高倍数;土地补偿费和安置补助费合计按 30 倍计算,尚不足以使被征地农民保持原有生活水平的,由当地人民政府统筹安排,从国有土地有偿使用收益中划出一定比例给予补贴"。从 10 多年来中国相关政策法规的精神来看,按被征收土地原用途进行补偿但必须维持被征地农民原有生活水平是中国现行征地补偿制度的基本原则。然而,所谓的被征地农民原有生活水平个体差异大,不是一个可以统一的标准,这个原则在地方政府征地补偿政策中并没有得到真正的体现。

从各地征地实际来看,征地补偿水平地区差异较大,总体而言经济发达地区征地补偿水平高于欠发达地区。根据 2009 年全国 12 个城市征地抽样调查结果(分布于长三角、珠三角、环渤海和成渝地区 12 个大中小城市的 60 个样本村),

2004—2008 年间被征土地的平均补偿水平是 3.17 万元/亩，其中最高是浙江省乐清市，平均每亩被征收土地补偿 7.27 万元，最低是四川省南充市，平均每亩被征收土地补偿 0.60 万元，最高与最低相差 10 倍以上。

表 1-6　2004—2008 年四大都市圈 12 个城市平均征地补偿水平

城市	征地面积（亩）	征地补偿（万元）	亩均征地补偿（万元）
乐清市（长三角）	1293.30	9404.50	7.27
宁波市（长三角）	5388.00	20665.50	3.84
无锡市（长三角）	4830.30	8527.36	1.77
三河市（环渤海）	2640.00	3270.00	1.24
潍坊市（环渤海）	1555.20	3182.86	2.05
济南市（环渤海）	2533.47	14199.14	5.60
广州市（珠三角）	2574.37	17151.74	6.66
中山市（珠三角）	6403.41	14923.69	2.33
东莞市（珠三角）	16165.00	64963.09	4.02
重庆市（成渝地区）	2851.35	14621.01	5.13
南充市（成渝地区）	5433.00	3280.05	0.60
成都市（成渝地区）	6883.48	11394.80	1.66
合计	58550.88	185583.74	3.17

资料来源：2009 年全国征地大样本抽样调查数据，由笔者整理。

表 1-6 统计的耕地补偿费包含了土地补偿费和安置补助费，这两大块补偿通常只有一部分能够最后分到被征地农民手里。

土地补偿费。按照《土地管理法实施条例》规定，土地补偿费归农村集体经济组织所有。国土资源部 2004 年《关于完善征地补偿安置制度的指导意见》(国土资发〔2004〕238 号)规定，"按照土地补偿费主要用于被征地农户的原则，土地补偿费应在农村集体经济组织内部合理分配。具体分配办法由省级人民政府制定。土地被全部征收，同时农村集体经济组织撤销建制的，土地补偿费应全部用于被征地农民生产生活安置"。从笔者关于全国 12 个城市征地调查情况来看，土地补偿费的分配通常有几种情况：(1)全部分配给被征地农户，如在温州乐清和河北燕郊部分村，土地补偿费全部分给被征地农户，但村集体不再调整承包地给被征地农户。(2)土地补偿全部留在村委会，由村委会支配，如山东济南和潍坊个别村庄。(3)村提留一部分，剩余分配给农户，农户分配的办法有多种形式，有直接分给被征地农户的,如乐清市;也有全村内按农业人口股份进行分配的(通常是那些进行过股份制改造的村庄),如广州、中山等地;还有在被征地组内按人头均分的,如无锡、东莞等地,总之土地补偿费分配形式十分复杂。(4)宁波、无锡等地将30%~70%不等的土地补偿费缴到被征地农民养老保险基金中去。

安置补助费。一般而言,在给失地农民办理养老保险的地区,安置补助费通常由地方政府一次性直接缴到被征地农民养老保险基金中,而在没有推行失地农民基本养老保险制度的地区,安置补助费则分配给被征地农民。安置补助费的标准从人均0.8万~3万元不等,四川南充市和成都温江区安置补助费标准较低,分别为人均0.825万元和1.1万元,珠三角、长三角、环渤海以及成渝地区的重庆市,只要有失地农民基本养老保险制度的地区,安置补助费的标准通常在人均2万~3万元。

在少数地区,如浙江省乐清市,除了按照产值倍数法或区片综合价法制定的征地补偿标准之外,还会有其他的补偿形式。按照乐政发〔2007〕65号规定:(1)征收耕地按9万元/亩的标准给予被征地农户基本养老保障中村集体和个人缴费资金的补助,该部分资金中6万元由用地单位支付,3万元由市财政支付,一次性转入被征地农户基本养老保障基金账户。(2)依区片不同,以与原区片综合价相等的标准给予农户保持被征地农民原有生活水平补贴。以一级区片为例,征收耕地可获得的实际补偿包括区片综合价7万元/亩、被征地农户基本养老保障中村集体和个人缴费资金的补助9万元/亩及保持被征地农民原有生活水平补贴7万元/亩,实际补偿达到23万元/亩。

尽管如此,较之被征土地的市场价值,中国征地补偿水平普遍较低。表1-7统计了2003—2004年浙江省部分地区征地补偿占土地出让金的比例。总体而言,征地补偿占土地出让金的比例大约在20%左右。由于地方政府通常以成本价出让工业土地,工业土地出让金不能反映其真实的市场价值,因此征地补偿占工业土地出让金的比例会偏高,如果扣除工业土地,征地补偿占招拍挂平均价格的比例只在2.24%~7.22%。换言之,集体土地被征收用作商业住宅用途,土地所有者获得补偿不到被征土地市场价值的10%。

表 1-7　2003—2004 年浙江部分地区征地补偿占出让土地金的比例 单位：元/亩

县市名	平均征地补偿	平均出让价格	平均招拍挂价格	征地补偿占平均出让价格的百分比（%）	征地补偿占平均招拍挂价格的百分比（%）
杭州市区	97500	401288	3596923	24.30	2.71
杭州萧山区	46650		2083533		2.24
嘉兴市区	28125	190673	389507	14.75	7.22
平湖市	23100		692877		3.33
金华市区	31208	147903	1039201	21.10	3.00
德清县	29000	126072	482758	23.00	6.01

数据来源：《征地补偿价格测算研究报告》，"基本农田保护与区域协调发展研究"课题报告之一，中国土地勘测规划院 2004 年资助，笔者主持。

1.2.3　失地农民与征地安置

最近 10 余年以来，中国大规模的基础设施投资、快速的工业化和城市化导致农村集体土地大量被转变用途。从 1998—2005 年，我国城市建成区面积从 2.14 万平方公里增加到 3.25 万平方公里，扩大了半倍以上，以年平均 6.18% 的速度扩张。各个地方都通过县改市、县改区、建新城、建新区等行政区划调整的办法，扩大城市规模，一些县级市的城区面积也以每年 5 到 6 平方公里的速度向外扩展。国土资源部 1999 年开始对全国城市化和用地情况进行监测的结果表明，全国 93 个 50 万人口以上的城市平均每年、每个城市扩展 11 平方公里，扩展速度相当之大。据 664 个城市的统计，2005 年城镇居民人均用地面积已达 133 平方米。比国家规定的城市规划建设用地最高限额超出 33 平方米（天则经济研究所，2007）。除了生活用地外，这些用地主要是生产性建设用地，特别是开发区占地，截至 2003 年年底，全国共有各级各类开发区 3837 家，其中经国务院批准的只有 232 家，仅占 6%；省级批准的 1019 家，占 26.6%；其他 2586 家均为省级以下开发区，占 67.4%（翟年祥等，2007）。到 2005 年止，全国各类开发区进一步增加到 6866 个，规划占地 3.86 万平方公里，占全国国土面积的 1.1%，超过了全国现有城镇建设用地 3.15 万平方公里的总面积（天则经济研究所，2007）。

显然，基础设施、开发区和城市建设用地的增加绝大部分都是通过征收集体土地而来。根据 2005—2010 年《中国国土资源年鉴》统计（见表 1-8），2004 年至 2009 年全国征收集体土地 2836.81 万亩，年均征收 472.80 万亩；其中征收农用地 2161.65 万亩，年均征收 360.28 万亩；征收耕地 1430.92 万亩，年均征收

238.49 万亩。仅 2009 年经国务院批准征收的 148.67 万亩耕地就安置了农业人口 174.30 万人,同年经省政府批准的耕地征收面积达到 176.48 万亩,估计安置农业人口超过 200 万人,也就是说 2009 年经国务院和省政府批准征收的耕地导致近 400 万农民失去土地,6 年间土地征收带来的失地农民将近 2000 万。根据陈锡文(2004)的估计,2003 年全国失地农民总量大约 3500 万,照此推算目前中国失地农民已经超过 6000 万,这还不包括地方政府违法征地带来的失地农民。事实上,中国目前还没有一个确切的失地农民总量的统计,但毫无疑问 10多年来在"区域竞次式"增长模式下,农村集体土地每年被大规模征收,已经影响到几千万失地农民的生计和社会稳定。

表 1-8　2004—2009 年中国土地征收情况　　　　　　单位:万亩

年份	总面积	农用地	耕地
2004	293.48	234.69	164.53
2005	445.40	350.05	241.97
2006	512.47	380.67	254.56
2007	452.91	334.67	222.36
2008	456.02	334.81	222.36
2009	676.54	526.76	325.14
年均	472.80	360.28	238.49
累计	2836.81	2161.65	1430.92

资料来源:2005—2010 年《中国国土资源统计年鉴》,由笔者整理。

　　陈锡文(2004)认为在失地农民中大约有一半属于失地又失业的农民,不仅如此,失地农民失去具有社会保障功能的承包地之后,养老、医疗等后顾之忧多数未能得到妥善解决。在计划经济时期和改革开放早期,对失地农民采取了"谁征地、谁安置"的原则,要求由企业自行安置征地农业人员,即所谓的"招工安置"。但在很多地方,由于缺少乡村剩余劳动力就业服务体系,很多失地农民即使被安置到企业,也往往成为优先下岗的对象。不能安置、只能自谋职业的农民,往往也是就业无门,处于失业状态。还有一些地方则依靠集体经济(村办企业、乡办企业)或者政府公共部门就业,但这种模式往往也不可持续。如北京,一些失地农民被安排到保绿、保洁、保安等岗位,结果是队伍庞大,人满为患,造成隐性失业。

　　20 世纪 90 年代中后期开始,货币安置成为一种最主要的安置方式。据国土资源部 2002 年对 16 个省(市、区)2000 年至 2001 年安置的情况看,多数省

（市、区）60％～80％的被征地农民的安置都是采用这个办法，天津、浙江、陕西、广东、河北等省（市）达到 90％以上，石家庄、哈尔滨、合肥、兰州、南宁等省会城市达到 100％（中国土地勘测规划院，2006）。但失地农民一般需要自行解决养老、医疗、失业等社会保险待遇，如前所述，中国《土地管理法》规定，征收耕地的补偿费用包括土地补偿费、安置补助费以及地上附着物和青苗的补偿费。土地补偿费，前两项的补偿标准分别为该地前三年平均产值的 6～10 倍和 4～6 倍，两项之和，低限是 10 倍，高限是 16 倍，特殊情况下最高也不得超过 30 倍。2004年 11 月 3 日，国土资源部印发《关于完善征地补偿安置制度的指导意见》，其中比《土地管理法》条件优厚的规定是：如果土地补偿费和安置补助费合计按 30 倍计算，尚不足以使被征地农民保持原有生活水平的，由当地人民政府统筹安排，从国有土地有偿使用收益中划出一定比例给予补贴。如果农地每亩年产值为1000 元，则最高补偿不超过 3 万元。在实际操作中，每征 1 亩地，铁路、高速公路等交通线性工程补偿一般是每亩 5000～8000 元；工商业用地对农民的补偿一般是每亩 2 万～3 万元，发达地区和城市郊区相对高一点，最多达到每亩 4 万～5万元。因此《土地管理法》在土地征收补偿上的总体精神，是实行"按照被征收土地的原用途给予补偿"的政策。这就是说，土地转用的增值收益归征收者所有，这就排斥了农民参与土地增值过程中利益再分配的权利。这使农民获得的土地补偿不仅可能无法保障农民未来生活水平的提高，有时甚至难以维持现有生活水准。

但现有的货币安置措施由于补偿标准主要由政府单方面制定，必然是偏低的。在经济发达的地区，由于第二、第三产业的繁荣，被征地农民往往还可以自谋出路，因为征地影响农民生计带来的矛盾相对比较小，但由于这些地区土地的市场价值相对较高，征地带来的政府、土地使用者和失地农民之间的矛盾十分尖锐。而对一些地方经济不发达地区而言，土地被征收后，农民不仅失去土地，而且就业机会相对比较少，往往会使被征地农民的基本生活和就业方面出现问题。

为了顺利征地，解决农民失去土地的生计问题，除了提高征地补偿标准之外，在一些地区，比如温州、佛山、顺德等地，探索出了留地安置模式。在这些实行留地安置的地区往往民营经济相对发达，民间自身投资和用地需求都比较强，按照官方规定的货币安置标准将难以实施征地。比如，温州市按征收耕地面积的一定比例（大约是 10％）安排一定数量的安置用地指标，由政府根据城市规划划定地块，给被征地村集体经济组织从事第二、三产业经营。留地安置由于给农民一定的土地发展权，对解决被征地农民的长远生计发挥了一定的作用，相对而言比较受农民的欢迎。以温州乐清市东山南村的留地安置个案为例，乐清市政府于 2000 年征收东山南村 171.757 亩，用于市区旭阳路的建设用地。除了青苗和地上附着物补偿费以外,市政府支付了包括土地补偿费、安置补助费、农业基础设施补偿费、征地现场处理包干费等共计 1253.8261 万元,平均每亩只有 7.3 万元。但除此之外,政府按规划在市区安排 18.893 亩用地指标,供东山南村从事集体开发经营项目建设。自 2000 年至 2005 年间,乐清市政府先后在征收东山南村部分集体土地后,将坐落乐清市中心区的 47 多亩的土地确定为东山南村失地农民的安置用地,用于村民自建自用、村三产用地或者市场开发。2006 年 1 月 13 日和 2007 年 3 月 8 日,东山南村先后委托乐清市国土局出让了这两块 47 多亩的安置用地,所得土地款 3.81 亿元。乐清市政府在扣除了土地出让金 9500 多万元和相关税费后,将剩余款项返还给了东山南村,东山南村获得的平均每亩安置地的地价为 608.5 万,计算下来,留地安置部分的市场价值大约与征地货币补偿标准相近。也就是说,每征收一亩土地,农民实际获得的征地补偿是货币补偿的两倍。

但是,留地安置政策没有在全国推广,也没有得到中央的明确支持,只在少数地区存在,因而存在着天然的局限性。按照我国现行的农用地转用审批制度,一个建设项目的用地指标申请只能包含项目本身的用地范围,而不能包含其他的内容,因此留地安置部分的指标无法和建设项目用地报批"打包"在一起去申请。如此一来,地方政府承诺给农民的留地安置用地指标只能从年度建设用地计划中划出一块,然而在经济发达、建设用地供需矛盾非常突出的乐清等发达县市,每年上级政府下达的年度建设用地指标尚不足以满足城市、基础设施、工业园区建设以及农民建房等常规项目的需要,从而导致地方政府不断拖欠被征地农民的留地安置用地指标。我们最近在浙江等地的调查表明,留地安置的土地由于受农转用指标不足的约束,很多无法转为建设用地,大量政府承诺的留地安置指标无法得到兑现,激化了地方政府和农民之间的矛盾,加上在地方政府与农民谈判过程中对留用土地数量和区位方面发生分歧,以及留地安置在土地规划与城市规划调整等方面的困难,地方政府越来越不倾向于留地安置模式。比如温州乐清市从 2007 年开始就废止了留地安置的政策,代之以单纯的货币安置政策。

近年来在东部或经济相对发达地区发展出的征地补偿安置新模式,就是所谓的社会保障安置,或者所谓的失地农民用土地换社保。在这种安排下,政府将征地补偿费用中的安置补助费和部分或全部的土地补偿费用于为被征地农民办理养老、失业、医疗等社会保险。比如浙江省、江苏省在近年都出台了政策,建立被征地农民的基本生活保障制度。上海、四川成都、浙江嘉兴等城市先后对被征农民采用保险安置方式,其中嘉兴市从 20 世纪 90 年代开始,对被征地农民实行户口农转非后,通过办理养老保险、保养、给自谋职业者发放自谋职业费和《征地人员手册》(享受城镇失业人员同等政策)等方式,将被征地农民纳入了城镇居民社会保障体系之中。嘉兴改革安置方式后，土地征收工作由当地政府统一政策、统一办理。安置补助费不再直接支付给被征地村集体和农民，而由政府部门直接划入劳动部门设立的安置专户，直接落实到被安置人员个人账户上。按不同的年龄，实行不同的生活与养老金发放标准。

中央政府近年以来也开始支持这个模式。2004年10月发布的《国务院关于深化改革严格土地管理的决定》规定，在城市规划区内，当地人民政府应当将因征地而导致无地的农民，纳入城镇就业体系，并建立社会保障制度；部分省市更是希望以此作为解决失地农民问题的长效机制，大范围推广实施。但是目前失地农民参加养老保险的比例还很低。根据笔者2009年在全国12个城市征地大样本抽样调查结果显示，只有25.89%的家庭因为征地而有家庭成员参加了养老保险。即使是出台了失地农民社会保障的地方覆盖面过窄且保障方式单一、保障水平偏低，大多数地方推行的社保制度只包括养老保险，没有医疗保险和失业保险等城镇居民拥有的基本保险，甚至部分被征地农民经济负担能力有限，无法缴纳个人部分的参保费用。但客观地说，这些方案基本上还是由政府主导的利益分配方案，在社保的范围、标准等方面失地农民基本没有发言权，各地的做法也有很大差异。比如，在保障项目方面，从全国来看绝大部分地区仅将失地农民社会保障限定为基本养老保险，只有西安、哈尔滨、上海等少数城市涵盖了失业和医疗保险。至于农转非问题，一些城市，比如在北京和成都市，是把农民首先进行农转非，然后分别纳入城镇职工基本养老，医疗和失业保险体系或城镇居民最低生活保障体系；而在青岛，失地农民仍然保留农业户口。被征地农民按照该市农村社会养老保险缴费的规定，缴纳费用，村集体和地方财政按相同比例补助。更有一些地区，如天津、西安，建立专为被征地人员设计的社会保障基金和征地养老人员社会保障基金，而资金则来源于征地补偿费和政府补贴。

在已建立失地农民社会保障的城市中普遍存在保障不足问题。在保障水平方面，多数城市普遍存在保障水平偏低现象。即使是沿海经济较发达地区，失地农民享受到的养老保险多数在200元/月左右，根据我们在浙江的调查，即使到了2007年，嘉兴、温州等地区失地农民养老保障标准也大都在300~400元之间，最高也不过400~500元；少数享受医疗保险的失地农民每月仅为10余元。从失地农民养老保险出资方面看，大部分资金来自于农民的土地补偿金，地方政府出资部分占社保基金比例明显偏低，多数城市能够真正到账的资金很少，政府出资至多是以实现当年保障资金平衡为目的。有学者在浙江调查发现，个别城市承诺的资金到位率只有26.71%（李一平，2005）。

实际上，土地换社保往往成为地方政府规避短期政府财政支出的一种手段。通过承诺在未来给予失地农民一定的社会保障，地方政府在本期支付给失地农民的现金补偿可以进一步下降,政府则可以一次性收取 40～70 年土地收益,而把社保支出的责任推到以后的政府身上。然而这种操作模式存在可持续性的问题,蕴藏着巨大的风险,特别是考虑到中国很多省市的养老保险基金未来可能出现赤字,一旦政府以地生财支持城市建设发展的资金链面临断裂,以土地出让金为主要经济来源的失地农民社保资金的接续也将难以为继。从本质上讲,土地换保障模式并没有解决土地流转过程中收益分配的主体问题和公平性问题,只是把这个问题推给了以后各届政府。

尽管各地在实践中探索了各种征地补偿的模式,但在大多数地区,低水平的货币补偿安置依然是单一的征地补偿形式。只在少数省份比如浙江、江苏等才全面实行失地农民最低生活保障制度,而留地安置模式的推广遇到越来越多的问题,因此总体而言,相对于土地征收后的高增值收益,我国被征地农民所获得征地补偿和安置是低水平和极其有限的。

1.2.4 强制性征地与农民抗争

除了征地范围广、补偿低以外,中国现行征地制度的第三大特点是高度强制性,这不仅体现在地方征地实践过程中,也体现在相关政策法规中。1998 年国务院发布的《土地管理法实施条例》第二十五条规定:"市、县人民政府土地行政主管部门根据经批准的征用土地方案,会同有关部门拟订征地补偿、安置方案,在被征用土地所在地的乡(镇)、村予以公告,听取被征用土地的农村集体经济组织和农民的意见……对补偿标准有争议的,由县级以上地方人民政府协调;协调不成的,由批准征用土地的人民政府裁决。征地补偿、安置争议不影响征用土地方案的实施。"2001 年国土资源部发布的《征用土地公告办法》第十五条也作出了类似规定:"因未按照依法批准的征用土地方案和征地补偿、安置方案进行补偿、安置引发争议的,由市、县人民政府协调;协调不成的,由上一级地方人民政府裁决。征地补偿、安置争议不影响征用土地方案的实施。"也就是说,征地补偿和安置方案即使没有经过被征地农民的同意,征地方案照样实施。而村庄内部是否接受政府的征地补偿和安置方案,通常是由村委会或村民代表会议决定,在被征地农民不知情的情况下名下承包田被征收的例子并不罕见。

根据笔者 2009 年的调查,征地补偿和安置方案经过与地方政府协商的比例只有 47.09%[①](见表 1-9),超过一半的被访谈者表示政府并没有就征地方案与他们协商。

---

① 总共有 823 个被征地样本,其中 773 个被征地农民回答了征地谈判的相关问题。

表 1-9　征地方案协商情况调查表

城市圈	征地农户样本	有过协商	不清楚	没有协商
长三角地区	224 份 100.00%	63 份 28.13%	1 份 0.45%	160 份 71.43%
环渤海地区	211 份 100.00%	118 份 55.92%	8 份 3.79%	85 份 40.28%
珠三角地区	76 份 100.00%	30 份 39.47%	3 份 3.95%	43 份 56.58%
成渝地区	262 份 100.00%	153 份 58.40%	5 份 1.91%	104 份 39.69%
全国	773 份 100.00%	364 份 47.09%	17 份 2.20%	392 份 50.71%

资料来源：2009 年全国征地大样本抽样调查数据，调查由笔者带队主持，陈箫整理。

由于农民在征地过程中财产权利和经济利益受到很大侵害，造成了农民大规模上访。在全部农民上访事件中，因征地补偿上访一直占有不小的比例，最高的是 2006 年，征地信访占近 60%（莫晓辉，2011）。然而，许多征地信访诉求得不到实际解决。莫晓辉（2011）认为，"在'信访一票否决'的约束下，信访已经开始异化为政府与群众矛盾的'交火点'"，地方政府把信访量下降作为考核"稳定"政绩的标准，其注意力从解决群众反映的问题转向控制、压制信访的发生，与此同时，"信访案在不同机关和不同层级政府部门之间层层转办，农民上访告状时，如果没有一个指定的机构专门负责处理农村土地争议，农民的申诉很有可能被不同的政府部门推来推去，得不到及时解决。根据信访规定和'属地管理'的原则，直接将群众对征地问题的反映材料转给了实施征地的基层人民政府，也就是信访人检举、控告、揭发的对象，其结果只能引发打击报复，把上访人拖入这样一个'恶性闭合圈'，能够解决问题的占的比重极小。只有那些通过各种渠道反映到中央政府，或者引起高层决策者注意或者社会公众关注的案件才有可能得到重视和解决"（莫晓辉，2011）。

征地纠纷通过司法途径解决的可能性也极小。对此，莫晓辉（2011）指出这是由于：（1）司法机关对征地纠纷的受案范围模糊，且认识不一，大量征地纠纷被法院拒之门外；（2）根据我国现行法律规定，国务院的具体行政行为不受诉，而当前每年约有 1/3 的土地征收是由国务院批准的，这类土地征收引起的纠纷就被排除在司法审查之外；（3）《最高人民法院关于审理涉及农村土地承包纠纷案件适用法律问题的解释》（法释〔2005〕6 号）第一条第三款明确规定："集体经济组织成员就用于分配的土地补偿费数额提起民事诉讼的，人民法院不予受理"，这就使得被征地农民丧失诉讼权；（4）《土地管理法实施条例》规定了对征地补偿安置争议不服的裁决程序，司法实践中一些法院就以裁决前置为由拒绝受理。

当征地农民的诉求穷尽裁决、信访和司法等途径后依然得不到解决时，集体维权就成为一种重要的维权方式，于是近年来大量群体事件爆发。据 2005 年的一个统计，在全国发生的近 8 万起群体事件中，农民维权占 30%，其中因征地补偿不公而发生的群体事件占农民维权的 70%（天则经济研究所，2007）。

那么为什么在 20 世纪 80 年代乃至更早时期，土地征收制度的推行没有引起农民如此大规模的抗争呢？城市化必然伴随大量的土地转换，这些增加的城市土地绝大多数是从农村土地转换而来的。由于在我国城市土地实行国有制，农村土地实行集体所有制，这个转换的过程是一个土地所有权的转让过程，而这种转让是由政府行使征地权来完成的。在改革开放前，我国并不存在土地市场。1978 年农村经济改革的成功鼓舞了中国领导人，并于 1984 年开始推行城市经济改革，在此背景下，以房地产开发销售为主要形式的土地交易在全国范围内展开。在这一阶段，我国土地交易尚未取得合法地位，包括《宪法》在内的各种法律法规都禁止土地交易活动。1987 年深圳出让了第一宗土地，此后抚顺等试点城市也相继展开了土地出让试点工作，1988 年宪法修正案和《中华人民共和国土地管理法》修正了原来禁止土地交易的条款，土地市场的合法性由此得到确立。这一改革直接导致了土地一级市场的形成，而农村土地向城市土地的转换形式也相应发生了改变（汪晖，2002）。

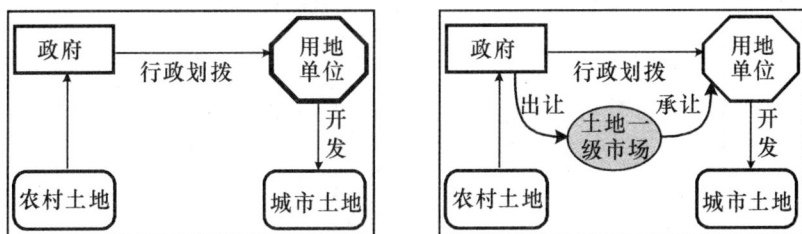

图 A：改革前土地转换形式　　　图 B：改革后土地转换形式

图 1-3　改革前后城市土地的转换形式

图 1-3 A 和 B 显示了改革前后农村土地向城市土地转换的形式，二者的区别在于土地使用制度改革以后，农村土地向城市土地转换既可以通过传统的征收—划拨形式来实现，也可以通过征收—出让形式来实现。换言之，在农村土地向城市土地的转换中，部分开始通过土地市场来完成的。这一变化很有意思，在城市土地使用制度改革之前，我国城市土地开发主体主要是政府机构或者国有企业①，农村土地被征收后都是以行政划拨的形式交由开发单位完成土地开发，由于缺乏市场机制，信

---

①　1984 年，原国家计委和城乡建设环境保护部联合颁布了《城市建设综合开发公司暂行办法》，自此，原先各种行政性公司才实现企业化，参与城市建设，从事房地产开发。

息不完备，农村土地转换为城市土地过程中带来的土地增值收益被掩盖，土地征收制度的弊端并未显现。在城市土地使用制度改革以后，情况就发生了变化，土地一级市场的建立使得农民开始了解和掌握土地价格信号。

为了进一步解释土地价格信号对农民行为的影响，我们可以引入土地竞租模型。不过，传统的土地竞租模型无法解释当市场信息开放后，为何现行征地制度的矛盾会凸现。传统的土地竞租理论假定城市土地的供给不受限制，土地用途的转换的唯一因素是土地的收益能力变化。如果选择一条从市中心到远郊的路线，随着用途的转换和土地收益能力的降低，土地租金（或价格）有一个平缓下降的过程（如图1-4），这样在城市郊区，土地用途转换的替代点附近，农地价格和市地价格相差不多，因而即便农民了解土地价格信号，农民的心态和行为与改革前也不一定不同，更没有动力进行黑市交易。

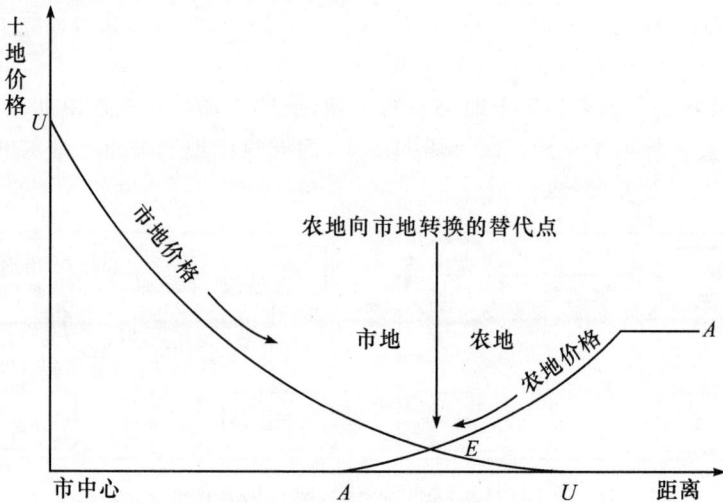

图 1-4　传统的土地竞租曲线

但是，现实中，我国绝大多数城市都实行了城市总体规划控制。城市规划对城市土地供给的限制，以及开发商对农地向市地用途转换带来增值收益的预期，市郊土地的价格往往比预期的要高，尤其是有规划意图地块的价格要远远超过在此范围之外的农地的价格（如图1-5）。农民一旦掌握这些价格信号，征地补偿与被征土地潜在的价值之间的巨大反差就成为农民抗争的重要原因。

与此同时，随着改革开放的深入，国企改革、人事制度改革、医疗制度改革等相继推进，"吃皇粮""铁饭碗"——打破，城市居民原先拥有的优势逐渐消失，而保留农村户口拥有的计划生育政策方面的优惠以及农地的社会保障功能导致农地的潜在价值上升，征地制度中的农转非政策渐渐不再吸引农民，农民对征地补

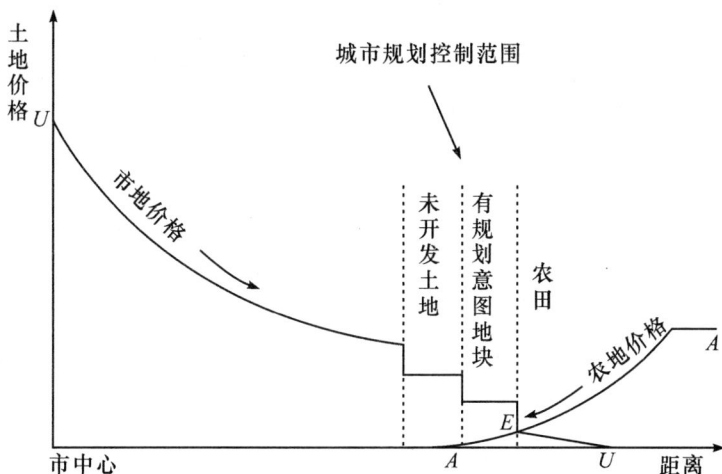

图 1-5 规划控制下的土地竞租曲线

偿的期望值不断上升。而且越是经济发达的地区，这种现象越是明显。在上述背景下，农民对征地活动的心态慢慢发生了变化，征地难度加大，在现行征地赔偿标准下的讨价还价过程日益漫长，更有甚者，市郊土地黑市开始形成，出现大量的"小产权房"。但是，包括城市土地使用制度在内的各项制度改革不是征地难度大、讨价还价过程长以及土地黑市形成的原因，原因在于计划经济时代形成的土地征收制度已经不再适应市场化改革，而其中的关键在于政府征地权的滥用和征地补偿的不合理。

1.3 本章小结

　　本章系统讨论了中国经济转轨、增长与现行征地制度之间的逻辑联系，认为现行征地制度是 20 世纪 90 年代后逐步形成的"区域竞次式"经济增长模式赖以发展的制度基础，因而"区域竞次式"经济增长模式以及伴生的地方政府土地财政激励成为现行征地制度改革的约束条件。只有通过系统性的整体改革来改变这些约束条件，才能提供足够的激励，从而从根本上改革现行征地制度。

　　在解释了中国现行征地制度的背景之后，本章从征地范围、征地补偿、失地农民与征地安置、强制性征地与农民抗争这几个方面归纳和总结了现行征地制度低补偿、无征地范围限制及高强制性的三大特点，并以 2009 年全国 12 个城市大样本征地抽样调查数据为基础，分析和阐述了现行征地制度的基本事实。

参考文献

1. Cao，Y. Y. Qian，and B. Weingast. From Federalism，Chinese Style，to Privatization，Chinese Style. *Economics of Transition*，1999，7(1)：103—131.

2. Li S.，S. Li，and W. Zhang. The Road to Capitalism：Competition and Institutional Change in China. *Journal of Comparative Economics*，2000，28 (2)：269—292.

3. Qian. Y. The Process of China's Market Transition (1978—1998)：The Evolutionary，Historical，and Comparative Perspectives. *Journal of Institutional and Theoretical Economics*，2000，156(1)：151—171.

4. Wong. C. *Financing Local Government in the People's Republic of China*. Hong Kong and NewYork：Oxford University Press，1997.

5. Wong，C. and R. Bird. *China's Fiscal System：A Work in Progress*. Working Papers，No. 0515，International Tax Program，Institute for International Business，Joseph L. Rotman School of Management，University of Toronto，2005.

6. World Bank. *China National Development and Sub−ational Finance：A Review of Provincial Expenditures*. Washington，DC，2002.

7. 陈锡文：《中国城市化：农民、土地与城市发展》(序言)，中国经济出版社 2004 年版。

8. 黄小虎：《当前土地问题的深层次原因》，《经济瞭望》2007 年第 2 期。

9. 李一平：《城郊农民集体维权行动的缘起、方式与机理分析》，《社会学》(人大复印资料)2005 年第 11 期。

10. 莫晓辉：《从裁决到裁判：中国征地争议裁判制度研究》，中国人民大学博士学位论文，2011 年。

11. 翟年祥、项光勤：《我国现行土地征用制度的问题及其对策探析》，《中国行政管理》2007 年第 3 期。

12. 陶然、陆曦、苏福兵、汪晖：《地区竞争格局演变下的中国转轨：财政激励和发展模式反思》，《经济研究》2009 年第 7 期。

13. 陶然：《中国当前增长方式下的城市化模式与土地制度改革——典型事实、主要挑战与政策突破》，清华－布鲁金斯公共政策研究中心政策报告系列一，2011 年。

14. 天则经济研究所：《城市化背景下土地产权的实施和保护》，中国土地问题课题组，2007 年 7 月。

15. 汪晖：《城市化进程中的土地制度研究》，浙江大学博士学位论文，2002 年。

16. 中国土地勘测规划院：《中国征地移民风险管理能力建设项目研究报告》，亚洲开发银行，2006 年 3 月。

2

公共利益界定:争议与改革

　　任何财产在特殊情况下,比如战争期间往往可能被征收。个人的财产所有权从来就不是完整的,然而土地(不动产)是唯一在和平时期在几乎所有国家经常被制度化征收的公民财产。尤其在发展中国家,在快速工业化、城市化进程中,铁路、高速公路、机场、城市道路、水利工程等大量基础设施项目用地经常通过征收获取。即使在工业化国家,在基础设施建设、都市更新过程中也经常会动用征地权。

　　土地征收是政府通过公权力强行剥夺个人或组织财产的行为。当政府行使征地权的时候,征地双方的地位是不对等的,征收行为是强制的,甚至补偿也不需要得到被征地者的同意。与征收相对应的是买卖,买卖是交易双方真实意愿的表达,双方地位对等,可以讨价还价,成交后一方获得了生产者剩余,而另一方获得了消费者剩余,两厢情愿,皆大欢喜。

　　在一个市场经济国家,通过市场来配置资源理应是政策的首选。事实上,我们这个社会很多产品、生产要素以及自然资源目前也的确是通过市场机制来配置的。但土地是一个重要的例外。由于现有体制下土地可能是和平时期唯一经常被征收的财产,所以周其仁教授(2001)质疑"农地不是敌产,工业化、城市化也不是战争或救灾,为什么非征用不可?"但事情并非如此简单,比如政府要修建一处开放的公共绿地,这个项目显然对周围环境和居民具有正向外部性效果,那些紧挨着绿地或者就在绿地中间的房地产价值会因为该项目实施而获得相当可观的增值收益。如果这个项目所需的土地分属很多个不同的所有者,而政府希望通过购买的方式来收购这些土地,可以预见的结果是政府必然要支付很高价格才能够达成目标。这是因为每一个业主都想从这个项目中获得相关增值收益,因此不愿意将土地低价卖给政府。政府所要付出的价格甚至很有可能会超出这个项目的预算,而由于项目经费来自于政府税收,如此操作就会加重纳税人的负担。

也正是因为如此,Miceli(1993)的研究指出,防止个别土地所有者延误需要大量土地的公共项目,构成了征地权存在的理由。因为如果在一个公共项目中政府必须和每一个土地所有者达成协议,那么高昂的交易费用可能会阻止该项目的实施,因为每个土地所有者都有抗争的动机,以便从公共项目导致的土地增值中获益。而通过动用征地权可以有效地解决抗争问题,通过降低交易费用来保证公共项目的顺利实施。Munch(1976)认为如果将生存规则应用于公共机构,那么土地征收至少可以减少一方的成本,这种情况存在两种可能性:(1)土地征收减少了总成本,从而保证了效率的净增加;(2)土地征收重新分配了成本和收益。

因此,可以认为,土地征收是通过政府干预来解决市场失灵问题的一个手段。然而,土地征收毕竟要强制剥夺公民的部分财产权利,从历史上来看,征地补偿往往不能涵盖被征地者所有受影响的利益。即使在一些具有保护私人财产的制度传统的国家,比如美国,征地补偿通常也不会超过市场价值,甚至在很多的案例中还会低于市场价值(Ely,1992),因此政府必须要首先限定于公共使用(public use)或公共目的(public purpose),才能够保证征地权的行使具备令人信服的合法性。这种"限于公共使用或公共目的动用征地权"的约束,也正是为防止政府或者特殊利益集团寻租行为而搭起的屏障(Fischel,1998)。简言之,在多数国家的征地实践中,征地权行使的合法基础取决于征地目的的公共使用(public use)和征地补偿的公正性(just compensation)。财产权利的安全和稳定对一个国家和社会的发展和进步具有深远的影响,因而也唯有征地权在符合公共利益和公平补偿的原则下行使,才不至于轻易动摇一个国家财产权利制度的根基和引起公民对其财产安全的顾虑。

由此可见,征地制度的核心就是公共利益和征地补偿。本章将围绕公共利益这一核心问题,总结各国实践、相关学术观点及分歧,分析我国现行法律在这一问题上的矛盾,在此基础上提出我们的改革思路。

2.1 公共利益界定的争议

我国现行征地制度中最令人诟病的地方,在于征地权的行使并非全部出于公共目的。尽管 2004 年修订的《中华人民共和国宪法》第十条和《土地管理法》第二条规定,"国家为了公共利益的需要,可以依照法律规定对土地实行征收或者征用并给予补偿"。但是,相关法律并没有规范非公共利益性质的征地行为。

《土地管理法》第四十三条规定，"任何单位和个人进行建设，需要使用土地的，必须依法申请使用国有土地……"，乡镇企业、农民建房和乡（镇）村公共设施和公益事业建设用地除外，所谓"依法申请使用的国有土地"，实际上包括了"国家所有的土地和国家征收的原属于农民集体所有的土地"，这样就事实上把公益性用地和非公益性用地都纳入了征收范围。

中国共产党第十七届三中全会《决定》指出，要"改革征地制度，严格界定公益性和经营性建设用地，逐步缩小征地范围……"。这显然是一个顺应潮流的突破。而在最近起草的尚未公开征求意见的《土地管理法》修改草案中，也首次引入了"公益性项目"的概念，这也无疑是朝正确的改革方向迈出了重要的一步，为进一步的改革突破预留了操作空间。

但是，什么样的项目才算是符合公共利益（公共使用或公共目的），或者说判定土地征收权的行使是否符合公共利益并非想象中那么简单，各国的法律实践往往有所不同。比如在加拿大，根据联邦和安大略省征地法规定，征地的目的必须为公共利益服务，征地的范围严格限制在为公共服务的交通、能源、水利、环境保护、市政建设、文物遗迹保护、学校、医院以及社会福利等（卢丽华，2000 年）。而在美国，虽然在征地权限定于公共用途这一点上取得了一致，各州法律对公共目的范围的界定并不完全相同，除了直接的公共用途以外，现在美国多数法院把"公共用途"扩展到包括具有公共利益的用途，比如贫民窟的改造，不在地主农场的征用（Barlowe，1978），甚至与公共用途土地密不可分的其他用地，如高速公路的配套设施用地，包括停车场、加油站、旅馆等（李珍贵，2001）。在新加坡，征地权的行使范围更加宽泛，1985 年修订的《新加坡土地征用法》规定，"当某一土地需要——a 作为公用；b 经部长批准任何个人、团体或法定、机构为公共的利益或公共利用，需要征用该土地作为某项工程或事业之用；c 作为住宅、商业或工业区加以利用。总统可以在公报上发布通知，宣布该土地需要按通告中的说明的用途加以征收"。

在各国法律实践中，公共利益的界定往往也存在广泛的争议。以美国为例，2005 年美国最高法院开始允许使用一个更宽泛的关于公共使用的定义，并在 Kelo 的判例中支持征地权可以用于对一个贫困地区的再开发（明尼苏达 1986 年也有类似的征收土地用于经济发展的案例）。但是，Kelo 判例引起了广泛的非议，在 Kelo 案例之前美国只有 7 个州（阿肯色、佛罗里达、肯塔基、缅因、新罕布什尔、南卡罗来纳和华盛顿州）禁止为经济发展目的动用征地权，Kelo 案例之后，截至 2012 年 6 月，作为对 Kelo 案例的回应，共有 44 个州颁布了法律修正案，其中有 22 个州立法严格禁止征地权被用于经济发展目的，其余 22 个州对政府动用征地权用于经济发展目的进行了限制。不过仍有 8 个州的议会没有通过限制征地权被用于经济发展目的的法律,其中有 6 个州,包括堪萨斯、康涅狄格、马里兰、明尼苏达、纽约和北达科他州的法律支持征地权被用于经济发展目的。尽管如此,如明尼苏达州立法仍然严格界定了公共使用的定义:(1)一般公众或公共机构对土地的占有、占用、所属,及其享用;(2)公共服务的建立或运转;(3)减缓某个地区的衰败,挽救环境污染地区,降低不动产废弃程度,或者清除妨害公益的东西。当然,新的公共使用或公共目的定义也并没有限制税收增额融资项目(TIF),TIF 经常用于衰落地区经济发展所需的基础设施投资和改善的融资项目。由此可见,公共使用的界定不是一成不变的,在实践中往往也存在很大争议,当然大多数国家还是通过立法明确界定了公共使用的范围。

Kelo 判例

　　1998 年,美国一家大型制药公司(Pfizer)开始在新伦敦城远郊的 Fort Trumbull 社区建造新的研究工业园。新伦敦城市政府认为这是个难得的经济发展机会,指派一家由市政府控制的私人公司(新伦敦发展有限公司),进行 Fort Trumbull 社区的再发展,并鼓励 Pfier 公司带来其他的经济活动。新伦敦发展有限公司不久提交了一个发展计划,包括一个度假酒店,一个会议中心,一个州立公园,80～100 个居住用房,还有各种研究,办公以及商业零售用房。新伦敦市政府于 2000 年通过了这个发展计划,并授权新伦敦发展有限公司征收 Fort Trumbull 社区的土地。Fort Trumbull 社区有 90 英亩,包括 115 块居住和商业用地。其中,15 块土地的主人不同意征收,新伦敦城决定使用征地权来没收这 15 块私人土地。Kelo(Kelo 是 15 位原告人之一,也是原告代表)等原告方认为新伦敦有限公司的经济发展目的不能算作公共用途,所以在 2002—2005 年先后将市政府告上州立最高法院,直至美国最高法院。最后,美国最高法院九个大法官以 5∶4 的裁决驳回 Kelo 的上诉,支持当地政府动用征地权。

　　关于 Kelo 案例的详情参见:http://en.wikipedia.orgwikiKelo_v._City_of_New_London。

　　一种极端的看法认为,只要能够推动经济增长,增加政府税收,增加就业就是符合公共利益的。但这种说法的问题在于,这样的定义事实上囊括了几乎所有的征地项目,因为即使是明显具有盈利性且往往只带来少数人直接受益的项目(如商业房地产开发),都会产生上述效果。按照这样的看法,就根本没有必要来区分公共利益和私人利益。与此相对应,另一种极端的看法是,所谓符合公共利益的项目必须是非盈利的,但这样的项目在现实中少之又少,大概只包括军事基地、公共团体和政府机关、公共绿地用地等。多数具有公共利益性质的项目虽然受益范围广,却还是可以设计一套有效的收费体系,从而具有较强的排他性(比如收费高速公路)。Epstein(1985)提议征地权中公共使用的条件应该被解释为当一个项目涉及公共产品的供应就被允许强制征收土地。但是公共产品也

是一道"光谱",纯粹的公共产品在现实生活中也非常少,而多数项目只是部分涉及公共产品的供应。

在国内学术界和政府部门,也存在类似的争论。比如有人举了一个非常有意思的例子:北京奥运会鸟巢附属的宾馆是商业性质的,如果按照严格的公共利益的界定,就不能通过征收来获得,但如果政府必须要通过购买很可能会耽误奥运会场馆建设的进度,从而最终损害公共利益。这种说法当然有一定的道理,考虑到奥运会对中国政府和民族的意义,这确实是一个非常极端的例子。在实践中发生的情况,是很多缺乏足够公共利益的项目,比如收费高速公路,甚至是基本没有什么公共利益的项目,比如房地产开发,也被政府以公共利益的旗号强征土地。而且,即使对于奥运会这样的项目,其附属商用设施非要征收,也不应该政府单方面制定补偿价格来征收。

让我们回到问题的基本面:如果不以公共利益为出发点,以公权力通过征收强行剥夺公民或集体的财产,那么就一定会损害我们这个社会最基本的公平正义原则。如果政府能够以低廉的代价去征收农民土地,然后或低价转手出让给工业用地者,或高价转移给商、住用地开发商,结果必然是政府和用地者的腰包鼓鼓囊囊,而失地农民却失地、失业,甚至部分缺乏保障,流离失所。这样的征地行为的合法性又如何能够说服公众呢?

如果接受公共利益为征地权行使的前提,那剩下的不过是如何界定公共利益这一个技术层面的问题了。只要审慎处理,就容易解决前面谈到的"鸟巢附属宾馆"这类问题。

2.2 法律困境

在中国,征地权的法律规定主要来自《宪法》、《土地管理法》和《城市房地产管理法》。我国现行法律关于征地权的规定相互矛盾,从而导致征地权的滥用。

(1)宪法:我国《宪法》第十条第一款规定,"城市的土地属于国家所有",而第十条第二款则规定,"国家为了公共利益的需要,可以依照法律规定对土地实行征收或者征用并给予补偿",这就引发了一个矛盾:农村集体土地转换为城市土地,按照《宪法》第十条规定,其所有权应该征为国有,然而,根据第二条第二款的规定,征地权的行使要在符合公共利益的前提下才是合法的,如果这种从农地向市地的转换并不具有公共利益性质,如征地目的是高尔夫球场、房地产开发等纯属盈利性质的用途,这种征地权的行使应属于滥用。这就陷入了两难境地:不符合公共利益的农地向市地的转换,若不征为国有不符合宪法第十条第一款规定,征为国有又不符合第十条第二款的规定。

（2）土地管理法：2004年修订的《中华人民共和国土地管理法》第二条第四款规定，"国家为了公共利益的需要，可以依法对土地实行征收或者征用并给予补偿"，可见是否符合公共利益是征地权行使的依据；但是《土地管理法》第四十三条同时规定："任何单位和个人进行建设，需要使用土地的，必须依法申请使用国有土地；但是，兴办乡镇企业和村民建设住宅经依法批准使用本集体经济组织农民集体所有的土地的，或者乡（镇）村公共设施和公益事业建设经依法批准使用农民集体所有的土地的除外。"显然，除了乡镇企业、村民住宅、乡（镇）村公共设施和公益事业用地以外，任何单位和个人需要土地的时候，必须要将农村集体土地先征为国有，包括农村集体土地转换为城市用地，这就意味即便这种用途转换不符合公共利益，也必须先征为国有，这显然违反了《土地管理法》第二条第四款，同一部法律前后条款显然相互矛盾。

（3）城市房地产管理法：2007年修订的《城市房地产管理法》第九条规定，"城市规划区内的集体所有的土地，经依法征用转为国有土地后，该幅国有土地的使用权方可有偿出让"；第二十三条则规定："土地使用权划拨，是指县级以上人民政府依法批准，在土地使用者缴纳补偿、安置等费用后将该幅土地交付其使用，或者将土地使用权无偿交付给土地使用者使用的行为。"划拨土地使用权即指划拨国有土地使用权。这就限制了农村集体土地的用途，被排除在房地产开发用地以外，而农村土地要转换成房地产开发用地，不论是否符合公共利益，均须征为国有。可见，这两项条款违反了《宪法》第十条规定。

为了便于说明，图2-1的征地例子给出了一幅坐落于城市规划区范围内的农村集体土地，当该幅土地的征收目的是为了并不具有公共利益性质的别墅和高级住宅的时候，征地权的行使就陷入了法律上的两难困境。

从上述对我国现行法律中土地征收方面的规定的分析可以看出，法律之间，条款之间相互矛盾，这是我国征地权被滥用的法律根源。征地权被滥用，征地范围扩大，使得一些盈利性质的用地，甚至高尔夫球场、别墅、高档娱乐设施等高盈利用地也须经征为国有，开发商的高回报率以及远远高于征地补偿的土地出让价格，让农民感到不公平，往往会出现在获知征地前抢栽苗木、装修住宅以期在讨价还价中获得更多补偿的现象，征地难度也不断加大，甚至黑市交易也成为农民事实上的理性选择。

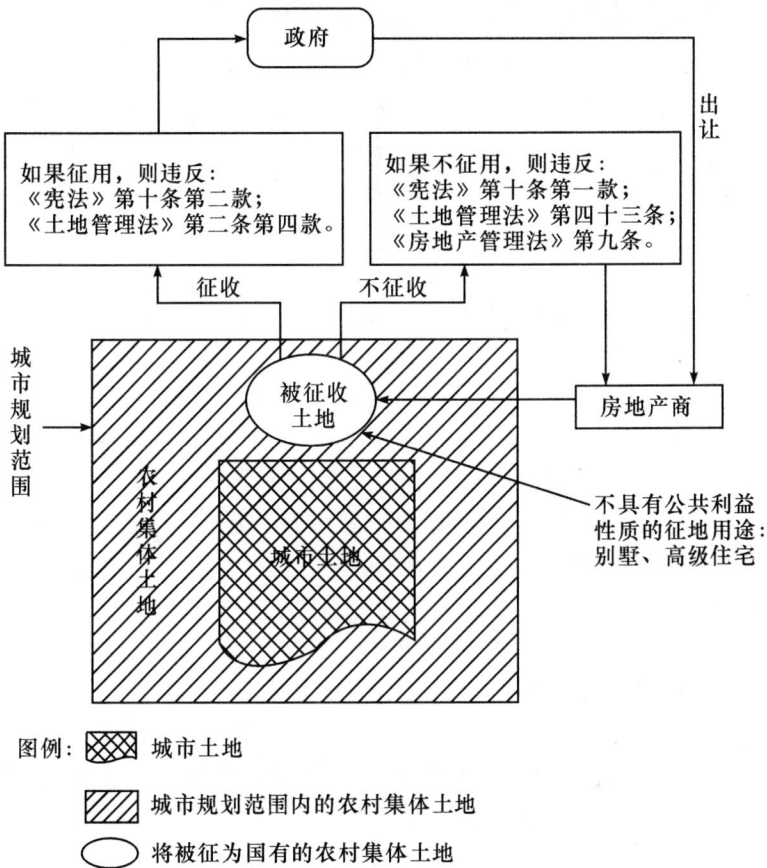

图 2-1　征地权行使的两难困境:法律条款的矛盾

2.3　国家实施城市规划是否必须征地?

我国《房地产管理法》及相关政策法规都直接或间接地规定,城市规划范围内为实施城市规划政府可以征收集体土地。2010 年版《土地管理法》修订草案也规定"在土地利用总体规划确定的城镇建设用地范围内,国家实施城市规划进行建设"可以征收集体土地。这里涉及两个重要问题,首先国家实施城市规划是否体现了公共利益? 其次是否必须通过征收集体土地所有权来实施城市规划?

毫无疑问,政府实施城市规划可以但不必然维护公共利益。土地利用的外部性,可能会导致不同用途土地利用的不相容,从而降低土地的财产价值。所以,通过分区控制、土地用途和使用强度管制,以及城市道路等规划建设,城市规划可以防止土地的不当使用。假定一幅土地最佳的私人用途（private usage）是商业，最佳的容积率是 10，但是城市规划限定这一幅土地只能用于住宅建设，最高容积率不得超过 4。那么这幅土地的价值就会下降，但限定这幅土地的用途和使用强度的目的是为了更广区域内土地价值不受该幅土地的不当利用而下降。必须强调的是，这就是一种对土地财产权利的"征收"。换言之，城市规划的实施本身就已经对城市土地进行了这种意义上的征收，这种征收我们可称之为"准征收"（takings），是通过土地用途和使用强度管制来实施的，而不是剥夺土地所有权。这种通过城市规划来限定土地发展权的准征收行为，是属于所谓政府的"警察权"，绝大多数情况下是无需赔偿的。

所以，土地征收实际上不是一个"非黑即白"的概念，而是一道连续的光谱，光谱的一端对土地利用不加任何限制，另一端则是所有权的剥夺。城市规划的实施实际上是介于这两者之间的征收行为。既然城市规划可以通过土地用途和使用强度管制以及征收特定土地的发展权来实现，政府又何必在意这些被管制的土地是国有的，还是集体甚至是私人的呢？

当然，我国法律规定城市土地属于国有。但这个规定也存在如下两个问题：首先，城市土地的范围到底是指 1982 年《宪法》首次规定城市土地属于国有之前的那些城市土地加上之后征为国有的土地，还是城市建成区内的所有土地？抑或是城市规划区内的土地，或者是土地利用总体规划确定的城市建设用地区内的土地？这实际上是一个非常含糊的定义，而且是一个可能给未来带来无数纠纷的定义。事实上，目前我国城市建成区范围内还存在着大量的集体土地，比如大量城中村的土地。这些土地的用途早已是城市用途了，但从产权上看仍然是集体土地。其次，即使城市土地国有，也不一定要征收，购买集体土地所有权同样是一种选项，甚至很可能是更好的选项。

2010 年版《土地管理法》修订草案提出的方案可能存在的矛盾则更多：其一，土地利用总体规划确定的城镇建设用地范围是一个动态变化的范围，1997—2010 年全国各地土地利用总体规划实施 10 年的结果表明，在经济越发达、土地价值越高的地区，规划的局部修改越频繁，城镇建设用地范围线每隔几年就会变动一次。而且很容易受到长官意志的影响，所以这一规定也无法真正将征地范围限定在一个确定的城镇建设用地范围之内。其二，现行土地利用总体规划的编制和实施，虽需经过听证程序，但事实上公众参与程度很低，尤其是农民参与程度就更低。以一个没有得到广泛共识的土地利用总体规划确定的城镇建设用地范围为分界线，圈外集体建设用地可以流转，圈内集体建设用地必须征收，肯定很难说服农民。可以预见，基于利益博弈和公平诉求，如果这一条款得以实施，那么势必造成大量的上访甚至群体性事件。

总之,国家实施城市规划,管制特定土地的用途和使用强度,相当于已经对土地进行了某种程度的征收,集体建设用地应该可以直接入市并保持集体所有制性质,或者由政府或用地者直接购买后转为国有。不论哪种方式,都比现有规定下的情况要更有利于保障失地农民的财产权益。

2.4　公共利益和征地范围界定的改革思路

2.4.1　公共利益定义

如前所述,当前的困境是土地征收应当符合公共利益这一点似乎没有争议,如何界定公共利益却有分歧。随着中国征地制度改革的深化,公共利益界定注定是一个绕不开的问题,有鉴于此,我们提出关于界定公共利益的思路是,如果某块土地上生产的产品可以交由市场来解决,那么这块土地也可交由市场解决。只有那些市场提供不了的产品,不论盈利与否,均可视为公益性项目,所需土地可以通过征收解决。进一步说,公共利益用途含义宜采用以下定义:

(1)凡直接的公共事业用途;(2)具有公共利益性质的一切其他用途;(3)以及为实施上述用途所必需的相关设施和附属设施用地。

上述界定意味着,如果一个项目的主体工程是符合公共利益的,那么附属设施用地作为主体工程的配套,其用地通过一定程序的公正审核后也可以通过征收方式获得。如是,征地就可以排除一般的商住项目用地、工业项目和旅游项目用地等明显属于非公益性的盈利项目。当然,随着经济、社会发展,不排除对"公共利益"含义的认定出现相应变化,但必须满足程序正义的要求。因此,在未来的征地制度改革中,可考虑设计一套审核机制,即由第三方机构(比如地方人大或法院)通过严格程序来审核某类或者某项征地项目是否符合公共利益,是否可以征收。从目前全国各地出现的情况来看,大部分征地和拆迁矛盾的主要起因,是地方政府对很多有明显盈利性质的项目轻易动用征收权。而在多数国家,征地权行使的合法基础取决于征地目的的公益性和征地补偿的公平性。一句话,政府没有义务也不应通过剥夺一部分公民的财产来满足企业赚钱的需要,更不应该与民争利。

2.4.2　征地范围界定

公共利益的定义明晰了,紧接着就需要界定征地范围。在许多国家和地区,通过列举法来限定征地范围：墨西哥列举了一个符合"公益事业"标准的各种用途的详细清单；日本则严格限定了关系国家和民众利益的 35 种公益事业项目；韩国的公共利益界定为公益事业所需土地及其相关设施、附属设施所需土地，征地范围也限定于 8 类公益事业，包括国防军事、国家基础建设、公共设施、文教艺术、重要产业、住宅等，以及上述事业实施中涉及的相关设施和其他附属设施用地，以及法律规定的其他公益事业；我国台湾地区将征地范围限定在 11 种用途，包括国防军事建设、交通事业、公益事业（电信、邮政、煤气和电力）、水利事业、公共卫生事业、政府机关和自治团体等公共建筑物、教育学术和慈善事业、国营事业、城市再开发事业、有关国家经济政策实施的事业，以及其他以公益为目的的事业。

当然，列举法的缺点在于无法涵盖所有的情况，也不能对社会经济发展变化做出弹性反应。所以很多国家比如美国、巴西、法国等，并不划分征地范围。

总之，由于土地征收是强制性获取土地所有者的土地，必定会影响土地的配置和使用，所以严格界定公共利益的含义，或者清晰划定征地范围，以防止征地权滥用和土地利用不当是必要的。

根据《中华人民共和国土地管理法》、《中华人民共和国城市房地产管理法》和上述对公共利益用地的定义，我们提出一套符合当前国情的征地目录。

一、直接的公共利益用地

（一）国家党政机关和人民团体用地

1. 办公用地。

2. 安全、保密、通讯等特殊专用设施用地。

（二）军事用地

1. 指挥机关、地面和地下的指挥工程、作战工程。

2. 营区、训练场、试验场。

3. 军用公路、铁路专用线、机场、港口、码头。

4. 军用洞库、仓库、输电、输油、输气管线用地。

5. 军用通信、通讯线路、侦察、观测台站和测量、导航标志。

6. 国防军品科研、试验设施。

7. 其他军事设施。

（三）城市基础设施用地

1. 供水设施：包括水源地、取水工程、净水厂、输配水工程、水质检测中心、调度中心、控制中心。

2. 燃气供应设施：包括人工煤气生产设施、液化石油气气化站、液化石油气储配站、天然气输配气设施。

3.供热设施:热力网设施。

4.环境卫生设施:包括雨水处理设施、污水处理厂、垃圾(粪便)处理设施、其他环卫设施。

5.道路广场:包括市政道路、市政广场。

6.绿地:包括公共绿地(住宅小区、工程建设项目的配套绿地除外)、防护绿地。

(四)非营利性邮政设施用地

1.邮件处理中心、邮政支局(所)。

2.邮政运输、物流配送中心。

3.邮件转运站。

4.国际邮件互换局、交换站。

5.集装容器(邮袋、报皮)维护调配处理场。

(五)非营利性教育设施用地

1.学校教学、办公、实验、科研及校内文化体育设施。

2.高等、中等、职业学校的学生宿舍、食堂、教学实习及训练基地。

3.托儿所、幼儿园的教学、办公、园内活动场地。

4.特殊教育学校(盲校、聋哑学校、弱智学校)康复、技能训练设施。

(六)公益性科研机构用地

1.科学研究、调查、观测、实验、试验(站、场、基地)设施。

2.科研机构办公设施。

(七)非营利性体育设施用地

1.各类体育运动项目专业比赛和专业训练场(馆)、配套设施(高尔夫球场除外)。

2.体育信息、科研、兴奋剂检测设施。

3.全民健身运动设施(住宅小区、企业单位内配套的除外)。

(八)非营利性公共文化设施用地

1.图书馆。

2.博物馆。

3.文化馆。

4.青少年宫、青少年科技馆、青少年(儿童)活动中心。

(九)非营利性医疗卫生设施用地

1.医院、门诊部(所)、急救中心(站)、城乡卫生院。

2.各级政府所属的卫生防疫站(疾病控制中心)、健康教育所、专科疾病防治所(站)。

3.各级政府所属的妇幼保健所（院、站）、母婴保健机构、儿童保健机构、血站（血液中心、中心血站）。

（十）非营利性社会福利设施用地

1.福利性住宅。

2.综合性社会福利设施。

3.老年人社会福利设施。

4.儿童社会福利设施。

5.残疾人社会福利设施。

6.收容遣送设施。

（十一）水利设施用地

1.水利工程用地：包括挡水、泄水建筑物、引水系统、尾水系统、分洪道及其附属建筑物，附属道路、交通设施，供电、供水、供风、供热及制冷设施。

2.水库淹没区。

3.堤防工程。

4.河道治理工程。

5.水闸、泵站、涵洞、桥梁、道路工程及其管护设施。

6.蓄滞洪区、防护林带、滩区安全建设工程。

7.取水系统：包括水闸、堰、进水口、泵站、机电井及其管护设施。

8.输（排）水设施（含明渠、暗渠、隧道、管道、桥、渡槽、倒虹、调蓄水库、水池等）、加压（抽、排）泵站、水厂。

9.防汛抗旱通信设施，水文、气象测报设施。

10.水土保持管理站、科研技术推广所（站）、试验地设施。

（十二）特殊用地

1.监狱。

2.劳教所。

3.戒毒所、看守所、治安拘留所、收容教育所。

（十三）法律、行政法规规定的其他用地

二、准公共利益用地

（一）城市基础设施用地

1.供热设施：热电厂

2.公共交通设施：包括城市轻轨、地下铁路线路、公共交通车辆停车场、首末站（总站）、调度中心、整流站、车辆保养场。

（二）社会福利设施用地

1.福利性住宅用地

2.综合性社会福利设施用地

3.老年人社会福利设施用地

4.儿童社会福利设施用地

5.残疾人社会福利设施用地

6.收容遣送设施用地

7.殡葬设施用地

（三）石油天然气设施用地

1.油（气、水）井场及作业配套设施。

2.油（气、汽、水）计量站、转接站、增压站、热采站、处理厂（站）、联合站、注水（气、汽、化学助剂）站、配气（水）站、原油（气）库、海上油气陆上终端。

3.防腐、防砂、钻井泥浆、三次采油制剂厂（站）、材料配制站（厂、车间）、预制厂（车间）。

4.油（气）田机械、设备、仪器、管材加工和维修设施。

5.油、气（汽）、水集输和长输管道、专用交通运输设施。

6.油（气）田物资仓库（站）、露天货场、废旧料场、成品油（气）库（站）、液化气站。

7.供排水设施、供配电设施、通讯设施。

8.环境保护检测、污染治理、废旧料（物）综合处理设施。

9.消防、安全、保卫设施。

（四）煤炭设施用地

1.矿井、露天矿、煤炭加工设施，共伴生矿物开采与加工场地。

2.矿井通风、抽放瓦斯、煤层气开采、防火灌浆、井下热害防治设施。

3.采掘场与疏干设施（含控制站）。

4.自备发电厂、热电站、输变电设施。

5.矿区内煤炭机电设备、仪器仪表、配件、器材供应与维修设施。

6.矿区生产供水、供电、燃气、供气、通讯设施。

7.矿山救护、消防防护设施。

8.中心试验站。

9.专用交通、运输设施。

（五）电力设施用地

1.发（变）电主厂房设施及配套库房设施。

2.发（变）电厂（站）的专用交通设施。

3.配套环保、安全防护设施。

4.火力发电工程配电装置、网控楼、通信楼、微波塔。

5.火力发电工程循环水管(沟)、冷却塔(池)、阀门井水工设施。

6.火力发电工程燃料供应、供热设施,化学楼、输煤综合楼,启动锅炉房、空压机房。

7.火力发电工程乙炔站、制氢(氧)站,化学水处理设施。

8.核能发电工程应急给水储存室、循环水泵房、安全用水泵房、循环水进排水口及管沟、加氯间、配电装置。

9.核能发电工程燃油储运及油处理设施。

10.核能发电工程制氢站及相应设施。

11.核能发电工程淡水水源设施,净水设施,污水、废水处理装置。

12.新能源发电工程电机,厢变、输电(含专用送出工程)、变电站设施,资源观测设施。

13.输配电线路塔(杆),巡线站、线路工区,线路维护、检修道路。

14.变(配)电装置,直流输电换流站及接地极。

15.输变电、配电工程给排水、水处理等水工设施。

16.输变电区、高压工区。

(六)铁路交通设施用地

1.铁路线路、车站及站场设施。

2.铁路运输生产及维修、养护设施。

3.铁路防洪、防冻、防雪、防风沙设施(含苗圃及植被保护带)、生产防疫、环保、水保设施。

4.铁路给排水、供电、供暖、制冷、节能、专用通信、信号、信息系统设施。

5.铁路轮渡、码头及相应的防风、防浪堤、护岸、栈桥、渡船整备设施。

6.铁路专用物资仓储库(场)。

7.铁路安全守备、消防、战备设施。

(七)公路交通设施用地

1.公路线路、桥梁、交叉工程、隧道和渡口。

2.公路通信、监控、安全设施。

3.高速公路服务区(区内经营性用地除外)。

4.公路养护道班(工区)。

5.公路线路用地界外设置的公路防护、排水、防洪、防雪、防波、防风沙设施及公路环境保护、监测设施。

(八)水路交通设施用地

1.码头、栈桥、防波堤、防沙导流堤、引堤、护岸、围堰水工工程。

2.人工开挖的航道、港池、锚地及停泊区工程。

3. 港口生产作业区。

4. 港口机械设备停放场地及维修设施。

5. 港口专用铁路、公路、管道设施。

6. 港口给排水、供电、供暖、节能、防洪设施。

7. 水上安全监督(包括沿海和内河)、救助打捞、港航消防设施。

8. 通讯导航设施、环境保护设施。

9. 内河航运管理设施、内河航运枢纽工程、通航建筑物及管理维修区。

(九)民用机场设施用地

1. 机场飞行区。

2. 公共航空运输客、货业务设施：包括航站楼、机场场区内的货运库(站)、特殊货物(危险品)业务仓库。

3. 空中交通管理系统。

4. 航材供应、航空器维修、适航检查及校验设施。

5. 机场地面专用设备、特种车辆保障设施。

6. 油料运输、中转、储油及加油设施。

7. 消防、应急救援、安全检查、机场公用设施。

8. 环境保护设施：包括污水处理、航空垃圾处理、环保监测、防噪声设施。

9. 训练机场、通用航空机场、公共航运机场中的通用航空业务配套设施。

(十)贯彻实施国家重大经济政策的用地

1. 经济开发区。

2. 高新技术园区。

3. 土地整理、整治区。

4. 廉租房、经济适用房用地。

(十一)抗灾抢险用地。

(十二)法律、行政法规规定的其他用地。

2.5 讨论与展望

在征地制度改革中,公共利益的定义至关重要,因为它关系到征地范围的确定,从而限定政府征地权的行使边界。然而,如前所述,公共利益的定义又是如此困难、带来的争议如此之大,引起了国内外法律、经济学界长期的关注和讨论。即便如此,法律规定征地权的行使应该符合公共利益的同时,对征地范围却基本上没有限制,这种情况大概只存在于少数国家。

本章所提出的公共利益的定义和征地范围的界定包括了为经济发展目的动用征地权，因而算是一个比较宽泛的解释。对照现行征地范围，只剩下明显盈利性项目（如商住用地）被排除在征收范围之外。尽管如此，正如本书第一章所指出的，在现行财政体制和"区域竞次式"经济增长模式下，将明显盈利性项目排除在征地范围之外必将遇到地方政府的抵制。只有从根本上改变地方政府的土地财政激励，才真正有可能重新定义公共利益并相应划定征地范围。不过，在一些经济增长不再依赖招商引资，地方财政也不再依赖土地出让金的地区，如深圳市，已经初步具备改革的条件。

2011年1月21日国务院颁布了《国有土地上房屋征收与补偿条例》，原《城市房屋拆迁管理条例》即日起废止。较之《城市房屋拆迁管理条例》，《国有土地上房屋征收与补偿条例》一大进步是首次将公共利益列为城市房屋征收的依据，并在第八条认定六种情形符合公共利益政府可以依法进行征收：(1)国防和外交的需要；(2)由政府组织实施的能源、交通、水利等基础设施建设的需要；(3)由政府组织实施的科技、教育、文化、卫生、体育、环境和资源保护、防灾减灾、文物保护、社会福利、市政公用等公共事业的需要；(4)由政府组织实施的保障性安居工程建设的需要；(5)由政府依照城乡规划法有关规定组织实施的对危房集中、基础设施落后等地段进行旧城区改建的需要；(6)法律、行政法规规定的其他公共利益的需要。

政府征收城市房屋通常不是为了获得这些房屋而是为了获取公用土地，所以城市房屋征收的实质是城市土地使用权的征收。从这个意义上说，在法律上，我国土地征收制度已经有了巨大的进步，虽然尚未覆盖集体土地征收，但至少为集体土地征收制度改革提供了一个有极大借鉴价值的法律条款。中共中央十七届三中全会精神更是强调"同地同权"，在土地征收过程中集体土地不受区别对待至少有了政治上的依据。

参考文献

1. Ely, J. W., Jr. *The Guardian of Every Other Right：A Constitutional History of Property Rights*. New York：Oxford University Press,1992.

2. Epstein, R. A. *Takings：Private Property and the Power of Eminent Domain*. Cambridge：Harvard University Press,1985；166.

3. Munch, P. An Economic Analysis of Eminent Domain. *The Journal of Political Economy*,1976,84(3)：473—498.

4. Raleigh Barlowe. *Land Resource Economics*. Prentice-Hall, Inc.,1978. 中译本，谷树忠等译，北京农业大学出版社1989年版。

5. Thomas J. Miceli. Do Governments Provide Efficient Compensation for Takings? *Illinois Real Estate Letter*, Winter/Spring,1993:8—9.

6. William A. Fischel. Eminent Domain and Just Compensation. *The New Palgrave Dictionary of Economics and the Law*. London:Macmillan,1998.

7. 李珍贵:《美国土地征用制度》,《中国土地》2001 年第 4 期。

8. 卢丽华:《加拿大土地征用制度及其借鉴》,《中国土地》2000 年第 8 期。

9. 周其仁:《放弃农地的代价》,《21 世纪经济评论》2001 年 8 月 31 日。

3

征地补偿：文献回顾与理论分析

3.1 财产权利与征地补偿理论

3.1.1 财产权利保护

我国《宪法》第十三条规定，"公民的合法的私有财产不受侵犯"，"国家依照法律规定保护公民的私有财产权和继承权"。一般而言，合法取得的收入、房屋、生活用品、生产工具、原材料等不动产和动产，人民拥有私人所有权，但在中国，土地属于国有或集体所有，个人并不拥有所有权。然而，用益物权，即非所有人对他人所有的不动产或者动产，依法享有占有、使用和收益的权利，比如土地承包经营权、建设用地使用权、宅基地使用权、地役权和自然资源使用权，作为财产权利的一种，依然受到我国法律保护。我国《物权法》第四条规定，"国家、集体、私人的物权和其他权利人的物权受法律保护，任何单位和个人不得侵犯"。

财产权利是建立在私有制基础上的，然而对土地而言，即使在任何一个实行土地私有制的国家，土地的所有权从来都不是完整的。基于附着于土地（或不动产）之上的权利束可以分属不同所有人这一法律事实，土地私有制下私人只不过拥有土地的一部分权利而已。从这个意义上讲，改革开放以后随着家庭联产承包责任制的实行和城市土地使用制度的改革，中国的土地公有制已经演变为土地的所有权公有，但从所有权中分离出来的用益物权（占有、使用、收益权等）私有这样一种财产权利结构。当征收国有土地这一事实发生时，由于国有土地所有权本来在法律上就属于国有，不存在被政府征收一说，因此政府征收的是私人或机构拥有的用益物权，包括建设用地使用权、宅基地使用权等；而征收集体所有土地这一事实发生时，意味着政府同时征收了村集体的土地所有权及村民的用益物权（土地承包经营权、宅基地使用权等）。由于在现行法律框架下农民长期拥有集体土地的占有、使用和收益权，尤其对宅基地和承包地，村集体并没有从村民的长期占有和使用过程中获得实际的收益，"集体所有"并无经济上的体现，因此可以说征收集体土地事实上征收的是农民的用益物权，征收发生后集体土地所有权的让渡不过是用益物权被征收后履行的一道手续而已。可见，在土地公有制下我国财产权利的保护与土地私有制国家的法律精神并没有太大的差异①。

财产权利是个人生存的基本权利之一，稳定、安全的财产权是一个社会发展和进步的源泉，因此，财产权保护是现代国家最基本也是最重要的职能之一。不论是《宪法》还是《民法》，对财产权的保护的宗旨在于保护人民合法拥有的财产权利免受公权力或他人的非法侵害，确保人民能够安全地持有合法取得的财产权利，而不是保护人民拥有的财产价值，毕竟财产的价值会随着市场行情的变化而起起落落。只有当侵害发生后，法律上才从保护人民拥有财产的权利转向保护人民的财产价值，也就是公平补偿。换言之，公平补偿是平衡财产权利保护和为公共利益需要征收财产权利之间的冲突的手段，由于财产权利受法律保护，当政府为了公共利益需要以强制手段征收了人民的财产时，人民遭受了特别牺牲，因此政府必须进行公平补偿。

3.1.2 征地补偿学说

至于有关财产权征收补偿的法理学说，大致有恩惠说、既得权说、特别牺牲说、社会职务说和公用征收说（陈泉生，1994；庄仲甫，2005）。

（1）恩惠说。在国家公权力和公共利益绝对优先理念下，国家的行为是合法的，因国家行为而发生的损害，受害人就权利而言，不能提出主张要求补偿。国家对个人的补偿则是一种恩惠，且由国家任意来决定补偿额，其补偿仅为"道义上的支付义务"。该学说有明显的专制色彩，与当代自由、民主的价值取向背道而驰。

（2）既得权说。该学说以自然法上既得权不可侵犯的观念为前提，主张公民的既得权应当得到绝对的保障，侵害个人的既得权，即使出于公共利益需要，也应公平补偿其经济损失。既得权是超过国家而存在的权利，以禁止公权力对既得权侵害为原则，但是出于公共利益需要，既得权仍须服从国家需要，但必须以

---

① 尽管如此，中国现行法律、政策及政府行为加诸于集体土地之上的限制仍然非常严苛，农民并不真正拥有可自由交易的用益物权，甚至农民的土地承包经营权和宅基地使用权经常受到侵害，本书第四章将详细论述。

损失补偿作为既得权的交换条件。此说是以自然法思想为基础，但它对于既得权以外的权利所受的侵害，未能完全说明补偿的理论依据。

(3)特别牺牲说。德国学者 Otto Mayer 提出了该学说，依其主张，任何个人权利的行使都要受到一定内在的社会限制，这种内在的社会限制是所有公民都应平等地承受的负担，不需要补偿(比如纳税及服兵役等)。而当国家对财产的征收征用或限制超出这些内在限制，并将这种负担落到某个或某些公民头上时，它就变成了一种特殊的牺牲。这种个人权利受到的公权侵害，负担比他人更重，有违自然法上"公平、正义"的原则，故应给予补偿，以弥补其损失，恢复公平与正义。Otto Mayer 认为，损失补偿是由于个人因公权力行政导致其财产上的损失，而该损失，对个人而言，就是"特别的牺牲"。损失补偿则指平均补偿，由社会共同负担，由政府支付损失补偿，再以税收的形式将个人的损失转化为社会全体的负担。

(4)社会职务说。该学说认为财产权并非神圣不可侵犯的基本人权，国家为了使财产权利人尽其社会一分子的责任，才首先承认和保护财产权利，这是实现社会职务的手段，而因为财产权利的本质具有义务性，人民的财产被征收、征用后，国家酌量给予补偿，才能使其社会职务得以继续履行。

(5)公用征收说。此说认为国家法律固然有保障个人财产的一面，但也有授予国家征收、征用私人财产权利的另一面，对于因公共利益的需要而作的合法征收与征用，国家可以不承担法律责任，但是仍应给予个人相当的补偿，以求公平合理。

在上述五种征地补偿法理学说中，特别牺牲说的影响较大，并为各国所采纳。在德国，法院一般以"特别牺牲说"作为判断应否给予补偿的依据，即政府对人民财产权的干预，无论其形态是否为财产权的剥夺，或者财产权使用的限制，财产权人的牺牲程度较之他人所受限制，有失公平，即构成"公用征收"，国家应予补偿；反之，如未达到特别牺牲的程度，则属单纯财产权的社会义务，国家无补偿的义务。而日本在学说及判例上，也多以是否达到特别牺牲程度为是否给予损失补偿的依据(庄仲甫，2005)。美国在 1922 年之前，法院遵循一个清晰的准则，即土地使用管制不是征收，而是政府为了保护公众健康、安全、福利和道德行使的警察权[1]，因而不需要补偿。但是(Pennsylvania Coal Co. v. Mahon(1922年)案例[2]中，法院判决指出"当国家的干预手段已逾越财产权应受到警察权规制的内在限制，则不排除构成征收补偿的可能"，美国最高法院支持判断政府管

---

[1] Regulation of land was not a taking. Rather, it was simply an exercise of the government's police power to protect the public health, safety, welfare, and morals.

[2] 详见 http://en.wikipedia.orgwikiPennsylvania_Coal_Co._v._Mahon。

制是否需要补偿取决于财产价值减损的程度[①]，这些判决中也即隐含了特别牺牲的理念。

3.1.3 征地补偿原则

根据上述征地补偿的法理学说，在实践过程中又发展出两大征地补偿的原则（庄仲甫，2005）。

（1）完全补偿学说。完全补偿说认为因公共利益而征收土地，应对被征收者所有的损失进行完全补偿，其重点在于被征地者生活的重建，或者被征者完全回复到与征收前同一的生活状态所需要的代价为补偿标准。这种补偿不仅包括直接损失，如土地及土地改良物本身的损失，还包括因此而造成的间接损失，如期待利益的丧失、残余土地价值的减损、营业停止或缩小的损失、失业或转业的损失等，甚至还包括非经济上的损失，如新的生活环境的不适、精神上的痛苦等（李茂雄，2002）。如前所述，包括中国在内的绝大部分国家法律规定，人民合法取得的财产受法律的保护，不受公权力或他人的侵害，但因公共利益需要政府必须征收人民财产而导致人民财产权利受到侵害时，法律必须保障人民财产的价值，而补偿则是平衡财产权利保护与土地征收之间的冲突的财产价值保障手段。按照这一精神，应当给予被征地者完全补偿，才符合公平正义的要求。目前发达国家的征收补偿以完全补偿居多。

（2）相当补偿学说。相当补偿说认为对被征地者因公共利益需要征收所产生的损失，只要给予相当或妥当的弥补即可，"特别牺牲"的标准是相对的、活动的，其理念着重于弥补被征地者所蒙受经济上的损失，因此，对于属于财产权性质的土地资产，基于"社会职务"或"特别牺牲"的理念，认为其带有浓厚的社会义务，因此当征收目的是为增进公共利益时，给予相当补偿的补偿就足够了。根据庄仲甫（2005）的归纳，相当补偿学说又可以分为两种观点：其一认为，以"特别牺牲"概念为基础，主张应对"特别牺牲"作出相当的补偿。由于"特别牺牲"的标准是相对的、活动的，因此，对于补偿判断，也应考察征收侵害所依据的法律目的为何，及该征收侵害的情况，按被侵害的性质及被侵害的程度，依照补偿当时的社会理念，作出客观、公正、妥当的判断；其二则采取较为弹性、折中的态度，应根据不同的情形，分别采取完全的补偿或不完全的补偿。在多数场合，基于各国宪法对于财产权及平等原则的保障，就特别财产征收侵害，应给予完全补偿。但在特殊情况下，如有合理的需要，也应准许给予不完全补偿。

---

① Whether a regulatory act constitutes a taking requiring compensation depends on the extent of diminution in the value of the property.

相当补偿的补偿范围,仅及于实质的财产损失,而对于期待利益、营业、失业的损失及生活环境变迁或精神上的损害等,则不在补偿之列。即仅需对被征收人的财产损失给予合理补偿即可。

各国关于征地补偿的原则与标准各不相同,即使是同一国家,随着经济的发展水平,国家、社会的价值转变也有不同的规定。例如,德国在第一次世界大战以前强调对财产权人的充分保障,因此在征收土地时采取了完全补偿的原则。在第二次世界大战后的国家重建时期,则采取不完全补偿法。到了经济复兴后,又回复采取完全补偿的原则。另如日本等国也大多经历了完全补偿—不完全补偿—相当补偿的阶段。但从世界整个发展趋势来看,对于国家合法行为所造成的损失,其补偿范围与标准都呈现出逐渐放宽的趋势,采用完全补偿的居多,以使人们所遭受的损失能得到更充分、更完全的补偿。

3.1.4 被征地者的损失

在征地实践中究竟应该采纳完全补偿说还是相当补偿说的基础,是必须掌握和归纳被征地者的损失。通常我们可以把被征地农民的损失归结为两个方面:积极损失和消极损失。

1. 积极损失

(1)被征收土地本身的损失。

(2)残留地和相邻土地损失。这是易被忽视的一项重要补偿,我国现行征地补偿标准中并未包含此项内容,事实上,残留地和相邻土地受损很常见,比如被征用土地可能导致土地分割,形成不经济的土地规模,造成土地利用效率的损失。另外被征用土地的新用途也可能降低相邻土地的生产力,比如水污染、河流堵塞或改道都可能降低农作物的产量,额外增加农地投入成本。

图3-1是一个征地同时导致残留地和相邻土地受损的例子,一块农地的中间部分由于被征为道路而引起三方面的损失:首先,被分割出两块不经济的规模较小的土地 A 和 B,造成残留地,导致土地利用效率的损失;其次,土地被分割后,原有灌溉系统被破坏,重新修复需要额外的投入;最后,道路上行使的车辆会带来噪音污染和尘土,这会导致相邻农地生产力下降,影响农作物产量。

(3)地上建筑物、构筑物以及青苗损失,等等。

(4)搬迁损失。

2. 消极损失

消极损失是指一些不易观测和度量的间接损失,其关注的重点在于被征地者生活的重建。这些损失包括:

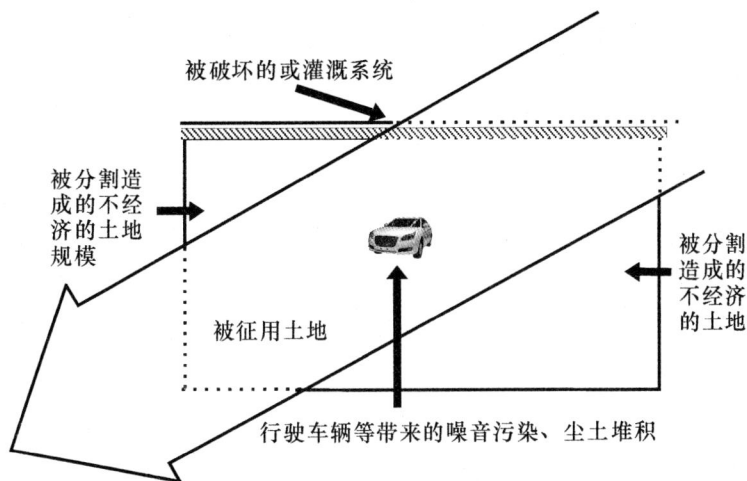

图 3-1　征地活动导致残留地和相邻土地的损失

（1）交易费用。假定征地农民重新购置土地，为了购买等值的另一块土地，必须在市场上搜寻市场信息，"货比三家"，找到土地后，还需要进行讨价还价，所有这些都需要成本，尽管可能不完全是货币支出，却必须花费大量的精力，这些信息搜寻费用和谈判成本可以归结为交易费用。

（2）风险。农民对自己的土地特性非常熟悉，但是对于购买的土地的特性、收益能力却并不熟悉，这种信息不对称现象可能带来市场风险，甚至导致损失。

（3）社会关系网的改变。长期生活在某处必然会形成已经适应了的社会关系网，如和谐的邻里关系，对附近的交通、购物、治安、医疗、娱乐、教育等情况的熟知，一旦土地被征收并被迫迁移，原有的社会关系网被打破，被征收者必须去熟悉新的环境，重新建立社会关系网。

（4）生存威胁。在我国长期以来实行的城乡隔离政策和二元社会结构的一个结果是导致居住在农村的居民通常文化素质、知识技能相对较低，在城市中能从事的一般都是低声望、低技术劳动和低社会参与的职业，社会地位低（吴子力，2000）。农民的社会支持网以及他们在城市中可能从事的职业难以支持在城市长期居住，因而他们在城市中的生存能力不强。一旦土地被征收，失地农民的生存能力必然受到威胁。

（5）其他代价。大到子女就学问题，小到居住地址、电话号码改变带来的困扰等。

（6）社会保障。需要特别强调的是，由于实行长期城乡隔离的二元体制，中国农村居民缺少养老保险、失业保险、医疗保险等社会保障，因而土地对农民而言具有实质的社会保障功能。2008 年美国金融危机导致全球经济衰退，中国也被殃及,人力资源和社会保障部 2008 年 12 月初完成的《金融危机对就业影响最新数据调查报告》的调查结果显示,截至 2008 年 11 月底,10 省份农民工返乡数总计有 485 万名,占 2008 年 9 月底外出务工人员的 5.4%。上述 10 省份包括四川、重庆、河北、安徽、江西、河南、湖北、湖南、广西、甘肃 10 个劳动力输出大省(财经网,2008)。这些民工回乡后多数依赖名下的土地维持生计,由此可见土地之保障功能对中国农民而言具有十分重要的意义。在征地补偿过程中不得不考虑这一个因素。

3.1.5 征地补偿标准

不论是完全补偿还是相当补偿,最后都要落实到征地补偿的标准上来。很多国家倾向于采用政府征地时的土地市场价值进行征地补偿(Giammarino,Nosal,1996;Nosal,2001),经济学家和法学家们也支持这一观点,比如 Fischel 和 Shapiro(1989)认为以市场价值对征地加以补偿可以提高经济效率,而以低于社会成本取得土地将会影响土地的优化配置。以土地的市场价值为征收补偿基础,这种市场价值的形成在市场经济条件下一般遵循最佳用途原则。

与国外有所不同的是,在国内多数的研究将土地征收补偿限定在农地价值上(贾宪威,1995;许坚,1996;严星、黄安褆,2001),一些学者(陈江龙、曲福田,2002)坚持“不完全补偿原则”,并以土地的当前用途为补偿依据(郭洁,2002),他们提出了细化现行征地补偿项目和提高各项目的补偿标准的改革方案。究其原因,主要在于我国学者(贾宪威,1995;许坚;1996,严星、黄安褆,2001)多以“涨价归公”原则来设计征地补偿方法,认为社会、经济发展导致农地自然增值,所以农地转换用途带来的增值收益理应收归国有。

我国有关集体土地征收的法律也规定以土地原用途为补偿原则。不过我国《宪法》第十条第二款规定,“国家为了公共利益的需要,可以依照法律规定对土地实行征收或者征用并给予补偿”,《宪法》第十三条第二款规定,“国家为了公共利益的需要,可以依照法律规定对公民的私有财产实行征收或者征用并给予补偿”。从上述法律条款来看,在《宪法》这个层面,并未就土地征收和一般私有财产征收的补偿作出区别。总体而言,我国现行法律框架对一般私有财产(包括城市土地使用权)征收补偿的核心思想是依照被征收财产的市场价值进行补偿。尤其是我国近年来相关法律修订进展表明,土地征收补偿的核心原则是市场价值补偿,只是现有法律规定将集体土地征收作了例外处理而已。甚至,国务院 2011 年颁布的《国有土地上房屋征收与补偿条例》中征收补偿条款已经基本符合完全补偿学说的理念,例如第十七条规定,“作出房屋征收决定的市、县级人民政府对被征收人给予的补偿包括:(一)被征收房屋价值的补偿;(二)因征收房屋造成的搬迁、临时安置的补偿；(三)因征收房屋造成的停产停业损失的补偿"，补偿的范围不仅仅包括财产的实质损失，还包括了营业、失业的损失及生活环境变迁损害，超越了相当补偿学说的补偿范围。与此同时，《条例》第十九条规定，"对被征收房屋价值的补偿，不得低于房屋征收决定公告之日被征收房屋类似房地产的市场价格。被征收房屋的价值，由具有相应资质的房地产价格评估机构按照房屋征收评估办法评估确定"，换言之，要按照被征收财产的市场价值进行补偿。以接近于"完全补偿说"为理念，以市场价值为补偿原则，是我国土地征收制度改革过程中的一大突破，当然，这一切仅限于城市土地，针对广阔的农村集体土地，征收补偿依然受制于由《土地管理法》、《土地管理法实施条例》、《物权法》等相关法律条款和国务院、国土资源部相关征地补偿政策构成的带有浓厚计划经济色彩的征地补偿制度。

从近年我国各地的征地制度改革实践来看，尽管模式各有不同，但多数改革方案从本质上仍限于对传统征地制度的改进，倾向于增加传统征地补偿项目和提高补偿标准。然而随着经济体制改革的深入，加强包括土地产权在内的财产权的保护已成为人们日益关注的话题，很多研究(Jimenez，1984；Friedman，Jimenez and Mayo，1988；Hoy，1996；Jacoby，Guo Li and Rozelle，2001)也证明不完全的土地产权(比如征收后未能给予公平补偿引起的土地产权安全性降低)不仅影响土地利用效率，也将影响城市公共产品的供应。尤其是 Jacoby，Guo Li 和 Rozelle(2001)等人用投资模型对中国土地征收进行的经验研究后发现，在现行征地制度下，征地风险会阻碍农民对农地的投资，而且不完全补偿将提高征地过程的谈判成本，延误土地开发时机(黄祖辉、汪晖，2002a)。

3.2 征地补偿的经济学分析

3.2.1 征地补偿经济理论的文献简要回顾

从政治经济学的角度来看，最终征地补偿给到什么水平，实际上是一个不同利益相关者博弈后的公共选择结果。当征地补偿来自于追加的财政支出，而追加的财政支出来自于该区域纳税人的所得税的时候，征地补偿问题就变成了一个税负平衡问题。Fischel(1998)举了如下一个非常有意思的例子，假如政府需要征收部分土地建造一座水坝用以某一区域内防洪，是否给予征地补偿本质上是一个谁来纳税修防洪水坝的问题：如果给予被征地者以充分的征地补偿，政府需要通过追加税负来增加财政收入，此时纳税人承担了征地补偿，而且追加税负将会干扰经济运行；反之，如果不予征地补偿，政府就无需提高税负，那么此时就是被征地者承担了成本。所以政府既可以选择补偿，也可以选择不补偿。

究竟是否应该给予征地补偿，以及补偿标准到底应该多高的问题，在西方学术界有着长期和激烈的争论。在早期的文献中，过度投资(overinvestment)问题是经济学家不赞成给予任何征地补偿的主要理由，这是因为任何给予当前土地所有者市场价值的补偿都会干扰该土地所有者对自己土地的投资决策，导致潜在被征地者对土地(及其附属住房等设施)的过度投资。因此，有学者认为不予补偿是最优的(Baxter and Altree，1972)。但同样也有三方面的理由来支持相反的观点：(1)市场效率，土地市场土地的买卖是具有市场效率的，只有政府征收土地按照市场价值给予补偿，征地行为才具有效率(Michelman，1967)；(2)抵御风险，由于在现实中土地所有者得不到抵御征地风险的私人保险，因此在一个风险规避者的世界中，征地补偿可以增进效率；(3)财政幻觉(fiscal illusion)，如果不予征地补偿，政府将会低估私人资源的成本，倾向于征收过多的土地，过分地扩张公共部门的规模，建设超过实际需要的公共项目(De Alessi，Louis，1969)，因此，征地补偿可以强迫政府作出正确的公共项目选择。Johnson(1977)、Baxter 和 Altree(1972)等人甚至认为，除了被征收土地的损失外，只有政府被迫承受相邻土地的损失才会导致有效率的征地决策。

20 世纪 80 年代以来，关于征地补偿的争论更加细致，研究的焦点更集中在效率问题上。受经济学的影响，经济学家和法学家们都认为征地补偿应该有助于促进经济效率(Epstein，1985)。但是政府的征地决策受到不同的利益驱动的影响(比如社会利益驱动、政治利益驱动以及个人利益驱动等)，从而导致不同的征地补偿方案。在这些研究中，有三篇相关的论文是值得重视的，在这三篇论文中，作者分别构造了三种不同的制度环境，在不同的制度环境假设下，作者得出了三种不同的结论。Blume，Rubinfeld，Shapiro(1984，以下简称 BRS)，Fischel，Shapiro(1989)和 Nosal(2001)分别讨论了征地补偿的经济效率，向传统的征地补偿理论提出了挑战。BRS 假设了一个征地行为以社会福利最大化为动机的政府，其征地行为不受土地所有者的任何影响。在土地征收决定独立于土地当前用途的情况下，BRS 认为零补偿是最有效率的，而完全补偿则最缺乏效率。因为土地征收后，原土地所有者在土地上的投资将完全被破坏。在零补偿的情况下，土地所有者会将征地造成的损失计算在可能的损失之内，从而在投资时达到社会最优，而在完全补偿的情况下，会导致土地所有者的过度投资，因为土地所有者会低估其可能发生的损失。但是，经验事实和直觉并不支持 BRS 的结论。问题在于 BRS 严格的制度假定，事实上政府的征地决策可能并非社会利益驱动，而是受到其他因素的影响。Hermalin (1995)、Miceli 和 Segerson(1994)

试图放宽 BRS 假定,将政府置于"财政幻觉"的环境中。在"财政幻觉"影响下,政府不会正确地将社会成本和其征地行为联系起来,此时达成社会最优的征地决策将导致适当的征地补偿方案,而这些方案独立于土地的市场价值。Fischel和 Shapiro 的研究则基于公共选择模型,假设政府是由民主选举产生的,在选民认为政府以全社会福利最优为出发点(Pigovian Government)或者政府不会因为补偿而放弃非最优行为的情况下,零补偿是最优的;而以大多数人利益为出发点的政府(Majoritarian Government)则会采取部分补偿的原则。Nosal(2001)则假设政府是由土地所有者选举产生的,其最重要的特征是政府本身也是土地所有者,并且政府不能免除自己的土地被征收。在其假设条件下,土地所有者得到的征地补偿为土地的市场平均价格,并且所有的土地所有者平均分担征地补偿税收,则存在子博弈完美纳什均衡,此时土地所有者对土地的投资为社会最优,而政府征收的土地的数量也会达到社会最优结果。

由于存在道德风险问题,Miceli(1993)主张征地补偿不与土地所有者的投资水平绑定,而是与社会最优的投资水平挂钩。假如在一块土地上的社会最优投资是 10 万元,则政府征收赔偿就锁定在 10 万元,而不论土地所有者实际投资多少。在这种情况下,由于征地赔偿固定地与社会最优投资水平绑定,土地所有者就不会有激励进行过高或过低投资,以获得更多征地补偿或者改变政府征地决策。与此同时,这一补偿原则也起到约束政府的作用,只有当一个公共项目的期望收益超过被征收土地当前的最优投资水平时,征地决策(是否征地、征多少地)才会被执行,而被征收土地的社会最优投资水平成为政府投资公共项目的机会成本。当然,按照社会最优投资水平进行补偿的原则在经济上是否具有效率还取决于政府是否按照成本收益最优的原则来作出公共项目决策。如果公共项目决策不遵循成本收益最优原则,而是掺杂了别的因素,比如政治因素,那么这一征地补偿原则无法阻止政府过度征地。按照土地最高最佳使用原则,在社会最优投资水平下,土地的价值就是其市场价值,同时按照市场价值进行补偿也具有非常好的可操作性。

就征地双方而言,政府一定希望给出较低的征地补偿,当一个公共项目的成本大大超过了预算时,政府都会面临来自民意和社会舆论的压力,因而政府有激励压低补偿从而确保公共项目在低于预算的成本下完成。而对于征地的另一方,一旦土地被征收已不可避免,土地所有者一定会索取高出市场价值的补偿,因为如果当前的市场价值对他有吸引力的话,在征地之前,土地就有可能被出售。在这样一种情形下,一个独立于征地双方的机构根据经济效率和公平正义的原则来评估和裁决征地补偿是必要的,在很多国家,这样的职能是由法院来承担的。

3.2.2 公平补偿与价值衡量的不对称

美国《宪法第五修正案》规定"没有公平补偿，私有财产不得被征收为公共使用"①。而所谓公平补偿(just compensation)，1984 年美国最高法院在一项判决中指出，"公平补偿通常以财产被征收时的市场价值来衡量，并以货币来赔付"②。以市场价值进行公平补偿在绝大多数民主国家已成为征地补偿的一项准则。

以现金或金融票据方式，在买卖双方自愿交易情形下，以各自最大利益出发，财产以公开的方式在合适的时点在市场出售，考虑财产出售应包含的正常因素，不受特殊或创新的融资以及交易关联人的销售报酬之影响，在上述情形下最有可能的价格就是所谓的市场价值③。

显然，以市场价值为基础的征地补偿需要评估，因为在土地征收的场合并不存在自由市场交易的情形，所以所谓的市场价值仅仅是一种预期价格。既然征地场合下的市场价值是一种期望价格，就有可能会掺杂人为的因素，因此需要独立的评估机构客观地加以评估。在美国，法院会委托不动产估价师协会承担相应职责，如在美国加州市场价值的评估要点是(林森田，1996)：

(1)买卖双方均以各自利益出发；

(2)充分信息并谨慎从事交易；

(3)土地在合理的时间并且在公开市场上推出；

(4)以现金或其他与现金等值的票据支付；

(5)不存在胁迫现象。

事实上，即便充分考虑了市场价值，被征收者仍然会觉得不公平。人们对于失去的土地的评价往往要高于在市场上购买同等数量土地所愿意支付的价格(林森田，1996)。这种价值衡量的不对称现象可以归纳为三个方面，即禀赋效果、现状偏见或者厌恶失去(Kahneman，Knetsch and Thaler，1991)：(1)禀赋效果，即人们对失去的财产索取的价格往往要高于获得等量财产所愿意支付的价格；(2)现状偏见，即出于对当前拥有的财产的偏好导致人们既不愿出售也不愿购买；(3)厌恶失去，人们对于失去财产的效用牺牲要大于取得等量财产所获得

---

① Private property shall not be taken for public use without just compensation.

② Just compensation normally is to be measured by the market value of the property at the time of the taking contemporaneously paid in money. 详见 http://en. wikipedia. orgwikiFifth_Amendment_to_the _United_States_Constitution。

③ 详见 http://en. wikipedia. orgwikiJust_compensation。

的效用。

这种索取赔偿与支付意愿的差距可能的原因是人们在购买之时会受到可支配收入的限制,愿意支付的价格较低,而在索取赔偿的时候则不存在这个问题,因而索取赔偿较高(Gordon and Knetsch,1979)。

自由价格机制下,土地用途竞争的结果导致较低层次用途向较高层次用途转换,土地的收益能力上升,因而购买价格理应高于土地现有价值。而在征地权行使过程中,如果政府以较低水平的征地赔偿费取得土地,则并不一定导致较高层次和最佳用途的土地利用,反而可能造成土地利用的低效率(Edens,1970),从而带来社会成本,我国大量存在的土地征而不用、低度利用的现象就是一个很好的例子。

正因如此,在很多国家,法律给予被征地者的补偿往往要超过土地的市场价值,这既有利于保证被征地者原有的生活水准不至于降低,也有利于土地资源的优化配置。

3.2.3　征地补偿与征地效率

一个恰当的征地补偿原则的确立应该以经济效率和公平正义为取向,本章前两节的讨论侧重于征地补偿原则对土地所有者投资的影响。由于存在着道德风险问题,投资者可能会对土地进行过高或过低投资,以便在征地过程中索取过高补偿或改变政府征地决策,因此经济学家建议以代表社会最优投资水平下的市场价值为补偿原则,从而解决道德风险问题,促进土地利用的经济效率。但上述讨论并未涉及土地被征收后的经济效率和征地过程中的行政效率问题,而这正是本节的主题。征地效率在本节包含两层含义:第一层含义是指土地被征收后的利用效率,包括土地配置效率和土地开发时机;第二层含义是指土地征收的行政效率。

1. 土地配置效率

如前所述,政府偏向于以较低的征地补偿费用取得土地,但是,以较低水平的征地赔偿费取得土地并不一定导致较高层次和最佳用途的土地利用,反而可能造成土地利用的低效率(Edens,1970),从而带来社会成本。

低补偿征地的效果如同政府通过压低地价对土地市场进行干预,往往会扭曲市场供求关系,改变要素的相对价格,从而影响土地的利用结果。

设自由价格机制下资本利息为 I,政府征地以市场价值进行补偿时的土地地租为 R_1,则生产成本为:$X = KI + LR_1$,此时生产者均衡点位于 E_1,对应的土地利用集约度为 K_1/L_1,即成本预算线 A 的斜率的绝对值:

$$\frac{K_1}{L_1} = \frac{R_1}{I} \qquad \text{(式 3.1)}$$

当政府以低于市场价值进行征地补偿时，地租为 R_2，则生产成本为：$X = CI + LR_2$，此时生产者均衡点位于 E_2，对应的土地利用集约度为 C_2/L_2，即成本预算线 B 的斜率的绝对值：

$$\frac{K_2}{L_2} = \frac{R_2}{I} \qquad \text{(式 3.2)}$$

由于市场价值补偿下的地租 R_1 高于低补偿下的地租 R_2，所以 $\frac{C_1}{L_1} > \frac{C_2}{L_2}$，即前者土地集约利用水平高于后者。

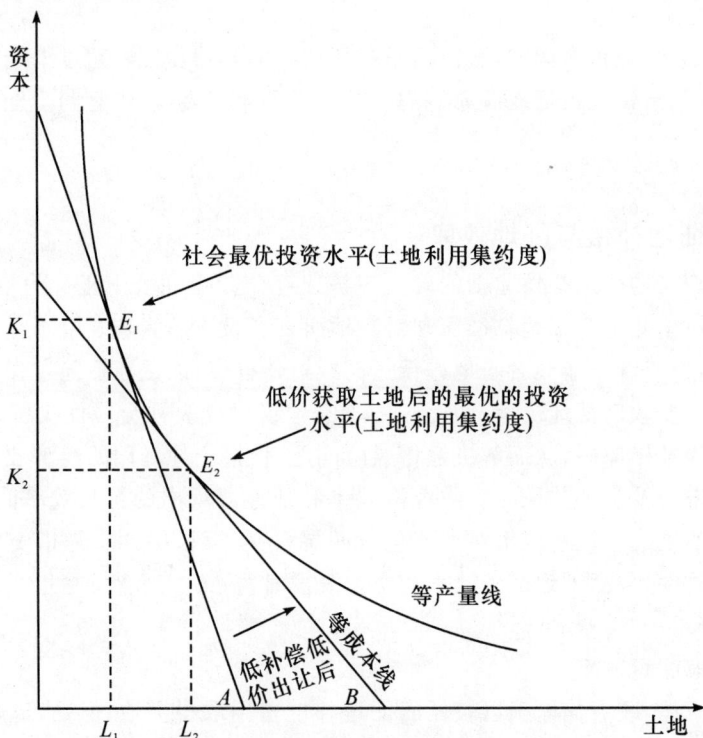

图 3-2　征地成本与土地配置效率

图 3-2 中 A 表示当土地征收以市场价值补偿后的等成本线，B 表示以低于市场价值进行征地补偿时的等成本线。显然在 B 的场合，土地价格被人为压低，从而导致资本和土地最优投资组合的变动。从社会的角度来看，以市场价值补偿获取的土地，其技术替代率较高，最优的资本和土地投资组合会导向符合社会最优的土地集约利用水平，此时土地利用结果是对土地、资本等生产要素的稀

缺程度的真实回应,在图 3-2 中显示为 E_1 点,资本投入量为 K_1,土地投入量为 L_1。但是对政府而言,以低于市场价值的征地成本取得土地,导致土地的边际技术替代率下降,从而土地被导向土地替代型的利用方式,即粗放利用土地,这是对被扭曲了的市场价格信号的回应(以更多的土地替代资本投入,如圈地、较低的容积率等),这种生产要素组合并未将社会成本(市场价值减去政府征地补偿)纳入成本核算,因此从社会的角度来说,其土地利用集约度并非最佳,土地利用效率是低下的,在图 3-2 中显示为 E_2 点,此时资本投入量为 K_2,土地投入量为 L_2。由此可见,在低于市场价值进行征地补偿的情况下,由于价格信号无法正确反映土地资源的稀缺程度,从而导致社会成本问题,损失了土地配置效率。

我国 2000 年前后出现的招商引资高峰期可以印证上述分析。由于低补偿征地,导致各类制造业开发区过度扩张,如前所述,我国各地大量规划和建设的开发区,动辄就是十几甚至几十平方公里,一些开发区企业大量圈地,进驻企业建造的厂房大多 1～3 层,绿地面积超过厂房建设占地面积。据统计,截止到 2004 年 8 月,我国开发区达到了 6866 个,规划面积达到 3.86 万平方公里,占全国国土面积的 1.1%,超过了全国当年城镇建设用地 3.15 万平方公里的总面积。以浙江省为例,土地利用变更调查数据显示,1997—2003 年期间建设用地

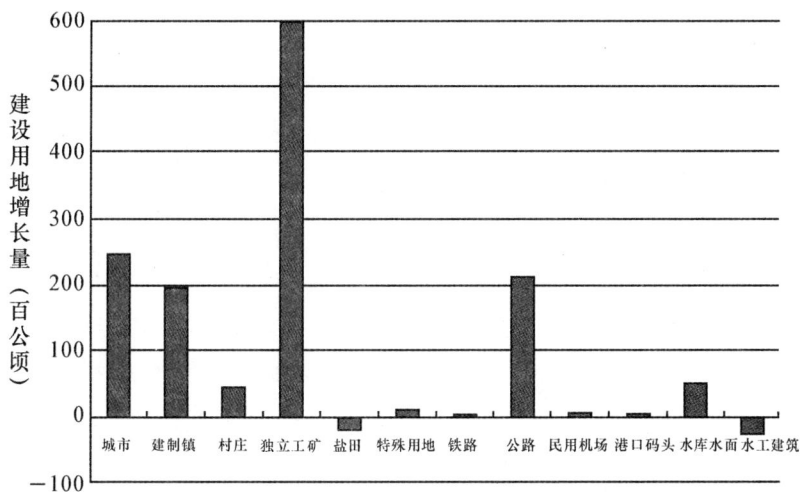

图 3-3 1997—2003 年浙江省各类建设用地增长量

增长最快的地类就是工矿用地(见图 3-3),远远超越其他建设用地。

这些工矿用地大多数是以低效率的方式增长的。根据笔者2003年对浙江省长兴县14家开发区企业的抽样调查（表3-1），全县各类开发区企业用地的平均容积率只有0.38，地处县城、市场地价最高、区位条件非常优越的长兴县省级经济技术开发区和雉城镇新兴工业园区企业用地平均容积率居然低于全县平均数。这项调查统计还只是企业用地情况，如果将园区的配套设施用地考虑进来，各大园区的平均整体容积率在0.3以下。

表3-1　2003年长兴县各工业园区土地利用情况

园区名称	调查企业个数（家）	批准占用土地面积（公顷）	厂房及其他房屋建筑面积（平方米）	容积率
雉城镇新兴工业园区	108	148.70	493970.00	0.33
长兴县省级经济技术开发区	74	158.66	524024.97	0.33
虹星桥镇工业区	16	23.91	57800.00	0.24
吕山乡工业区	8	6.21	38240.00	0.62
泗安镇绿洲工业区	4	8.62	19560.29	0.23
和平镇工业园区	11	30.02	52005.00	0.17
林城镇特色工业园区	41	57.69	330141.00	0.57
洪桥镇工业园区	41	27.01	141669.00	0.52
小浦镇工业园区	9	16.55	83087.00	0.50
煤山镇星火技术工业园区	21	19.35	117518.00	0.61
槐坎乡工业园区	13	4.75	27208.00	0.57
白岘乡工业园区	10	6.05	51533.00	0.85
夹浦镇工业园区	32	37.37	169038.88	0.45
李家巷镇工业园区	32	46.62	120564.00	0.26
全县合计	420	591.51	2226359.14	0.38

资料来源：2003年调查所得，由笔者整理。

征地补偿低于市场价值的另一效应是造成政府部门的"财政幻觉"，导致地方政府过度扩张公共部门，包括建立各种大型政府办公设施和各类大广场以及屡禁不止的地方政府超标建设豪华办公大楼等现象。除了建造标准超标之外，这些豪华办公大楼和政府广场的另外一个特点就是大多数项目占地面积远远超出了实际所需的面积。而地方政府之所以能够占那么多的土地建造办公大楼，一个重要原因就是征地补偿远低于土地市场价值。

2.土地开发时机

征地成本过低带来的另一个问题是延迟土地开发,即所谓"征而不用""征而迟用"现象。假定政府以低于市场价值的成本补偿征地,并以低于市场平均水平的价格出让给工业投资者。投资者追求的是利润最大化,在不考虑资金不足导致延误开发时机的情况下,"征而不用""征而迟用"往往是投资者等待最佳开发时机的结果。假定在时间 t 点上投资者将土地开发后出售[1],获得地价 $R(t)$,随着时间的推移地价呈减速上涨[2];投资者支付的征地费为 v,在"征而不用"的情况下,投资者除了要支付征地费外,还须承担征地费的利息支出,假定利率为 i。这样,投资者选择在时间 t 上开发获得的净利润现值为:

$$P = R(t)\mathrm{e}^{-it} - v - \int_0^t vi\,\mathrm{e}^{-it}\,\mathrm{d}t \qquad\text{(式 3.3)}$$

利润最大化的一阶条件[3]为:

$$R'(t)\mathrm{e}^{-it} - iR(t)\mathrm{e}^{-it} - vi\,\mathrm{e}^{-it} = 0 \qquad\text{(式 3.4)}$$

整理后得:

$$\frac{R'(t)}{R(t)} = i + \frac{vi}{R(t)} \qquad\text{(式 3.5)}$$

式 3.5 表明,当地价上涨率 $\dfrac{R'(t)}{R(t)}$ 等于贴现率 i 加上征地费利息与地价之比 $\dfrac{vi}{R(t)}$ 的时候,土地开发时机最佳。为了进一步了解征地补偿 v 对土地最佳开发时机的影响,令:

$$Y = R'(t)\mathrm{e}^{-it} - rR(t)\mathrm{e}^{-it} - vi\,\mathrm{e}^{-it} \qquad\text{(式 3.6)}$$

根据隐函数定理有[4]:

$$\frac{\partial t}{\partial v} = \frac{Y_v}{Y_t} = -\frac{-i\,\mathrm{e}^{-it}}{Y_t} < 0 \qquad\text{(式 3.7)}$$

式 3.3 有极大值的二阶条件要求 Y_t 小于零,因此式 3.7 小于零。这就意味着征地补偿越高,将加速土地最佳开发时机;反之征地补偿越低,将延缓土地开发,造成所谓"征而不用""征而迟用"现象。"征而不用""征而迟用"并非用地单位浪费土地,而是追求利润最大化的必然结果。但是,从社会的角度来看,在土地资源

---

① 在此不考虑土地开发与出售的时间间隔。

② $R(t)$ 是扣除开发成本后剩下的净地价。假定地价呈递减上涨,即地价上涨率呈递减状态,以避免地价无限上涨的情形。在土地开发时机的讨论中,现有的文献一般都这样的假设,Bahl 早在 1968 年就已经假设地价呈减速上涨。

③ P 有极大值的二阶条件要求 $\dfrac{\mathrm{d}^2 P}{\mathrm{d}t^2} < 0$。

④ 记 $\dfrac{\partial Y}{\partial t}$ 为 Y_t,$\dfrac{\partial Y}{\partial v}$ 为 Y_v。

非常稀缺的情况下，"征而不用""征而迟用"确实是一种浪费。反之如果以市场价值进行补偿，投资者的最佳土地开发时机体现了社会最优的土地开发时机，因而经济效率是最优的。

3.征地效率：延迟成本和交易费用

由于征地补偿过低，容易引起农民的抗争，政府、用地单位和农户往往陷入无休止的讨价还价，甚至发生阻挠施工、群体事件等，这就会引起延迟成本问题（高源平，1992）。延迟成本包括延迟对工程进度的影响、高额利息，以及最佳市场时机的丧失等。与此同时，长时间的谈判引起的谈判成本、谈判破裂后征地单位借助执法机构强制征地、农户不断上访，以及法律诉讼，构成了征地过程中的交易费用。特别是较大的开发项目，征地面积大，涉及的村庄和农户数量较多，交易费用和延迟成本对土地开发有很大的负面影响。

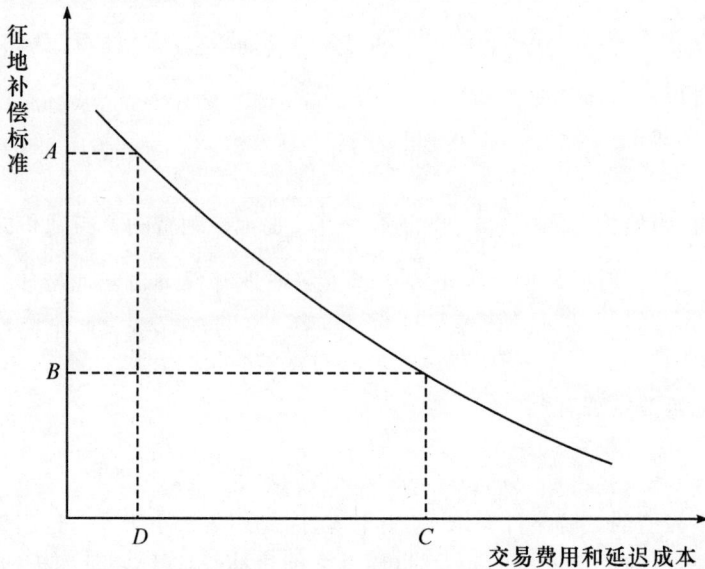

图 3-4　征地补偿与延迟成本、交易费用

图 3-4 给出了征地补偿标准与延迟成本、交易费用之间的关系：当征地补偿标准位于较低的 B 点时，延迟成本和交易费用很高，对应于 C 点；反之当征地补偿标准位于较高的 A 点时，对应的交易费用和延迟成本较低，位于 D 点。

由此可见，仅仅从土地取得的直接费用支出来衡量开发者的征地效率是不够的，必须权衡征地补偿与土地配置效率、土地开发时机以及延迟成本和交易费用，取得一个平衡点，才有可能带来兼顾社会利益和私人利益的较高的征地效率。

3.2.4 非公共利益性质的征地行为与土地发展权限制

我国《宪法》、《土地管理法》都规定土地征收是为了公共利益的目的，但是由于法律的相互矛盾，城市规划区内集体土地转为市地都需经过征收，其中多数征收行为并不具有公共利益性质，比如住宅、娱乐场所、厂房等不动产的开发，明显具有高盈利性质，并通常对个人或者盈利性公司有利。所以，在我国城市规划区范围内的土地征收行为，我们可以区分为两种：公共利益性质的征地行为和非公共利益性质的征地行为。被征用的土地属于集体所有，其中既包含农地，也包含非农地，如村庄、农村道路、废弃地、池塘，等等。随着城市用地的扩张，城市设施可及的地区，农民一般已经从中获利，比如在我国城郊大量的农民房出租、简易厂房出租、零售商店出租等。

公共利益性质的征地行为和非公共利益的征地行为都限制了土地发展。所不同的是，两者限制发展权的目的和侵害的程度不同。在分区控制的假定下，土地的用途、开发密度事先确定了，比如最佳用途为住宅的土地在分区控制中已经被规划为具有公共利益性质和非盈利性质的污水处理厂，对这块土地实施的征收行为本身没有侵犯土地发展权，侵犯土地发展权的是分区控制规划。由于分区控制是政府行使警察权，因而通常无需补偿限制土地发展的损失。换言之，集体土地所有者要求的补偿只能限定于当前用途和利用强度下的土地收益。假定被征用土地当前用途是农业，农业用途下的土地价值为：

$$V(t) = \int_0^\infty f(t) e^{-it} \, dt \qquad\qquad (式 3.8)$$

式 3.8 中 $V(t)$ 为土地价值，$f(t)$ 为土地净收益，i 为贴现率，t 为时间。

按照国际惯例，农地的征收补偿标准应与其市场价值相当，但分区控制的存在，该幅土地市场价值的确定仅限于农用地价值 $V(t)$。

现在我们来看看非公共利益性质的征地行为对土地发展权的侵犯。为了简化分析，假定：

(1) 被征用的土地为农地，当前用途的土地净收益是 $f(t)$。

(2) 在分区控制中农地被规划为住宅，作为住宅用地的土地净收益为 $g(t)$。

(3) 该幅土地最佳用途为商业，如果用于商业用途，产生的土地净收益为 $h(t)$。

(4) $h(t) > g(t) > f(t) > 0$。

在没有分区控制下，自由价格机制导致不同用途的相互竞争，"价高者得"的结果使该幅土地导向最高层次和最佳用途。按照假定，最佳用途是商业，则此时该幅土地的价值是作为商业用地产生的土地净收益 $h(t)$ 的贴现值之和：

$$C(t) = \int_0^\infty h(t)\mathrm{e}^{-it}\,\mathrm{d}t \qquad\qquad （式3.9）$$

但是，如果该幅土地真的用于商业，可能会带来外部负效应，比如嘈杂的人流影响附近居民的生活，导致附近住宅价值的下降。此时，政府行使分区控制这一警察权。该幅土地只能用于住宅，用于住宅产生的土地净收益为 $g(t)$，则该幅土地的价值为：

$$R(t) = \int_0^\infty g(t)\mathrm{e}^{-it}\,\mathrm{d}t \qquad\qquad （式3.10）$$

这样，分区控制导致土地所有者损失的土地收益贴现值为：

$$\Delta V_1 = \int_0^\infty [h(t) - g(t)]\mathrm{e}^{-it}\,\mathrm{d}t \qquad\qquad （式3.11）$$

土地所有者的损失 ΔV_1 即为图3-5斜线阴影部分的面积。

现在来考虑非公共利益性质的征地行为的影响。按照我国《宪法》和《土地管理法》规定，城市规划区内所有农村集体土地必须先征为国有，方可进行房地产开发。

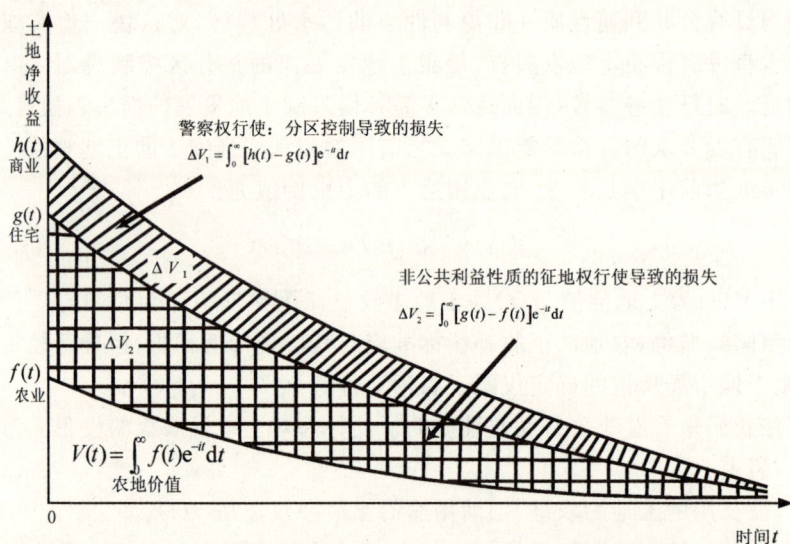

图3-5　分区控制、非公共利益性质的征地行为对土地发展权的损害

在现行法律框架下，显然集体土地所有者无权将自己的土地转向收益更高的城市土地，土地发展权被剥夺了。不仅如此，非公共利益性质的征地行为对土地发展权的剥夺并无丝毫的补偿。在《土地管理法》对征地补偿的规定中并没有区分公共利益性质的征地补偿和非公共利益的征地补偿，补偿标准的计算是基于农业用途的土地收益。

在此情形下,集体土地所有者能获得的补偿仅仅限于基于农业用途的土地价值,根据假设,分区控制下该幅土地的最佳用途为住宅,因此征地行为限制农地发展而导致的损失为：

$$\Delta V_2 = \int_0^\infty \left[g(t) - f(t) \right] \mathrm{e}^{-it} \, \mathrm{d}t \qquad\qquad (式 3.12)$$

土地所有者的损失 ΔV_2 即为图 3-5 网格阴影部分的面积。

上述分析可见,非公共利益性质的征地活动剥夺了集体土地所有者的土地发展权,导致集体土地使用者遭受双重损失,损失总额为 $\Delta V_1 + \Delta V_2$。其中 ΔV_1 这一部分的损失,如前所述,是政府行使警察权,即分区控制的结果,是无需补偿的;而 ΔV_2 是非公共利益性质的征地行为本身造成的,对这一部分不加以合理补偿是不符合公平正义原则的。

3.3　"涨价归公"争议与中国土地增值收益分配

前文提到,国内外关于征地补偿问题的研究产生分歧(土地征收补偿额的确定应当限定在土地的当前用途,坚持不完全补偿原则,还是按照被征收土地的最高最佳用途,坚持相当补偿原则)的原因是,我国学者多以"涨价归公"原则来设计征地补偿方法,认为社会、经济发展导致农地自然增值,所以农地转换用途带来的增值收益理应收归国有。

在一个工业化和城市化快速发展的社会中,土地具有长期增值的趋势。土地增值所带来的巨大收益必然引起利益相关者的关注和争夺,为此政府需要通过土地政策的制定和执行规范土地增值收益分配规则。然而,土地增值的主要部分究竟应该归谁？政府究竟应该制定怎样的土地政策来合理分配土地增值收益？这个问题在中国引起了长期的争议。

3.3.1　马克思经典理论及亨利·乔治的涨价归公理念

马克思经典理论(《资本论》)并没有明确提及土地增值归属问题,更没有明确主张土地涨价归公。马克思在其宏伟巨著《资本论》第三卷第六篇中区分了土地资本和土地本身(土地资源),从而区分了土地资本利息和真正的地租,尽管在土地租约中这两部分合为一体都以地租的形式缴纳给土地所有者。土地资本即对土地的投入,其中有的是长期的,如修排水渠、建设灌溉工程、平整土地、建造经营建筑物等。为土地资本支付的利息,可能形成支付给土地所有者地租的一部分,但这种地租不构成真正的地租,由于竞争的存在,土地资本的报酬趋向于平均利润率,因此与别的投资并没有区别。真正的地租是为了使用土地本身而支付的,作为自然资源的土地,由于土地肥力、位置以及土地天然条件的差异性存在,产生了级差地租Ⅰ和垄断地租,由于投资者的投入促使土地集约利用而产生了级差地租Ⅱ。除了在租约期内土地资本利息和级差地租Ⅱ归资本家以外,所有地租最终都被土地所有者拿走了。地租上涨是由于土地产品价格上涨而产生的,土地所有者和资本家都没有贡献。马克思理论和早期古典经济学理论一样主张劳动价值论,因此地租是剩余价值转换为超额利润而来。在马克思时代,并没有社会主义国家,所以马克思只是分析了那个时代资本主义土地私有制条件下地租的去向,没有也不可能明确主张社会主义国家和现代资本主义社会土地增值应该"涨价归公"还是"涨价归私"。

亨利·乔治(Henry George)是明确主张土地涨价归公的最有影响力的人物。在其1879年发表的《进步与贫困》一书中,亨利·乔治认为,由于土地的供给弹性为零,地价上涨完全取决于需求的变化,所以地主有可能一觉醒来就暴富。同时零供给弹性意味着对土地增值部分课税不会转嫁出去,因而不会影响经济运行。为此,亨利·乔治主张实行土地价值税(又称土地单一税),他认为应该通过土地税使土地变成一种公共财产,社会可以重新获取这种公共遗产的价值,并清除对生产活动的课税。亨利·乔治发起的土地单一税运动产生了巨大的影响,比如1909年英国自由党政府提出了课征基于亨利·乔治理论的土地税,引发了一场政治危机并间接影响了上议院的改革。迄今为止,亨利·乔治的理论仍然不同程度地影响着澳大利亚、新加坡、南非、韩国、墨西哥、爱沙尼亚以及我国台湾地区,在这些国家和地区,政府仍然征收形式不同的土地价值税,尽管有些国家事实上免除了土地价值税,但在美国宾夕法尼亚州的部分地区目前仍在课征土地价值税(LVT),与此同时爱尔兰、苏格兰、肯尼亚、纳米比亚等国政府正在考虑或讨论是否征收土地价值税。美国林肯土地政策研究院的创始人克利夫兰·林肯(Cleveland. Lincoln)对亨利·乔治的土地政策主张非常感兴趣。亨利·乔治的影响在20世纪逐渐衰落,但是针对土地增值收益分配的争论并没有停止。近年来美国兴起的"增值溢价捕获"(land value capture)理论,虽然是针对政府投入引起的土地增值,仍不失为一种涨价归公的形式。

亨利·乔治理论对中国的影响更是深远的,孙中山先生正是受到亨利·乔治的影响提出了"平均地权、涨价归公",其思想在大中华地区根深蒂固,我国台湾地区更体现在实施已久的土地增值税征收中。

但实际上,在"国家所有权至高无上"和"私有产权不可侵犯"两个极端之间,"增值溢价捕获"的理论和实践,被称为"公私协作"(public private partnership)

的第三条道路。其主旨是捕获土地价值上涨中得益于公共投资的那一部分，并将其再用于公共服务的提供。我们现在所熟知的许多土地方面的政策工具，包括源于瑞典传播到新加坡、香港地区的土地储备制度（land banking），其原来的样貌，本是捕获土地升值收益用于支撑"福利国家"政策。再如发轫于德国，传播到日本的土地重划（land readjustment），促使这两个国家的城市快速从第二次世界大战的一片废墟上崛起，因此这类自我筹资（self-financed）的土地政策发挥了巨大的作用。

孙中山一直倡导、后来在我国台湾地区土地改革中付诸实践的"平均地权"——与一般望文生义的理解不同，平均地权从来就不是土地产权的平均（林英彦，1999），而本质上是一个捕捉土地增值溢价、用于社会公共服务和投资的筹资模式。从表面上看，它是一项土地政策，但在功能上其实是一项公共财政制度，尽管不同于通常意义上的再分配。当今我国台湾地区的户籍制度仅仅是人口登记管理的工具，其基本公共服务的均等化，特别是教育、养老、医疗，甚至包括一部分保障性住房，很大程度上得益于"平均地权"的土地财税政策。在我国台湾地区，土地增值税运用需受平均地权条例第51条约束，即"依本条例施行涨价归公之收入，以供育幼、养老、救灾、济贫、卫生、扶助残障等公共福利事业，兴建国民住宅，征收公共设施保留地，兴办公共设施，促进农业发展、农村建设，推展国民教育及实施平均地权之用"。

具体而言，我国台湾地区平均地权的四个环节（规定地价、照价课税、照价收买、涨价归公）当中，涉及两项重要的地方税：地价税和土地增值税，特别是其中的土地增值税，原则上来说就是直接用于公共服务与建设、以实现"涨价归公"的财税工具。而以捕获土地增值为公共服务筹资为目标，我国台湾地区在实践中不仅改进了传统的征收制度（区段征收），还发展出了与之相平行的重划工具（市地重划）。

其中区段征收，指的是政府出于"公共利益"，扩大征收一定区域内的连片土地并重新加以规划后，除政府用作公共设施建设之外，公开拍卖一部分以偿还开发费用，剩余40％～50％（往往大幅提高了容积率）作为"抵价地"返还原土地权利人。一方面捕捉了基础设施投资带来的增值溢价，以周边房产的升值支持区段的开发；同时与大陆目前在此处征收土地、批租以后获得收入，再在彼处投资基础设施建设的模式不同，这种区段开发模式更符合"谁受益谁付费"的公平原则。另一方面，通过拿出一部分"抵价地"（留地安置）与原权利人共享升值收益，在很大程度上降低了拆迁阻力与开发成本。而市地重划更是一种完全自我融资、公私合作的社会建设：重划区内公共设施均由区内土地所有权人共同负担，政府不需要掏一分钱还可以获取结余以补贴公共服务，土地所有权人亦可享受重划后交通便利、环境质量提升及土地增值等收益。具体做法是依照都市计划规划内容，将都市地区一定范围内地籍凌乱、利用效率低下的土地，全部加以规划整理；其中至多55％的土地并不变更原所有权，土地经重划后形状方整且直接面临路街，重新分配给原权利人；另外至少交出45％的"抵费地"，用于兴办各项公共设施，一般还可以有不少结余，出售所得款项半数充实"平均地权基金"，对政府财政亦有贡献。

3.3.2　中国土地增值收益分配的现实

中国土地增值收益分配可以分为城市土地和农村土地两部分。

在城市土地部分，20世纪90年代初，中国政府颁布了《中华人民共和国土地增值税暂行条例》，从1994年起开始征收土地增值税，这是对有偿转让国有土地使用权及地上建筑物和其他附着物产权，取得增值收入的单位和个人征收的一种税，并没有覆盖全部土地。在土地增值税征收过程中，很多地方出于促进二手房市场发展的考虑，在20世纪末免除了对二手房交易土地增值税的课征。当然，即使严格按照《中华人民共和国土地增值税暂行条例》规定，按照累进税率计算，一套原价100万元的房子如果以150万出售，投资者须缴纳增值收益的30％，即15万元；如果以200万元出售，投资者须缴纳35万元，占土地增值收益的35％。换言之，土地增值收益的大部分依然留给了投资人。

现行土地增值税并没有覆盖到农地部分。取而代之的是，政府通过土地征收的方式课征了近乎100％的土地增值收益。按原用途进行征地补偿并有最高补偿限定是现行征地制度的一大特点，这也是征地补偿标准长期偏低、被征地农民不满意的政策原因。我们在江苏、福建、广东、吉林、陕西、四川等省的调查也发现，在大部分地区，农民只得到地价5％～10％的补偿，甚至更少。

我们认为，涨价归公的理念本身并没有错，问题在于执行这个理念的政策设计。作为一项政策必须要兼顾公平和效率。所谓公平，就是要全覆盖，不能因为房地产市场一时的不景气，就任由地方政府免除土地增值税，也不能用非税收的方式对"农地转非"课征近乎100％的增值税。而这正是我国现行土地政策的真实写照。一方面农民赖以生存的农地一旦被征收，只能获得极少的不足地价10％的补偿；另一方面城市里人买房炒房获得增值收益却被免除了缴纳土地增值税义务，即使是房地产开发商从政府手中获得土地，经过2～3年开发后，隐藏于房价中的地价已远高于原地价，政府对此课征的土地增值税也非常有限。所谓效率，即尽可能保持税收中性而不干扰经济运行。在市场经济条件下由于土地用途的不断竞争，土地会被不断导向最佳最高用途。换言之，就特定用途的土地而言，土地的供给弹性并不为零，因此对土地增值收益课税一定会通过影响土地供求关系来影响土地资源配置，如果课税过重必然导致土地市场的严重萎缩。另外，"涨价归公"并不意味着涨价百分之百归公，事实上任何一个国家或地区都不会让土地增值收益完全归土地所有者，也不会百分之百"涨价归公"，抛开别的不说，单从经济效率的角度而言，100％的增值税率会产生税收"闭锁效应"，导致土地的低效利用。

3.3.3　中国土地增值收益分配的改革设想

基于兼顾公平与效率的考虑，土地增值收益分配政策的设计一定要考虑征税对象的全覆盖和税率设定的适当性。笔者在此将着重讨论一下农地征收的土地增值收益分配问题。

首先是征地补偿。现行政策的基本原则是农地征收按原用途补偿，农村房屋拆迁只补偿建筑物（城市房屋拆迁补偿已基本按市场价值补偿）。有些学者赞同这一补偿原则。周诚教授曾说："……征用土地的补偿费按该土地被征用前 3 年平均产值的若干倍计算。这种计算方法是完全符合土地定价原理的，是无懈可击的。"但土地经济学理论认为，土地定价应该符合"最高最佳用途"原则，考虑土地的潜在收益，而与当前土地用途无关，否则空地岂不是可以无偿征收了？暂且抛开农地转非农建设用地问题，就在农业内部，假定有一块土地，根据土地的位置和肥力，最佳用途是种植蔬菜，年产值 2000 元/亩，但由于种种原因，该土地被撂荒 3 年，或者种了 3 年水稻，年产值 800 元/亩，那么如何对该土地定价呢？如果在农业部门内部流动，出价者会按照蔬菜用途出价还是按照水稻用途出价？或者干脆以土地撂荒、没有产值为由无偿抢夺了事？所以农地征用应该按照"最高最佳用途"原则补偿，将土地的潜在收益考虑进来。也就是说，该农地最佳用途是住宅，就该按照住宅用地的市场价格进行补偿；最佳用途是工业，就该按照工业用地的市场价格进行补偿。

其次，按土地的最高最佳用途原则进行补偿并不影响"涨价归公"，因为按照土地的市场价格进行补偿后，政府依然可以采用税收的办法（土地增值税）将土地的自然增值部分收回来。也许有人会认为那样岂不是多此一举？其实这关系到谁有权分享土地自然增值的问题。如前所述，"涨价归公"并不意味着涨价百分之百归公，在"涨价归公"思想同样根深蒂固的我国台湾地区，实行了那么多年的土地增值税，也没有出现过 100％土地增值税率。我国 1994 年颁布的《土地增值税暂行条例》，也没有规定 100％税率。而按照原用途补偿其本质就是对土地征收 100％的增值税，将征地农民完全排除在分享土地增值收益之列。按照我国《土地增值税暂行条例》，在城市中，原土地使用者出售土地使用权可以保留部分土地增值收益，那么为什么在征地环节，农民就不能保留一部分土地增值收益呢？从实际情况来看，农地转换为非农地后，增值收益除了政府拿走一部分外，其余事实上被其他土地使用者（如房地产开发商）以合法的形式占有了。为什么作为土地所有者的农民被排除在土地增值收益受益范围外，而除了代表社会的政府以外的其他利益主体却有权分享？

因此，我们的建议是，在现行政策征地范围不变的情况下，即使是盈利性项目也都是通过土地征收的方式而不是市场的方式获取土地，农民获得的土地增值收益极少，而改革征地补偿模式就可以实现土地增值收益的合理分配。具体而言，引入谈判机制，允许农民与用地者进行补偿谈判，政府根据谈定的补偿额度课征土地增值税。当然现行土地增值税条例需要修改，扩大课征范围。

在城市土地部分，建议修改现行土地增值税条例，除了考虑免除出于自住用房改善的交易行为的纳税义务外，不论是房地产二级市场还是三级市场，不论是房产商还是普通房地产交易者，土地增值税课征均应一视同仁。

3.4 本章小结

征地补偿是征地制度的核心，本章从财产权利保护这一角度出发，认为保护人民合法取得的财产免受公权力或他人侵害是国家的基本职能，而当政府为了公共利益必须征收人民的财产时，财产保护制度就从保护人民合法财产的存续转向了保障人民合法财产的价值。公平补偿就是平衡财产保护和公用征地之间冲突的手段。从各种征地补偿的法理学说和原则来看，随着民主化的推进和财产保护意识的增强，越来越多的国家接受特别牺牲说为征地补偿的理念，且不论采纳完全补偿原则还是相当补偿原则，将市场价值补偿视为衡量公平补偿的标准逐渐成为多数国家法律政策的共识和实践。

与此同时，合理补偿以保证土地利用的经济效率，避免被征地者的道德风险以及政府的"财政幻觉"问题，促进社会福利的最大化，是经济学家们经过长期争论逐渐取得的一个共识，独立于被征地者投资决策的符合社会最优投资水平的市场价值补偿原则逐渐为经济学家们所接受，而低于市场价值的征地补偿在经济效率和行政效率方面的损失更为大量客观事实所印证。

然而，市场价值补偿并不意味着被征地者完全独享征地补偿，这是因为市场价值补偿中包含了土地增值收益，其中部分土地增值收益是全社会的贡献带来的，包括政府基础设施投资带来的土地增值。"涨价归公"的理念正是为了从土地所有者手中收回属于社会贡献的那部分土地增值收益，而不论是土地增值税还是增值溢价捕获的实践均体现了"涨价归公"理念。然而中国征地补偿以土地的原用途为依据，无疑是对被征土地课征了 100％的土地增值税，其负面影响不言而喻。本章提出的主张是，以体现土地最高最佳使用的市场价值为原则进行补偿，同时将集体土地纳入现行土地增值税课征对象，通过税收的办法解决"涨价归公"的问题，既可以避免低征地补偿带来的各种负面效应，又可以收回社会和政府贡献导致的土地增值收益，增加地方政府财政收入，弥补因实行市场价值补偿造成的土地出让金损失。

参考文献

1. Baxter，W.，and L. Altree. Legal Aspects of Airport Noise. *Journal of Law and Economics*，XV，1972：1－113.

2. Blume，L.，Rubinfeld，D.，Shapiro，P. The Taking of Land：When should Compensation be Paid? *Quarterly Journal of Economics*，1984，99：71－92.

3. David C. Edens，Eminent Domain. Equity and the Allocation of Resource. *Land Economics*，1970，46：314－322.

4. De Alessi，Louis. Implications of Property Rights for Government Investment Choices. *American Economic Review*，1969，59：13－24.

5. Ed Nosal. The Taking of Land：Market Value Compensation should be Paid. *Journal of Public Economics*，2001，82：431－443.

6. Epstein，R. A. *Takings：Private Property and the Power of Eminent Domain*. Cambridge：Harvard University Press，1985.

7. Fischel，W.，Shapiro，P. A Constitutional Choice Model of Compensation for Takings. *International Review of Law and Economics*，1989，9：115－128.

8. Friedman，J.，Jimenez，E. and Mayo，S. The Demand for Tenure Security in Developing Countries. *Journal of Development Economics*，1988，29：185－198.

9. Gordon I. M. and Knetsch J. L. Consumer's Surplus Measures and the Evaluation of Resource. *Land Economics*，1988，5：1－10.

10. Hanan G. Jacoby，Guo Li and Scott Rozelle. Hazards of Expropriation：Tenure Insecurity and Investment in Rural China. Working Paper，2001.

11. Hermalin，B. An Economic Analysis of Takings. *Journal of Law，Economics and Organization* ，1985，11：64－86.

12. Jimenez，E. Tenure Security and Urban Squatting. *Review of Economics and Statistics*，1984，66：56－67.

13. Johnson，M. B. *Takings and the Private Market，in Planning without Prices*. B. H. Siegan，ed. Lexington，MA：D. C. Heath，1977.

14. Kahneman D. Knetsch J. L. and Thaler R. H. Anomalies. The Endowment Effect，Loss Aversion，and Status Quo Bias. *Journal of Economic Perspectives*，1991，5：193－206.

15. Miceli，T.，Segerson，K. Regulatory Takings：When should Compensation be Paid? *Journal of Legal Studies*，1994，23：749—776.

16. Michael Hoy. The Impact on the Urban Environment of Incomplete Property Rights. University of Guelph，Working Papers，1996.

17. Michelman，F. I. Property，Utility，and Fairness：Comments on the Ethical Foundations of "Just Compensation" Law. *Harvard Law Review*，1967，80：1165—1258.

18. Ronald M. Giammarino，Ed Nosal. Loggers vs. Campers：Compensation for the Taking of Property Rights. UBC Working Papers No. UBCFIN97—2，1996.

19. William A. Fischel. Eminent Domain and Just Compensation. *The New Palgrave Dictionary of Economics and the Law*，London：Macmillan，1998.

20. 财经网：《农民工返乡后路在何方?》2008 年 12 月 18 日，http://www. caijing. com. cn/2008—12—18/110040465. html.

21. 陈江龙、曲福田：《土地征用的理论分析及我国征地制度改革》，《江苏社会科学》2002 年第 2 期。

22. 陈泉生：《论土地征用之补偿》，《法律科学》1994 年第 5 期。

23. 高源平：《公共建设用地征收补偿标准问题之分析》，《土地经济年刊(台湾)》1992 年。

24. 郭洁：《土地征用补偿法律问题探析》，《当代法学》2002 年第 8 期。

25. 黄祖辉、汪晖：《非公共利益性质的征地行为与土地发展权补偿》，《经济研究》2002 年第 5 期。

26. 贾宪威：《征地补偿费的经济分析》，《四川农业大学学报》1995 年第 3 期。

27. 李茂雄：《重大公共工程建设土地征收课题之研究》，中兴大学(台湾)硕士论文，2002 年。

28. 林森田：《土地经济理论与分析》，台北三民书局 1996 年版。

29. 林英彦：《土地经济学通论》，台湾文笙书局 1999 年版。

30. 吴子力：《长江三角洲地区的工业化为何不导致城市化——江苏省城市化滞后原因实证分析》，《南京社会科学》2000 年第 7 期。

31. 许坚：《论我国两种性质的征地补偿标准》，《中国土地科学》1996 年第 10 期。

32. 严星、黄安褆：《大陆与港澳台地区土地征用法律法规比较研究》，收录于《中国大陆与港澳台地区土地法律比较研究》，天津大学出版社 2001 年版。

33. 庄仲甫：《征收取得区分地上权补偿问题之研究》，台湾"国立"政治大学地政研究所，硕士学位论文，2005 年。

第二篇 实证分析：
谈判、就业、财产权意识觉醒及其他

4
土地征收与农民财产权意识觉醒

4.1 引 言

　　前文指出,随着家庭联产承包责任制和城市土地使用制度改革的深化,《宪法》《土地管理法》的修订以及《农村土地承包法》《物权法》的颁布,中国的土地公有制已经演变为土地的所有权公有,但从所有权中分离出来的用益物权(占有、使用、收益权等)私有这样一种财产权利制度,更进一步说,中国现行的土地公有制仅仅是一个具有意识形态含义的政治符号,而其实质内容更接近于土地私有制。我们观察发现,当农村土地没有被征收(或占用)时,农民拥有的集体土地用益物权与城市土地用益物权一样,具有私有的性质,受到法律保护;然而当征收发生时,两者境遇完全不一样。随着《国有土地上房屋征收与补偿条例》的颁布,国有土地上的房屋(其实包括从国有土地所有权分离出来的用益物权)的征收必须以公共利益为目的,按市场价值进行补偿;在农村集体土地的场合,土地的征占不仅做不到以公共利益为目的和按照市场价值进行补偿,而且地方政府经常以农村土地集体所有为借口,置从集体土地所有权分离出来的用益物权于不顾,实行强行征收。我们调查甚至发现,一些农民名下的承包地被征收,户主却被排除在征地程序之外①。在征地场合下,农村土地集体所有已不再是简单的符号,更具有实质性意义。

周其仁(2004)指出,集体所有制既不是一种"共有的、合作的私有产权",也不是一种纯粹的国家所有权,它是由国家控制但由集体来承受其控制结果的一种农村社会主义制度安排。集体在合法的范围内,仅仅是国家意志的贯穿者和执行者,它至多只是占有着经济资源,并且常常无力抑制国家对集体占有权的侵入。段进东等(2004)认为,集体产权制度的不清晰造成了农地流转过程中的"异化现象"(地方有关管理部门以农地流转之名与民争利,严重侵害农民权利和利益),即产生了"委托—代理悖论"。

土地产权的安全性或稳定性有助于对土地进行短期不能回收的长期投资(Alchian and Demsetz,1973;Feder and Feeny,1991),对私用产权的限制越多,投资激励就越弱,相应的土地产权稳定性就越低。而地权不稳定的作用和对农户投资征收一种随机税一样,将降低农户的投资积极性(姚洋,1998),影响到农户投入和农业生产率(Kung J. K,2000),甚至导致资源的退化(Otsuka et al.,2001)。还有学者(俞海、黄季等,2003)发现,地权稳定性可以促进诸如土壤有机质之类的农地长期肥力的改善,何凌云和黄季琨(2001)对广东省6个县152个农户306个地块的有效数据分析表明,地权稳定对土地的长期投资行为有显著的正面影响,如果产权不稳定则土地利用的短期行为突出。

很多研究将集体土地的安全性或稳定性问题集中在承包土地的行政性调整上,而事实上集体土地的征占对地权稳定性的影响,进而对土地投资利用的负面效应可能更大。如前所述,经济学家发现征地补偿原则会带来道德风险问题,导致土地所有者过度或过低投资,而在中国农村,地方政府和村基层组织对农民承包经营权和宅基地的侵害行为经常以土地是集体的为理由,不以公共利益为目的,合法甚至非法征占农民土地,并给予很低的补偿。在这样的情况下,农民对地权安全性的顾虑一定会影响土地的长期利用和投资。

由于土地集体所有制的缺陷,很多学者提出了改革的主张。龚启圣和刘守英(1997)认为,所有权是由使用权、收益权和转让(资产)权这三项权利所组成,所有制是否为私有并不重要,关键是使用权和依附在此基础上的其他两种权利

---

① 两种情况下农民不知晓自己的承包地被征收:第一种情况是农民外出打工,没有看到征地公告,而征地补偿和安置方案在非常多的地区由村委会主任或者2/3以上村民代表签字生效,即使需要户主签字的地方,也有冒签的情况发生;第二种情况是在苏南、浙江、广东等一些地区,村民的就业和收入已不再依赖农业,村民的承包地交给村里,由村里统一发包给农业大户。若干年后,由于农业基础设施建设等原因,农民原有的承包地四至范围已模糊甚至消失,农民知道自己名下有多少承包地,却不知道具体位置和四至范围在哪里,当征收发生时,一些农民就无从知道自己的土地是否被征收。

能否永久地赋予农户,使他们能够根据自身家庭的需要把这些重要权利自由转让。但 Prosterman 等人(1996)的调查发现,大多数农户希望拥有自由转让土地的"永久使用权",或者说"准私有化"的永久土地使用权。钱忠好(1997)的研究资料也表明,47.12%的农户认为承包地最好归个人所有;40.68%的农户认为承包地最好归集体所有。与此同时,农民的财产权利意识逐渐觉醒,农民对现行征地制度的认同度不断下降。肖屹、曲福田和钱忠好(2007)根据对江西鹰潭和江苏南京的调查结论,认为随着农民土地产权意识的日益觉醒,迫切需要根据农民的土地产权认知改革现行的征地制度,现行的征地制度安排与农民的土地产权认知不相一致的情况下,农民感到其土地产权受到侵害和剥夺,而其中土地所有权、土地增值收益权、土地征用谈判权是影响农民对征地制度评价的关键因素。

为了解决农村土地集体所有制的缺陷,土地私有化不断地被提出来,并被不少学者认为是一个防止农地征收过程中农民利益被侵犯的最佳选择。杨小凯(2004)指出,土地私有产权,乃至于一般私有产权构成宪政的基础,政府通过私有化能够用行动证实不进行掠夺承诺的可信性,才可能真正限制执政者的机会主义行为。但也有人认为农民本身反对土地私有化,因为在目前集体土地产权制度下,农民实际有更多的经济安全(Kung,1995;Kung and Liu,1996;Dong,1996)。这些学者倾向于认为中国目前并没有条件实现土地私有化。如果有其他的制度改革选择能够以渐进的方式去实现土地私有化希望达到的保护农民利益、提高土地利用和交易效率目标,并且这样的制度安排也充分考虑利用既有制度的基础,从而在政治上更加可行的话,那么就值得寻求(黄季焜、陶然、徐志刚等,2008)。

当农民的承包经营权以及宅基地使用权没有受到实质性侵害(如地方政府征收和拆迁)的时候,农户的农业耕作、生活居住处于一种长期稳定的状态,不会意识到土地集体所有制可能无法保护自己的承包经营权及宅基地使用权免受公权力侵害,土地财产权利意识较低,甚至认为名下的土地就是他家自己的,或者认同土地集体所有制;而当土地征收拆迁等实质性的财产侵害发生、合理补偿得不到满足、地方政府又以土地是集体的为由强行征地之后,农民的财产权意识会明显上升,更期待一种可以保护其土地免受他人尤其是公权力侵害的财产制度,比如私有制。

本章将基于全国 12 个城市 1200 个征地大样本抽样调查数据,通过规范的计量分析,验证上述假说。

4.2 数据来源及样本基本特征统计

4.2.1 调查和抽样方法

本章研究数据取自 2009 年 12 月至 2010 年 8 月进行的全国随机抽样大样本调查。该调查由包括笔者在内的来自浙江大学、中国人民大学、北京大学、中央财经大学的 5 位合作者带队，招募了来自浙江大学、中央财经大学、中山大学、中国农业大学、北京林业大学等高校的 25 名研究生共同参与完成。

此次调研采用分层抽样法选取样本。具体方法步骤如下：第一，在全国范围内选取四个经济较为发达、城市化发展快速推进的区域，分别为长江三角洲地区、环渤海经济区、珠江三角洲地区、成渝经济区；第二，每个区域分别选取大中小三个具有代表性的城市；第三，每个城市分别选取征地活动比较频繁的城郊区域作为样本乡镇；最后，运用完全随机方法在每个村庄内部分别抽取了 20 户农户。

总体来看，数量上，调研一共获得 33 个乡镇的 60 个村的 1209 份有效农户问卷（其中有征地拆迁的有效农户问卷 823 份），包括环渤海地区 319 份（三河、潍坊和济南），长三角地区 284 份（温州乐清、无锡江阴和宁波），川渝地区 325 份（成都、南充和重庆），珠三角地区 281 份（广州、东莞和中山）。内容上，问卷分为乡镇问卷、村干部问卷、村精英问卷、农户问卷，涉及乡镇的国土、教育、劳动保障，村庄的财务、土地、选举，农户的人口、土地、劳动力、收入、土地征收和房屋拆迁安置补偿、宅基地和房屋的利用情况等多方面信息。这些资料为保障顺利完成本书研究土地征收用途对住房租金与工商业收入的影响提供了系统的、翔实可靠的数据支持。

本次调研的区域为我国经济社会发展处于领先地位的四个经济圈内的 12 个城市。表 4-1 为本次调查的 12 个城市 33 个乡镇或街道的名称。

表 4-1 调查地区汇总

城市圈	各城市乡镇或街道
长三角	乐清：七里港、乐成、天成、虹桥北、白象 宁波：洪塘、庄桥、公庙、首南 江阴：澄江

城市圈	各城市乡镇或街道
环渤海	三河:燕郊 潍坊:梨园、北苑、廿里、堡新城、开元 济南:风街道、港沟、郭店、遥墙
珠三角	广州:钟落潭、太和 中山:东区、长江、港口、南头 东莞:茶山
成渝	重庆:井口、回龙坝 南充:华凤、火花 成都:涌泉、万春、永宁

4.2.2　样本的基本特征

1.样本农户个人信息基本统计描述

本次调查共完成农户问卷 1209 份,调查样本在各个城市的分布较为平均,均为 100 户左右。表 4-2 给出了样本的地理分布和被访者的个人基本信息。

表 4-2　所有样本数分布和被访者个人基本信息

城市	样本数 (份)	男性 (%)	农业户口 (户)	少数民族 (%)	党员 (%)	村干部 (%)	当过兵 (%)
乐清	81	72.84	96.3	0	16.05	4.94	12.35
宁波	102	78.43	63.73	0	40.20	6.86	12.75
江阴	101	80.20	79.21	0	8.91	3.96	8.91
三河	108	62.04	87.04	0	31.48	7.41	13.89
潍坊	109	73.39	84.4	0	19.27	4.59	7.34
济南	102	59.80	95.1	0	24.51	9.80	7.84
广州	105	77.14	42.86	0	37.14	3.85	13.33
中山	86	74.42	5.81	0	31.40	5.81	13.95
东莞	90	76.67	87.78	0	16.67	5.56	11.11
重庆	106	46.23	85.85	0	11.32	6.60	1.89
南充	108	66.67	47.22	0	11.11	4.67	2.78
成都	111	74.77	73.87	0.90	28.83	7.21	8.11
全国	1209	69.98	71.05	0.08	23.16	5.97	9.35

资料来源:2009 年全国征地大样本抽样调查数据,由笔者整理。

表 4-3 和图 4-1 展示了被访者年龄的分布情况。从全国范围内来看,被访者年龄也是呈现以 50 岁左右为中心的对称分布,近似于正态分布,从表 4-3 也

可以看出单独的各个城市样本的年龄分布也具有类似的规律,本次样本的年龄分布合理。

表 4-3 被访者年龄分布

城市	样本数（份）	18~30岁（%）	31~40岁（%）	41~50岁（%）	51~60岁（%）	61~70岁（%）	71岁以上（%）	平均年龄（岁）
乐清	81	4.94	16.05	28.40	34.57	14.81	1.23	52.99
宁波	102	0.00	11.76	21.57	33.33	21.57	11.76	56.60
江阴	101	1.98	8.91	18.81	44.55	25.74	0.00	54.21
三河	108	1.85	11.11	37.04	35.19	11.11	3.70	54.19
潍坊	109	5.50	14.68	26.61	33.94	13.76	5.50	49.72
济南	102	1.96	12.75	30.39	38.24	12.75	3.92	47.52
广州	104	5.77	25.00	31.73	27.88	6.73	2.88	53.70
中山	86	11.63	26.74	31.40	24.42	5.81	0.00	52.80
东莞	91	15.38	27.47	36.26	12.09	6.59	2.20	49.34
重庆	106	5.66	17.92	23.58	35.85	12.26	4.72	49.51
南充	108	0.93	11.11	25.00	31.48	24.07	7.41	45.52
成都	111	2.70	28.83	25.23	23.42	18.02	1.80	37.06
全国	1209	4.63	17.54	27.87	31.43	14.64	3.89	50.09

资料来源:2009年全国征地大样本抽样调查数据,由毛娜整理。

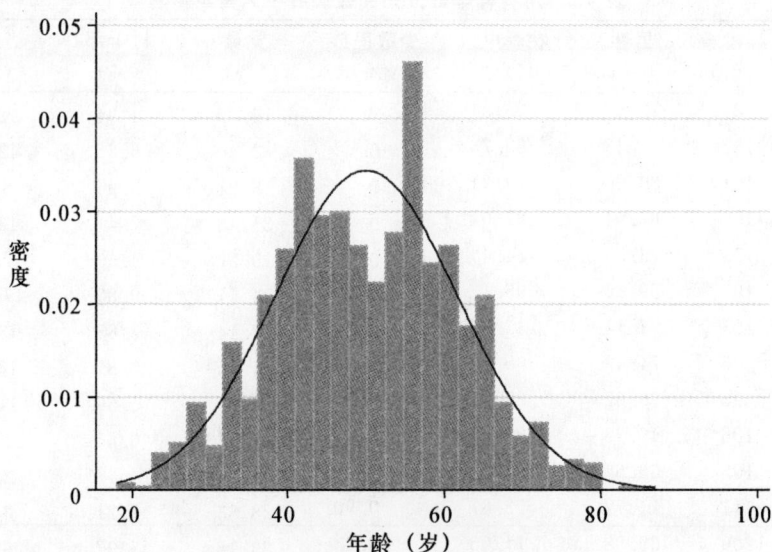

图 4-1 被访者年龄分布曲线及直方

被访农户的受教育年限统计结果见表4-4和图4-2。从图4-2来看,本次被采访者的平均受教育年限是以约 7.5 年为中心的对称分布,近似正态分布。

表 4-4　被访者受教育年限分布

城市	样本数 (份)	6 年以下 (%)	6~9 年 (%)	10~12 年 (%)	12 年以上 (%)	平均受教育 年限(年)
乐清	81	39.51	44.44	9.88	6.17	5.81
宁波	102	33.33	53.92	10.78	1.96	6.76
江阴	101	19.80	55.45	18.81	5.94	7.07
三河	108	25.00	64.81	8.33	1.85	8.34
潍坊	109	11.01	65.14	21.10	2.75	7.84
济南	102	16.67	53.92	23.53	5.88	8.87
广州	104	16.35	62.50	19.23	1.92	7.43
中山	86	11.63	40.70	33.72	13.95	6.95
东莞	91	4.40	59.34	27.47	8.79	6.53
重庆	106	20.75	52.83	25.47	0.94	7.71
南充	108	37.04	49.07	11.11	2.78	8.31
成都	111	26.13	63.06	9.01	1.80	10.22
全国	1209	21.85	55.96	17.88	4.30	7.73

资料来源:2009 年全国征地大样本抽样调查数据,由毛娜整理。

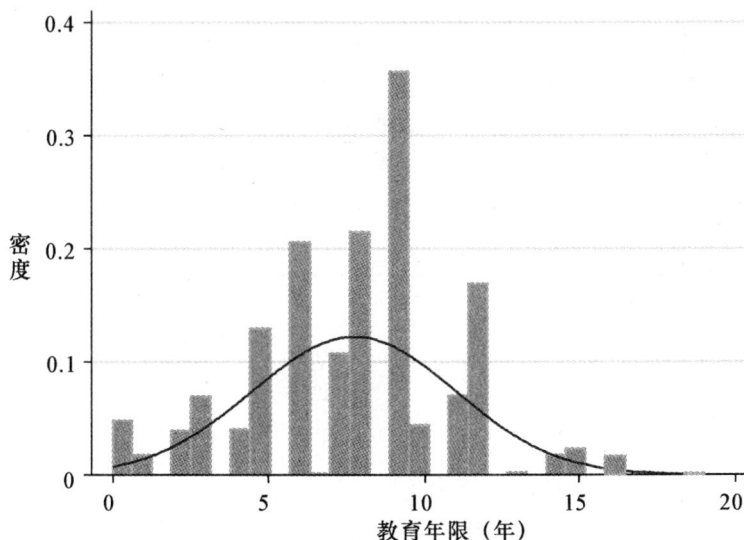

图 4-2　全国被访者受教育年限分布曲线

2.样本农户家庭信息基本统计描述

表 4-5 给出了各市(城市圈)被访农户家庭基本信息。从表 4-5 中我们可以看出,样本农户家庭中有党员、村干部、参过军的比例比较合理。

表 4-5　被访家庭基本情况

城市	总样本数（份）	家庭有没有党员		家庭有没有村干部		家庭有没有人参过军	
		样本数（份）	比例（%）	样本数（份）	比例（%）	样本数（份）	比例（%）
乐清	81	21	25.93	8	9.88	7	8.64
宁波	102	31	30.39	6	5.88	16	15.69
江阴	101	29	28.71	9	8.91	11	10.89
三河	108	20	18.52	6	5.56	18	16.67
潍坊	109	47	43.12	17	15.60	24	22.02
济南	102	40	39.22	10	9.80	23	22.55
广州	105	25	23.81	4	3.81	13	12.38
中山	86	38	44.19	14	16.28	13	15.12
东莞	90	21	23.33	3	3.33	10	11.11
重庆	106	39	36.79	6	5.66	22	20.75
南充	108	50	46.30	8	7.41	29	26.85
成都	111	40	36.04	6	5.41	31	27.93
全国	1209	401	33.17	97	8.02	217	17.95

资料来源：2009 年全国征地大样本抽样调查数据，由笔者整理。

　　表 4-6 和图 4-3 显示全国各地的家庭总收入统计结果，家庭总收入包括农业收入、主要非农收入与其他收入。从中可以看出农户的家庭收入具有明显的地域特点，东南部的沿海大城市家庭收入水平整体上高于中西部城市，这与我国的区域发展不平衡、贫富差距较大等现象相吻合。

表 4-6　各城市被访者家庭总收入

城市	样本数（份）	家庭总收入						家庭平均收入（元）
		<20000元（%）	20000～39999元（%）	40000～59999元（%）	60000～79999元（%）	80000～99999元（%）	100000元以上（%）	
乐清	81	28.40	23.46	16.05	9.88	7.41	14.81	66717
宁波	102	29.41	32.35	16.67	9.80	3.92	7.84	47049
江阴	101	8.91	20.79	23.76	21.78	4.95	19.80	80602
三河	108	16.67	27.78	25.00	12.96	5.56	12.04	53880
潍坊	109	13.76	30.28	23.85	11.01	6.42	14.68	63046
济南	102	7.84	33.33	33.33	14.71	5.88	4.90	51018
广州	104	25.00	27.88	18.27	8.65	5.77	14.42	68671
中山	86	1.16	15.12	13.95	22.09	17.44	30.23	95849
东莞	91	10.99	29.67	26.37	15.38	5.49	12.09	57044
重庆	106	22.64	43.40	19.81	6.60	1.89	5.66	44889
南充	108	47.22	29.63	10.19	7.41	1.85	3.70	30897
成都	111	19.82	27.03	19.82	12.61	2.70	18.02	75728
全国	1209	19.60	28.70	20.68	12.57	5.54	12.90	60651

资料来源：2009 年全国征地大样本抽样调查数据，由毛娜整理。

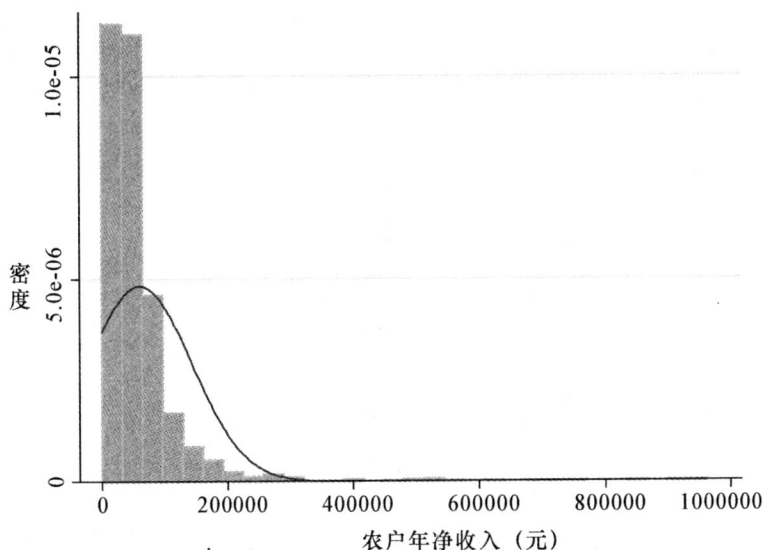

图 4-3 全国家庭平均年收入分布曲线及直方

表 4-7 进一步区分了农户家庭收入来源。表 4-7 中的其他收入主要是指：存款利息收入，退休金收入，出租土地、设备、房屋等固定资产收入，彩礼收入，股票基金债券收入等非劳动收入。通过表 4-7 我们可以看出，其他收入在家庭总收入所占的比重还是比较大的，就全国平均来看，比重为 34.39％，非农收入比重最高，为 63.24％，农业收入比例最低，只占 2.37％。

表 4-7 被访家庭 2008 年总收入明细

城市	家庭总收入（元）	农业收入（元）	比例（％）	非农就业收入（元）	比例（％）	其他收入（元）	比例（％）
乐清	66717	871	6.05	59467	69.33	6379	18.45
宁波	47049	530	1.63	34133	55.99	12386	41.40
江阴	80602	158	0.36	64965	71.25	15479	27.40
三河	53880	4417	12.30	30811	53.67	18652	34.03
潍坊	63046	1588	3.10	46081	71.34	15377	25.56
济南	51018	292	0.90	23679	44.28	27047	54.82
广州	68671	4633	4.49	39347	64.97	24691	27.68
中山	95849	669	1.62	62511	59.61	32670	38.76
东莞	57044	1083	1.61	32697	60.57	23263	37.82
重庆	44889	4046	7.34	31534	62.15	9309	30.51
南充	30897	708	2.40	20585	62.53	960	35.08
成都	75728	1947	4.20	38603	49.33	35178	46.47
全国	60651	1806	3.90	39641	60.24	19204	35.04

资料来源：2009 年全国征地大样本抽样调查数据，由笔者整理。

4.3   土地征收对农户土地产权意识的影响

4.3.1   变量的选择和描述性统计

1.被解释变量

本部分的被解释变量定义为被访者是否支持集体土地私有化，以此来衡量农户土地产权意识的觉醒程度。换言之，如果一个农户支持集体土地私有化，意味着该农户希望私有产权能够保护其名下土地免受土地行政性调整和土地征收等方面的侵害。在调查过程中，我们利用表4-8的3个问题来判断每个被访者对于土地私有化改革的认知和接受程度。

表4-8   农户对于土地私有化改革认知的问题

问题1	你认为农用土地是否应该或可以从集体土地变成私有土地？
问题2	土地私有化意味着村里不能再调整各家的农用土地，你认为是否可以接受，或是否合适？
问题3	如果土地私有化意味着农用土地可以自由买卖，你认为是否可以接受，或是否合适？
答案选项	−1＝不能接受 0＝不确定（不愿意回答、不知道等） 1＝可以接受

表4-8中三个问题的设计分为两个层次，第一个问题是抽象地询问农户对土地私有化是否支持，考虑到土地私有化的意识形态烙印，农户的回答并不一定反映其内心真实想法，因而我们设计了后两个代表土地私有化内容的问题，即私有化下农地可以买卖但不再进行行政性调整。如果农户第一个问题的回答模棱两可，甚至反对，而第2个第3个问题一致支持，则修正第一个问题的答案。表4-9统计了被访者对土地私有化的接受度，从表4-9中可见有47.48％接受集体土地私有化，44.83％反对土地私有化，还有7.69％的农户表示不知道、难以决定或者拒绝回答，大致来说赞成土地私有化的比例高于反对的，高出近3个百分点，但赞成土地私有化的农户和反对土地私有化的农户之比仅为1.06：1，这说明土地私有化的问题在农户中的分歧很大。

表 4-9　土地私有化改革认知

城市	样本数（份）	你是否支持集体土地私有化？					
		认同（份）	比例（%）	反对（份）	比例（%）	不明确（份）	比例（%）
乐清	81	34	41.98	20	24.69	27	33.33
宁波	102	56	54.90	38	37.25	8	7.84
无锡	101	60	59.41	40	39.60	1	0.99
三河	108	55	50.93	41	37.96	12	11.11
潍坊	109	39	35.78	65	59.63	5	4.59
济南	102	41	40.20	57	55.88	4	3.92
广州	105	43	40.95	56	53.33	6	5.71
中山	86	50	58.14	32	37.21	4	4.65
东莞	90	42	46.67	46	51.11	2	2.22
重庆	106	45	42.45	46	43.40	15	14.15
南充	108	50	46.30	52	48.15	6	5.56
成都	111	59	53.15	49	44.14	3	2.70
全国	1209	574	47.48	542	44.83	93	7.69

资料来源：2009 年全国征地大样本抽样调查数据，由笔者整理。其中不确定包括不知道、难以决定和拒绝回答。

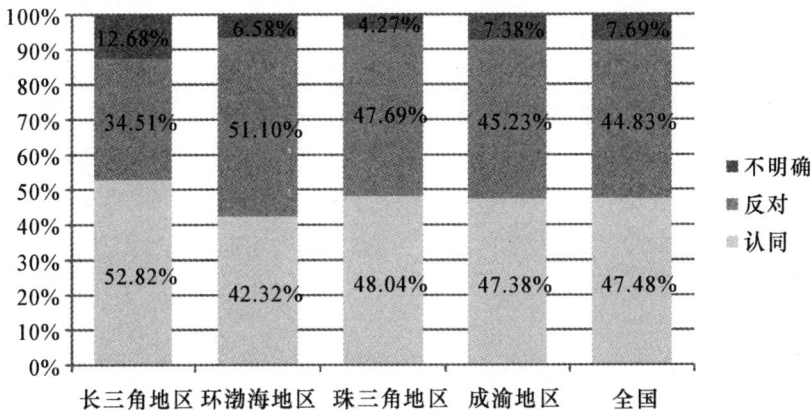

图 4-4　四大地区农户对土地私有化改革的接受度

从长三角、珠三角、环渤海和成渝四大都市圈来看（见图 4-4），长三角地区农户对土地私有化接受度最高（52.82%），环渤海地区最低（42.32%），两者相差 10 个百分点，但总体而言四大都市圈农户对土地私有化的接受度差异并不大。

2.解释变量

如前所述，当土地征收拆迁等实质性的财产侵害发生、补偿得不到满足、地方政府又以土地是集体的为由强行征地之后，农民的财产权意识会明显上升，更期待一种可以保护其土地免受他人尤其是公权力侵害的财产制度，比如私有制。因此我们用两个关键变量来解释农户对土地私有化的接受度，即土地是否被征收和征地满意度。

(1)土地是否被征收：定义为被访者家庭在 2004—2008 年间有没有土地征收以及房屋拆迁，并以虚拟变量来测度，如果有则为 1，没有则为 0。

表 4-10 统计了 12 个城市被征地农户占总农户的比例，在 1209 个样本中有823 个征地样本，占 68.07%，总体而言长三角和成渝地区被访者中有过征地的农户比例较高，分别是 80.28% 和 85.85%，而珠三角被访者中有过征地的农户比例最低，只有 33.10%(见图 4-5)。

表 4-10　12 个城市被征地农户样本数量统计表

城市	农户总数（户）	被征地农户数（户）	被征地农户所占比例（%）
乐清	81	61	75.31
宁波	102	87	85.29
无锡	101	80	79.21
三河	108	54	50.00
潍坊	109	71	65.14
济南	102	98	96.08
广州	105	38	36.19
中山	86	20	23.26
东莞	90	35	38.89
重庆	106	74	69.81
南充	108	95	87.96
成都	111	110	99.10
全国	1209	823	68.07

资料来源：2009 年全国征地大样本抽样调查数据，由笔者整理。

(2)征地满意度：定义为有过征地或拆迁的被访者对土地征收或房屋拆迁后包括补偿、安置等在内的政策处理满意度。在访谈过程中我们向每一位被访者询问："总体来说，你对你家土地被征收所得到的补偿和安置满意吗？"如果被访者表示不满意，我们进一步让被访者在"征地范围过宽、现金补偿太低、养老保险没有或标准低、医疗保险没有或标准低、失业保险或生活补贴没有或标准低、房屋拆迁补偿和安置不合理、留地安置没有或不合理、入股安置不合理、没有就业

安置以及其他请说明"等 9 个选项中多项选择不满意的原因,从而作为被访者征
地满意度的佐证。

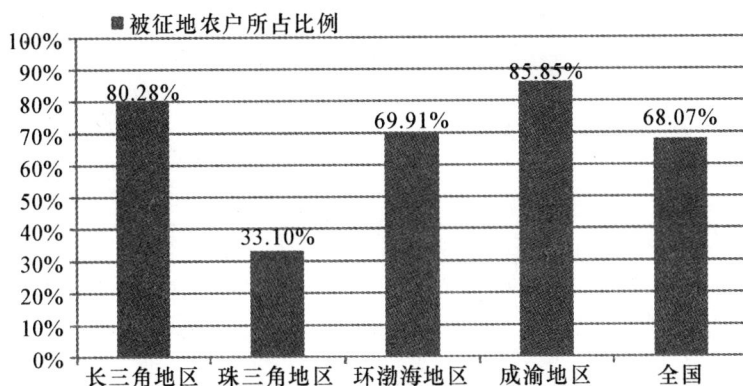

图 4-5 四大都市圈被征地农户样本数量统计

表 4-11 12 个城市被访者对征地补偿和安置的满意度统计

城市	农户总数(户)	对征地补偿和安置是否满意					
		满意(户)	比例(%)	不满意(户)	比例(%)	一般(户)	比例(%)
乐清	61	11	18.03	40	65.57	10	16.39
宁波	87	29	33.33	40	45.98	18	20.69
无锡	80	39	48.75	19	23.75	22	27.50
三河	54	31	57.41	15	27.78	8	14.81
潍坊	71	56	78.87	2	2.82	13	18.31
济南	98	57	58.16	26	26.53	15	15.31
广州	38	8	21.05	12	31.58	18	47.37
中山	20	2	10.00	6	30.00	12	60.00
东莞	35	4	11.43	4	11.43	27	77.14
重庆	74	23	31.08	29	39.19	22	29.73
南充	95	51	53.68	30	31.58	14	14.74
成都	110	58	52.73	30	27.27	22	20.00
全国	823	369	44.84	253	30.74	201	24.42

资料来源:2009 年全国征地大样本抽样调查数据由笔者整理。

表 4-11 统计了 12 个城市 823 个征地拆迁户对征地补偿和安置的总体满意
度,从全国来看对以往征地拆迁补偿和安置表示满意的农户达到 44.84%,表示
满意度一般的达到 24.42%,表示不满意的达到 30.74%。其中潍坊被访者的满
意度最高,达到 78.87%;中山最低,只有 10.00%的农户对征地补偿安置表示满
意。从四大都市圈来看(见图 4-6),珠三角地区农户对征地补偿安置满意度最
低,只有 15.05%,环渤海地区对征地补偿安置满意度最高,达到 64.57%。

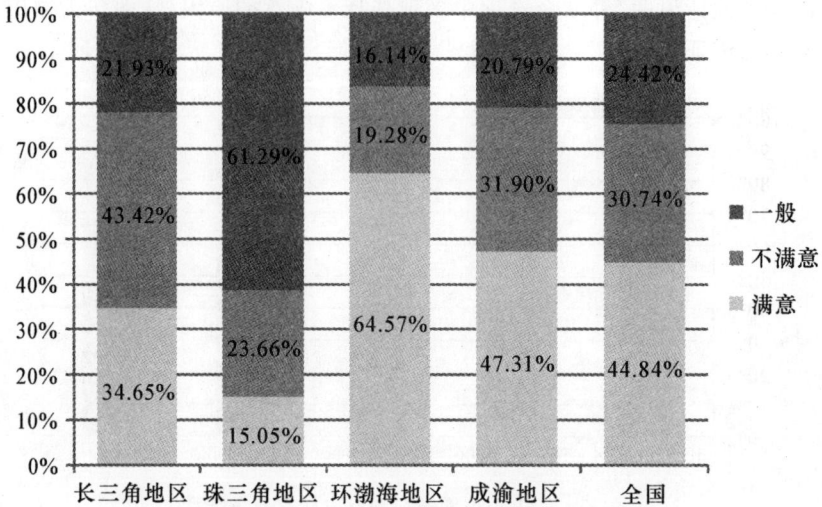

图4-6　四大都市圈征地补偿和安置的满意度统计

在回归分析中，我们将征地满意度设置成两个哑变量：

征地补偿满意度1：　不满意＝1，一般＝0

征地补偿满意度2：　一般＝1，满意＝0

3.控制变量

本文还选择了一系列反映农户个人和家庭基本特征，以及家庭社会经济情况的解释变量。它们包括：

个人特征变量：被访者年龄，被访者性别，被访者受教育程度。年龄、性别以及受教育程度不同的农村居民，对征地补偿安置、土地产权稳定性和安全性乃至于土地私有化问题或许有不同的看法。

家庭特征变量：家庭人口，家庭人口变化，家庭成员是否有党员，家庭成员是否有干部，家庭成员是否有人参过军，家庭成员是否有外出打工的人。其中家庭人口变化对土地产权稳定性可能有完全不同的看法，人口减少的家庭希望土地不会减少，因而希望土地产权保持稳定不变，从而倾向支持土地私有化，反之则强调土地分配的公平而反对土地私有化；家庭成员中有党员、干部以及参过军的成员或许会使被访者在对待土地私有化问题的态度上更带有意识形态色彩，从而持反对态度；而家庭中如果有人外出打工，被访者能较多地吸收外界信息，或许有不同的关于征地补偿安置、土地产权稳定性乃至土地私有化问题方面的看法。

家庭社会经济情况变量：人均耕地面积，被访者家庭二轮承包之后是否有过土地行政性调整，人均收入，家庭农业收入比例。其中二轮承包后经历过行政性调整以及家庭农业收入比例较高的农户对土地产权稳定性有更高的期待,从而倾向于对土地私有化持赞成态度。

各个变量的定义及测度见表 4-12。

表 4-12　解释变量和控制变量描述及测度

变　量	测　度
土地征收	2004—2008 年家里是否有土地征收或房屋拆迁,虚拟变量,有 =1,没有 =0
征地补偿满意度 1	虚拟变量,不满意 =1,一般 =0
征地补偿满意度 2	虚拟变量,一般 =1,满意 =0
土地调整	虚拟变量,有过调整 =1,没有 =0
年龄	2008 年实际年龄(年)
性别	虚拟变量,男 =1,女 =0
受教育程度	正规全日制学校教育年数(年)
家庭人口	2008 年家庭人口(人)
人口变化	二轮承包后家庭是否有人口变化,虚拟变量,人口净增 =1,其他情况 =0
农业收入比例	2008 年非农就业/2007 年家庭总就业
人均耕地面积	2008 年家庭人均耕地面积(亩)
人均收入	2008 年家庭人均收入(元)
党员	家里是否有党员,虚拟变量,有 =1,没有 =0
村干部	家里是否有村干部,虚拟变量,有 =1,没有 =0
参军	家里是否有人参过军,虚拟变量,有 =1,没有 =0
外出打工者	家里是否有外出打工的人,虚拟变量,有 =1,没有 =0

4.3.2　计量模型

Oprobit 模型是用可观测的有序反应数据建立模型来研究不可观测的潜变量变化规律的方法。Oprobit 模型可以表示为(伍德里奇,2007):

$$\text{Prob}(\,y_i = 0\,|\,\text{x}) = \prod(\alpha_1 - x\beta) \qquad\qquad (\text{式 } 4.1)$$

$$\text{Prob}(\,y_i = 1\,|\,\text{x}) = \prod(\alpha_2 - x\beta) - \prod(\alpha_1 - x\beta) \qquad\qquad (\text{式 } 4.2)$$

$$\text{Prob}(\,y_i = 2\,|\,\text{x}) = 1 - \prod(\alpha_2 - x\beta) \qquad\qquad (\text{式 } 4.3)$$

(其中,$\prod$ 是标准正态累积分布函数。)

我们将 y_i^* 定义为不可观测的第 i 个农户给出回答的潜变量,而 y_i 是可观测的实际值,即第 i 个农户给出的实际回答,分别取值 −1(不可以接受),0(不确定），1(可以接受)。

我们定义：

当 $y^* < \mu_1$ 时，$y_i = -1$，即农户不可以接受土地私有化；

当 $\mu_1 \leqslant y^* < \mu_2$ 时，$y_i = 0$，即农户对土地私有化不确定或不置可否；

当 $\mu_2 \leqslant y^*$ 时，$y_i = 1$，即农户可以接受土地私有化。

(其中，μ_1 和 μ_2 是 y_i 值突变的临界点，又称阈值，都是待估参数。)

我们将通过两个模型分别检验土地征收(拆迁)与否和征地补偿满意度对土地私有化态度的影响：

模型一：用 1209 个全部样本观察土地征收(拆迁)是否影响农户对土地私有化的态度，我们把农户给出不同回答的概率预测模型设定如下：

$$y_i^* = \beta_0 + \beta_2 \text{landtake}_i + \beta_2 \text{reallocation}_i + \beta_2 \text{age}_i + \beta_4 \text{gendre}_i + \beta_5 \text{expeendu}_i$$
$$+ \beta_6 \text{fampop}_i + \beta_7 \text{popchange}_i + \beta_8 \text{agriincshare}_i + \beta_9 \text{landpc}_i + \beta_{10} \text{incpc}_i + \beta_{11} \text{ccp}_i +$$
$$\beta_{12} \text{cadre}_i + \beta_{13} \text{veteran}_i + \beta_{14} \text{workouttown}_i + \beta_{15} \text{city} + e_i \qquad \text{(式 4.4)}$$

其中，i 代表特定农户。为了控制地区差异，我们将 12 个城市作为控制变量。解释变量统计性描述见表 4-13。

表 4-13　模型一　解释变量描述性统计

自变量	样本数（份）	均值	方差	最小值	最大值
土地征收	1209	0.680728	0.466388	0	1
征地补偿满意度 1	823	0.307412	0.461702	0	1
征地补偿满意度 2	823	0.244228	0.42989	0	1
土地调整	1209	0.315964	0.745462	0	8
年龄	1209	50.08768	11.60222	18	87
性别	1209	0.699752	0.458556	0	1
受教育程度	1209	7.732837	3.273755	0	19
家庭人口	1209	3.8933	1.423326	1	8
人口变化	1209	0.047974	0.213799	0	1
农业收入比例	1209	0.038958	0.195833	−3.42466	1
人均耕地面积	1209	0.217085	0.512763	0	5
人均收入	1209	15766.83	20578.99	−14350	241666.7
党员	1209	0.331679	0.471011	0	1
村干部	1209	0.080232	0.271764	0	1
参军	1209	0.179487	0.383919	0	1
外出打工者	1209	0.630273	0.482931	0	1

模型二：用 823 个有征地或拆迁的样本观察农户征地补偿安置满意度是否

影响农户对土地私有化的态度,我们把农户给出不同回答的概率预测模型设定如下:

$$y_i^* = \beta_0 + \beta_2 unsatisf_i + \beta_2 soso_i + \beta_3 reallocation_i + \beta_4 age_i + \beta_5 gendre_i +$$
$$\beta_6 expeendu_i + \beta_7 fampop_i + \beta_8 popchange_i + \beta_9 agriincshare_i + \beta_{10} landpc_i +$$
$$\beta_{11} incpc_i + \beta_{12} ccp_i + \beta_{13} cadre_i + \beta_{14} veteran_i + \beta_{15} workouttown_i + \beta_{16} city + e_i$$

(式4.5)

其中,i 代表特定农户。为了控制地区差异,我们将 12 个城市作为控制变量。解释变量统计性描述,见表 4-13 和表 4-14。

表 4-14　模型二　解释变量描述性统计

自变量	样本数（份）	均值	方差	最小值	最大值
征地补偿满意度 1	823	0.307412	0.461702	0	1
征地补偿满意度 2	823	0.244228	0.429890	0	1
土地调整	823	0.368165	0.819060	0	8
年龄	823	49.33779	11.90729	18	87
性别	823	0.712029	0.453093	0	1
受教育程度	823	7.880316	3.359350	0	19
家庭人口	823	3.731470	1.422642	1	8
人口变化	823	0.053463	0.225092	0	1
农业收入比例	823	0.027003	0.171028	-3.42466	1
人均耕地面积	823	0.112067	0.296879	0	3.19
人均收入	823	15839.72	21421.61	-1136	241666.7
党员	823	0.339004	0.473659	0	1
村干部	823	0.072904	0.260137	0	1
参军	823	0.189550	0.392184	0	1
外出打工者	823	0.643985	0.479111	0	1

4.3.3　回归结果与讨论

表 4-15 显示了在控制了城市虚拟变量后所得到的两个有序 Probit 模型回归结果。回归结果表明,有过土地征收(拆迁)的农户倾向于支持土地私有化,而对征地补偿和安置不满意的农户也倾向于支持土地私有化。这与本章提出的假说一致。

表 4-15　有序 Probit 模型的估计结果

变量	模型一	模型二
土地征收	0.472 ***	
	(0.0966)	
征地补偿满意度 1		0.249 **
		(0.108)
征地补偿满意度 2		0.0224
		(0.117)
土地调整	0.0217	−0.0244
	(0.0538)	(0.0595)
年龄	−0.000538	−0.00391
	(0.00381)	(0.00474)
性别	−0.263 ***	−0.248 **
	(0.0803)	(0.0987)
受教育程度	0.00287	0.00494
	(0.0124)	(0.0148)
家庭人口	0.0222	0.0238
	(0.0286)	(0.0352)
人口变化	−0.539 ***	−0.615 ***
	(0.175)	(0.195)
农业收入比例	0.165	0.229
	(0.134)	(0.162)
人均耕地面积	0.0495	0.0209
	(0.0864)	(0.165)
人均收入	−1.22e−06	−2.23e−06
	(1.91e−06)	(2.19e−06)
党员	−0.143 *	−0.243 **
	(0.0836)	(0.0996)
村干部	−0.263 *	−0.129
	(0.139)	(0.171)
参军	0.165	0.168
	(0.103)	(0.126)
外出打工者	0.0258	0.104
	(0.0786)	(0.0979)
潍坊	−0.413 **	−0.0282
	(0.164)	(0.199)
济南	−0.503 ***	−0.306 *
	(0.170)	(0.182)
中山	0.405 **	0.750 **
	(0.189)	(0.379)
Cutoff point 1(μ_1)	−0.0691	−0.467
	(0.299)	(0.351)
Cutoff point 2(μ_2)	0.134	−0.231
	(0.300)	(0.352)
Log pseudolikelihood	−1060.1579	−734.54207
Wald chi2	76.36(25)	48.32(26)
Prob＞chi2	0.0000	0.0050
Pseudo R2	0.0371	0.0353
Observations	1209	823

注：(1)括号里是稳健统计下的标准差绝对值。

　　(2)"＊"，"＊＊"，"＊＊＊"分别表示统计检验在 10％,5％和 1％的水平上显著。

表 4-15 两个有序 Probit 模型的参数估计同时表明,家庭人口变化对土地私有化认知有显著影响,家庭人口减少倾向于支持土地私有化,而家庭人口增加则倾向于反对私有化,这是由于家庭人口减少的农户担心在集体土地所有制下行政性调整会导致其名下的一部分承包地被调整出去,所以倾向支持土地私有化以实现土地产权的稳定性,而家庭人口增加的农户基于公平的诉求,希望通过土地行政性调整而增加承包地,所以倾向于反对土地私有化。这一结论也与笔者另两项基于 2008 年全国 6 省纯农区大样本抽样调查的研究结论完全一致(陶然等,2010;Wang,2012)。

从性别上看,两个模型回顾结果都表明女性更倾向于支持私有化。女性由于婚姻的原因,相对男性更有可能失去现有土地,在现有的土地制度下,女性有可能在娘家和婆家都得不到土地,是农村中土地容易被调整和剥夺的弱势群体,因此女性更倾向于土地私有化。家庭中有党员和干部的农户倾向于反对土地私有化,不过在征地农户中干部这一变量在统计上不显著。家庭中有党员或干部的农户倾向于不支持土地私有化,这在我国现有国情下都是非常正常的,土地私有化这个问题带有较强的意识形态色彩,因此他们更倾向于接受国家和政府的主流观点。

城市控制变量中有三个城市统计显著,山东潍坊市和济南市倾向于反对土地私有化,而中山市倾向于支持私有化。

参考文献

1. Alchian,and H. Demsetz. The Property Rights Paradigm. *Journal of Economic History*,1973,33:16—27.

2. Feder,G, and Feeney,D. Land Tenure and Property rights:Theory and Implications Fordevelopment Policy. *World Bank Economic Review*,1991,5:135—155.

3. Dong, X. Two-Tier land System and Sustained Economic Growth in Post-1978 Rural China. *World Development*,1996,24:915—928.

4. Kung,J. K. Egalitarianism, Subsistence Provision and Work Incentives in China's Agricultural Collectives. *World Development*,1994,22:175—188.

5. Kung, James K. Equal Entitlement Versus Tenure Security under a Regime of Collective Property Rights:Peasants' Preference for Institutions in Post-Reform Chinese Agriculture. *Journal of Comparative Economics*,1995,21:82—111.

6. Kung, J. K. and S. Liu. Land Tenure Systems in Post-Reform Rural China:A Tale of Six Counties. Working Paper, Division of Social Sciences, Hong Kong University of Science and Technology,1996.

7. Otsuka Kerjiro, S. Suyanto, Tetsushi Sonobe, Thomas P. Tomich. Evolution of

Land Tenure Institutions and Development of Agroforestry：Evidence from Customary Land Areas of Sumatra. *Agricultural Economics*，2001，25：85—101.

8. Prosterman R，Hanstad T，Li. P. Can China Feed Itself? *Scientific American*，1996，11：90—96.

9. 段进东、周熔基：《"虚拟所有权"与我国农地产权制度的创新》，《理论探讨》2004 年第 4 期。

10. 龚启圣、刘守英：《农民对土地产权的意愿及其对新政策的反应》，《中国农村观察》1998 年第 2 期。

11. 黄季焜、陶然、徐志刚、刘明兴：《制度变迁和可持续发展：30 年中国农业与农村》，格致出版社、上海人民出版社 2008 年版。

12. 何凌云、黄季琨：《土地使用权的稳定性与肥料使用》，《中国农村观察》2001 年第 5 期。

13. J. M. 伍德里奇：《计量经济学导论（第三版）》，中国人民大学出版社 2007 版。

14. 钱忠好：《农村土地制度变革农户心态的实证分析及其政府启示》，《中国农村经济》1997 年第 4 期。

15. 肖屹、钱忠好、曲福田：《基于农民产权认知的中国征地制度改革研究——来自江苏南京的数据》，《江海学刊》2008 年第 1 期。

16. 杨小凯：《土地私有制与宪政共和的关系》，2004 年，见 http://www.gongfa.com/yangxktudisiyouyuxianzhenggonghe.htm.

17. 姚洋：《中国农村土地制度安排与农业绩效》，《中国农村观察》1998 年第 6 期。

18. 俞海、黄季、Scott Rozelle、Loren Brandt、张林秀：《地权稳定性、土地流转与农地资源持续利用》，《经济研究》2003 年第 9 期。

19. 周其仁：《农地产权与征地制度——中国城市化面临的重大选择》，《经济学（季刊）》2004 年第 4 期。

5
农民抗争、谈判与征地补偿[①]

5.1 引　言

在中国快速城市化进程中,由于征地纠纷引发的社会矛盾已经成为很多地区地方政府最头痛、最棘手的问题。尤其是近年来各地因土地引起的纠纷接连发生,因征地引发的农村群体性事件和集体上访事件日趋频繁,引起了社会各界的关切。发生当前征地矛盾的根本原因当然在于现行以"低补偿、高强制性和无征地范围限制"为特点的征地制度本身,随着不动产市场的不断培养和现代信息技术的发展,价格信号和征地相关信息的传递日益便捷,被征地农民开始质疑政府征地行为的合法性和征地补偿的公正性。而现行征地制度的高强制性特点在一个官强民弱的体制下不断与被征地农民的诉求发生冲突,从而引发愈演愈烈的征地纠纷。刘守英(2012)的调查统计发现,自 2003 年以来,由征地引发的冲突和群体性事件发生频率呈上升趋势。在 127 个被报道事件中,2007 年以后明显增加,2010 年频繁发生,达到 45 件。2010 年和 2011 年两年发生的征地群体性事件就占到 2003—2011 年被报道事件的 62%。从地区分布来看,征地冲突案件不仅分布广,经济越发达地区,冲突爆发越集中。

然而,我们也观察到,近年来面对征地引发的群体性事件增加及社会矛盾激

---

①　陈箫全程参与了 2009 年征地抽样调查及后续数据处理工作,陈箫在笔者指导和讨论下做了大量工作,包括文献整理及计量分析,这些工作成为她的硕士论文的重要组成部分。本章文献部分按照陈箫事先整理的文献综述重新进行了简化和梳理,文中大量表格也都是陈箫整理的,计量部分经笔者重新处理过。严格地说,本章研究是由笔者和陈箫从 2009 年至 2010 间共同讨论完成。

化现象,一些发达地区的地方政府开始探索如何在现行征地制度框架内作出变通和让步。比如在浙江、广东等地,地方政府在不断提高传统补偿项目标准的同时,还给被征地村留一定比例的经济发展用地,由村集体经济组织建造标准厂房、铺面等出租,租金收益以股份形式在村民中分配。当然不管征地补偿标准如何提高,各地政府制定的征地补偿政策仍然具有高度强制性,补偿标准仍然表现出高度刚性。

然而,撇开上述政策层面的改进,我们还可以观察到的有意思的现象是,在一些地区实际征地过程中,农民获得的实际补偿金额与当地政府制定的征地补偿标准有着很大的差异。我们在 2009 年全国 12 个城市征地大样本抽样调查过程中发现,在各地,既有严格按照当地政府制定的补偿标准来确定征地补偿和安置方案的现象,也有相当一部分地区,农民实际获得的征地补偿超过了当地政府制定的补偿标准。为什么会出现如此迥异的现象?

征地补偿实际上是一个不同利益相关者博弈后的公共选择结果,换言之,即使在一个"官强民弱"的体制下,通过谈判这种方式进行利益博弈,从而达成各方都能接受的征地补偿方案的可能性依然是存在的。潘扬彬和郑庆昌(2006)指出,在既定的政策框架下,农民虽不拥有程序上的参与权,但在现实中仍存在着博弈,就是强制与抵制的较量。邹卫中(2005)认为,在既定的政策框架下,政府与农民之间属于零和博弈,这种此消彼长的博弈模式,导致社会利益为零,而农民维护利益的筹码就是跟政府拖延时间。面对农民产权意识的提高、谈判意愿的强烈,今后正面的博弈将会愈加普及,矛盾也会愈加尖锐,因而有人(王朝华,2009)主张打破现实制度框架,赋予农民征地谈判权。

然而到底在多大程度上存在着谈判,谈判的形式是什么?谈判的结果是什么?迄今为止的研究仍缺乏足够的实证研究支撑。基于大样本抽样调查数据,本章旨在阐述我国征地过程中的谈判现象的广度和深度,揭示谈判机制在征地补偿方案形成过程中的作用。

5.2 征地谈判中的利益相关者及利益博弈

5.2.1 征地过程中的利益相关者

在中国,征地过程中涉及的利益相关者主要有中央政府、地方政府、用地单位、村委会及农户。按照《土地管理法》第四十五条规定,征收基本农田、基本农田以外的耕地超过三十五公顷的,以及其他土地超过七十公顷的,由国务院审批。2009 年经国务院批准征收的耕地就达到 148.67 万亩。但是,实施征地方案是由被征土地所在地县及以上政府负责的,因此撇开全国性征地补偿政策制定层面,从微观来看,绝大部分征地案例中利益相关者主要有地方政府、用地单位、村委会及农户。这些利益相关者共同形成了以征地补偿为核心的利益整合格局(秦加军,2006)。尽管郎翠艳和张英魁(2008)认为,在这场多重博弈中,中央政府既是局中人又是局外调停人,在各方利益博弈中整合社会利益,为相关利益主体的表达制定规则和秩序,建立制度安排,同时又以监督者的身份介入征地博弈过程,希望能在最大程度上协调利益差异,以期取得"多赢"的积极非零和博弈状态,然而根据我们的长期观察,中央政府在微观上对征地过程的介入实际上极少。

地方政府:地方政府的角色是代表公权力的一方,受到土地财政制度的激励,希望一方面能够压低征地补偿,以获得较高的商住用地出让净收益,或者可以以较低的地价作为招商引资的优惠条件;另一方面受到现行政府考核机制中"进京上访一票否决"制度的影响,希望能够顺利地完成土地征收过程,因而有可能会对农民作出一些让步。

用地单位:按照现行相关法律,土地被征收后才会出让给用地单位,因此一般情况下用地单位进场施工时,土地已经转为国有,用地单位已经获得土地使用权,法律意义上土地已经不归村集体所有,然而,在施工过程中为了顺利推进工程进度,用地单位和村集体或农户的博弈也客观存在。而且在一些基础设施用地征收过程中,由于农民抗争,地方政府征地不顺利,影响项目施工进度的现象经常存在,用地单位因而会在征地阶段介入,和地方政府一起直接面对村民。

村两委:村集体的组织管理权掌握在村两委手里,而村干部是类似行政机构的一个群体,具有内在的自我膨胀和自我获利的冲动(韩纪江,2008)。村两委和农户的利益并不必然一致。征地是否能够顺利推进,和村两委是否配合地方政府有很大关系,因为村委会成员,尤其是村长书记在村内具有较大的影响力,通常可以左右或者影响村民的决定,因此在多数地区征地过程中地方政府非常倚重村委会。然而执政党在农村基层的控制权在各地并不一致,根据我们的观察,在温州地区村委会的选举过程会受到包括县乡政府、宗族、企业等在内的各种势力的影响,因而选举出来的村委会与村党支部之间的矛盾经常会凸显出来,村委会对村集体管理的合法性来自选举,而村党支部认为村委会应该在党组织领导下开展工作,其合法性来自上级授权(孙昕,2010)。村长、书记互不相让,这种矛盾带到征地过程中就使得地方政府无法充分发挥村干部的作用,甚至村干部和村民一起与地方政府谈判,一旦谈判破裂就会起诉地方政府,或采取上访、发生群体性事件等行动。但是,我们也观察到在某些地区的农村,村书记的威望远高于村长，村委会的选举过程顺利、平静，几乎没有悬念，因为以村书记为主的村两委班子凭借他们在村内的威望、地位、能力和上级政府的支持事先做好了村民的工作，在这样一种农村基层政权架构下，地方政府完全可以依赖村两委顺利推进征地工作。由此可见，在征地过程利益者中间，村两委的角色是很特殊很复杂的。他们有时代表村两委和村干部自身的利益，期望在博弈中获得更多好处；有时站在村民利益一边，代表村民和政府及用地单位谈判；有时又协助地方政府做村民工作，站在地方政府利益一边。

农户：处于直接维权的一方，所做的一切都是为了使自己的合法权益得到维护。

5.2.2　地方政府和被征地农民之间的利益博弈

我们重点观察地方政府和被征地农民之间的博弈关系。这里将谈判界定为被征地农民为了维护自身的利益，就征地问题，主要是补偿问题与地方政府进行的讨价还价，主要形式包括开会，以及一些不拘泥于形式的沟通途径，如挨家挨户谈判，地点可以是会议室、农户家中，甚至田间地头等。总之这种谈判的形式和地点具有灵活性，且谈判具有广泛性、随机性和随时性。

在被征地农民与地方政府的博弈过程中，地方政府的行为选择模式有合法征地、违法征地（强制征地等），或不征地。对被征地农民来说，可以选择接受或不接受，在不接受之后通常会采取相应的行动策略进行维权。由于被征地农民一旦采取激烈的手段进行维权，可能会给地方政府带来麻烦。为了缓解矛盾，地方政府可能会在现行征地补偿标准的框架内，适当作出让步。我们将这种转变归结为受以下两个方面影响。

第一，地方政府的认知。地方政府的认知通常深受地方经济状况、历史渊源、地方政府管理理念、区域发展模式、政府的政绩观、趋利程度，以及地方政府与上级政府的博弈结果、地方政府与农民的关系等因素的影响。此外，如果有些地方有过上访或有过因征地引发的群体性事件，那么在征地过程中政府可能会自觉性地将政策进行调整，希望在一定程度上稳住"多事"的农民。"上访"和"群体性事件"通常会影响征地行政效率，而这种效率（或利益）的损失包括时间成本、工期延误等，更多情况下一些地区的地方政府受到"进京上访一票否决"考核制度的约束，被动向农民作出让步，希望达到息事宁人的效果。

第二，农民是否参与征地谈判。农民进行谈判的对象可能是地方政府也可能是用地单位，其实当农民对用地单位施压时，用地单位往往会请求地方政府出面，所以最终我们仍然可以把这种谈判归结为农民同地方政府的谈判。农民的谈判意愿受到补偿和安置方案接受度的影响。

这里从农户这一视角切入，观察农户与地方政府的谈判对征地补偿的影响。

我们要提出的假说是,即使在"官强民弱"的体制下,尽管土地征收具有强制性和补偿刚性的特点,只要存在谈判,征地补偿的实际水平就会偏离当地的政策标准,朝着有利于农户的方向发展。

5.3 征地谈判一般性描述:形式、内容、环节及效果

我们仍然采用基于 2009 年全国 12 个城市征地大样本抽样调查数据。在剔除谈判相关内容残缺的样本之后,共获得 773 个征地样本,其中 296 个只被征过农用地(包括耕地、园地和鱼塘),191 个只被征过宅基地或其他非农用地,286 个既被征过宅基地或其他非农用地又被征过农用地。

5.3.1 总体概况

经统计,在 773 个征地样本中,有 364 个样本回答在当时征地时有过谈判,17 个样本表示不清楚是否有过谈判,各地具体情况分布如表 5-1 所示。

表 5-1 征地谈判情况统计

城市	被征地农户数	有过谈判	没有谈判	不清楚
乐清	61 户	35 户	25 户	1 户
	100.00%	57.38%	40.98%	1.64%
宁波	87 户	8 户	79 户	0 户
	100.00%	9.20%	90.80%	0
江阴	76 户	20 户	56 户	0 户
	100.00%	26.32%	73.68%	0
三河	53 户	30 户	23 户	0 户
	100.00%	56.60%	43.40%	0
潍坊	60 户	41 户	17 户	2 户
	100.00%	68.33%	28.33%	3.33%
济南	98 户	47 户	45 户	6 户
	100.00%	47.96%	45.92%	6.12%
广州	28 户	14 户	14 户	0 户
	100.00%	50.00%	50.00%	0

续　表

城市	被征地农户数	有过谈判	没有谈判	不清楚
中山	19 户	10 户	9 户	0 户
	100.00%	52.63%	47.37%	0
东莞	29 户	6 户	20 户	3 户
	100.00%	20.69%	68.97%	10.34%
重庆	59 户	22 户	37 户	0 户
	100.00%	37.29%	62.71%	0
南充	95 户	45 户	48 户	2 户
	100.00%	47.37%	50.53%	2.11%
成都	108 户	86 户	19 户	3 户
	100.00%	79.63%	17.59%	2.78%
全国	773 户	364 户	392 户	17 户
	100.00%	47.09%	50.71%	2.20%

资料来源：2009 年全国征地大样本抽样调查数据由陈箫整理。

表 5-1 显示，773 个征地农户中，47.09% 的农户表示在征地拆迁过程中有过与地方政府的谈判，其中成都谈判的比例高达 79.63%。从四大都市圈来看（见图 5-1），成渝地区的谈判比例最高，达到 58.40%，其他依次是环渤海（55.92%）、珠三角（39.47%）和长三角（28.13%）。这表明，尽管现行征地制度表现出高度强制性和补偿标准刚性，谈判在征地过程中依然普遍存在，而且谈判的比例相当高。

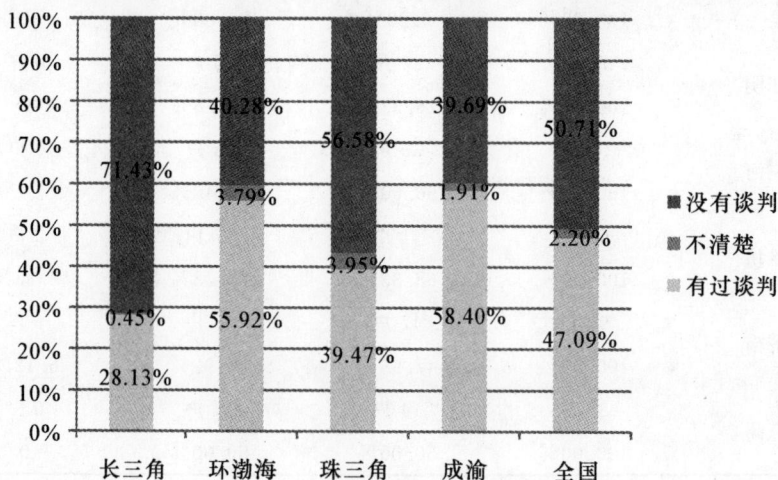

图 5-1　四大都市圈征地谈判情况

5.3.2　参与谈判的双方

1. 村民方

我们在调查过程中向每一位有过谈判经历的被访者提出如下问题："在征地补偿谈判中,村里有哪些人参加?"表5-2统计了这一个问题的回答结果。从表5-2中可见,村干部、生产小组干部和被征地农户代表是参与谈判的主要人员。同时我们还可以发现其他社会组织或人员也占了一定的比重。某些村庄,一些农村民间组织如老人协会代表村民参与谈判,这种社区非政府组织更有号召力,并且在谈判中发挥着重要的作用。随着近年来乡镇综合配套体制改革和农村税费改革的迅速推进,乡村基层治理结构发生着由传统的、政府主导的"管制型治理"向由国家和社会共同参与、正式与非正式组织紧密合作的"公共服务型治理"的重大转变(刘永东,2009)。这似乎可以从另一个侧面反映出农民可以倚靠这种整合能力参与谈判,并对地方政府施加影响。

表5-2　代表村民参与谈判的人员情况　　　　　　　　　　单位:户

都市圈	在征地补偿谈判中,村里有哪些人参加?									户数
	1	2	3	4	5	6	7	8	9	
长三角地区	56	33	10	4	3	0	28	3	1	63
环渤海地区	110	29	35	3	5	4	46	18	6	118
珠三角地区	15	13	3	1	2	0	5	1	13	30
成渝地区	123	108	5	1	1	0	80	35	17	153
全国	304	183	53	9	11	4	159	57	37	364

资料来源:2009年全国征地大样本抽样调查数据,由陈箫整理。

注:1=村干部;2=小组长;3=被征地农户中的党员;4=宗族中的长辈;5=被征地农户中的干部、教师等公职人员;6=被征地农户中的企业家或商人;7=被征地农户代表;8=其他社会组织或人员;9=不清楚。

2. 政府或用地单位方

我们在调查中也向被访者询问了如下问题:"在征地补偿谈判中,谈判的对方有哪些人参加?"表5-3统计了征地过程中农户谈判的对象,我们将农户谈判对象分为市(县、区)以上政府部门干部、乡镇干部或街道办事处干部、用地单位代表、警察或联防队员、社会闲散人员和其他等六类人。经过归并后我们可以看到,农户谈判的对象主要是政府干部,有362人次参与了农户谈判过程;其次是用地单位代表,有137人次。警察参与谈判的案例较少,但也有15人次。

表 5-3　谈判对象情况

都市圈	在征地补偿谈判中,谈判的对方有哪些人参加?				谈判户数
	政府干部(人次)	用地单位(人次)	警察(人次)	其他(人次)	(户)
长三角地区	66	30	3	9	63
环渤海地区	84	72	2	11	118
珠三角地区	16	5	2	17	30
成渝地区	196	30	8	21	153
全国	362	137	15	58	364

资料来源:2009 年全国征地大样本抽样调查数据,由笔者整理。

5.3.3　征地谈判形式

　　表 5-4 统计了农村征地谈判形式,有 217 个被访者表示征地谈判是通过开会协商进行的,占 59.62%;可见开会协商是农村征地谈判的最主要形式。有 70 个被访者表示政府是通过挨家挨户协商进行谈判的,占 19.23%;有 45 个被访者表示开会协商和逐户协商兼而有之,占 12.36%。我们调查发现,挨家挨户协商通常出现在拆迁场合,如果征地过程不涉及拆迁的,比如征收耕地,则开会协商是谈判的主要形式,即村里派出代表跟地方政府或用地单位进行谈判。

表 5-4　征地谈判形式

都市圈	开会协商	逐户协商	开会和逐户协商都有	其他情况	谈判户数
长三角地区	46 户	8 户	2 户	7 户	63 户
	73.02%	12.70%	3.17%	11.11%	100.00%
环渤海地区	80 户	21 户	8 户	9 户	118 户
	67.80%	17.80%	6.78%	7.63%	100.00%
珠三角地区	15 户	1 户	0 户	14 户	30 户
	50.00%	3.33%	0.00%	46.67%	100.00%
成渝地区	76 户	40 户	35 户	2 户	153 户
	49.67%	26.14%	22.88%	1.31%	100.00%
全国	217 户	70 户	45 户	32 户	364 户
	59.62%	19.23%	12.36%	8.79%	100.00%

资料来源:2009 年全国征地大样本抽样调查数据,由笔者整理。

5.3.4　谈判内容和环节

　　表 5-5 统计了农村征地谈判内容。有 273 个被访者表示谈判中协商了现金补偿标准问题,有 148 个被访者表示谈判过程中协商了住房拆迁安置问题,有 117 个被访者表示在谈判过程中协商了耕地被征收后安置人口和养老保险问

题,显然现金补偿标准、住房拆迁安置和安置人口养老保险这三个问题是农村征地谈判的主要内容。同时我们也发现在成渝地区就业问题谈判明显要多于其他地区。

表 5-5　征地谈判内容(多选)　　　　　　单位:户

都市圈	1	2	3	4	5	6	7	8	9
长三角地区	52	24	1	15	1	3	3	9	7
环渤海地区	77	24	2	1	0	8	9	37	34
珠三角地区	14	3	1	2	0	1	0	2	15
成渝地区	130	66	9	2	3	1	37	100	16
全国	273	117	13	20	4	13	49	148	72

资料来源:2009 年全国征地大样本抽样调查数据,由陈箫整理。

注:1＝现金补偿标准;2＝安置人口和养老保险;3＝要求征收残留地;4＝留地安置问题;5＝入股安置问题;6＝用地单位额外补偿;7＝就业;8＝住房拆迁安置问题;9＝其他。

　　我们在调查中向被访者询问了他们通常在征地的哪个环节和政府或用地单位进行谈判。从表 5-6 可见,有 276 个被访者表示在政府征地公告发布后与当地政府或用地单位进行过谈判,有 50 个被访者表示在征地协议签订后与当地政府或用地单位进行过谈判,也有 9 个人表示在用地单位进场施工时与用地单位进行过谈判。总体而言,征地公告发布后到征地协议签订前是农村征地谈判的主要环节,因为征地补偿安置方案的公告、听证、协议签订都在这个阶段进行,因此是谈判的最佳环节。

表 5-6　征地谈判环节(多选)　　　　　　单位:户

都市圈	在政府公告后	在征地协议签订后	在用地单位进场时	不清楚属于哪个环节
长三角地区	46	9	3	8
环渤海地区	94	15	0	11
珠三角地区	11	1	1	18
成渝地区	125	25	5	0
全国	276	50	9	37

资料来源:2009 年全国征地大样本抽样调查数据,由陈箫整理。

5.3.5　谈判效果

　　调查中我向每一位有过谈判经历的被访者询问如下问题:"最终是否通过谈判达成一致的意见?"表 5-7 显示,有 15.66％的农户认为谈判结果完全与政府或用地单位达成了一致,有 71.70％的农户认为谈判结果基本与政府或用地单位达成了一致,而回答基本不一致或完全不一致的被访者只占 6.59％和 4.67％。

这一结果比我们的预期更好，这说明尽管在 773 个征地样本中只有 364 户参与过谈判，但是参与谈判的农户近九成认为谈判是有效果的。

表 5-7　征地谈判效果

都市圈	完全一致	基本一致	基本不一致	完全不一致	不清楚	谈判户数
长三角地区	9 户	40 户	4 户	9 户	1 户	63 户
	14.29%	63.49%	6.35%	14.29%	1.59%	100.00%
环渤海地区	17 户	88 户	6 户	4 户	3 户	118 户
	14.41%	74.58%	5.08%	3.39%	2.54%	100.00%
珠三角地区	4 户	21 户	4 户	1 户	户 0	30 户
	13.33%	70.00%	13.33%	3.33%	0.00%	100.00%
成渝地区	27 户	112 户	10 户	3 户	1 户	153 户
	17.65%	73.20%	6.54%	1.96%	0.65%	100.00%
全国	57 户	261 户	24 户	17 户	5 户	364 户
	15.66%	71.70%	6.59%	4.67%	1.37%	100.00%

资料来源：2009 年全国征地大样本抽样调查数据，由陈箫整理。

5.4　计量检验：征地谈判对征地补偿的影响

5.4.1　变量选择

1. 被解释变量

我们着重观察谈判是否会导致农户获得的实际征地补偿水平偏离当地政府制定的征地补偿标准，所以被解释变量定义为被征地农户实际获得的征地（含拆迁）补偿是否高于当地政府制定的征地（含拆迁）补偿标准。

调查过程中我们发现，有许多地方最后达成一致意见的征地补偿和安置方案既不是完全按照政策规定的标准来执行，也不是按照被征土地的市场价值来执行，而是政府和农民相互妥协的结果，而这通常是通过政府与农民的谈判来实现的。

我们根据调查收集到各地政府征订的征地补偿政策文件，结合部门和乡镇的土地问卷，通过对村土地问卷和农户问卷进行分析，来判断实际的征地补偿水平是否高于当地政府制定的征地（拆迁）补偿标准。表 5-8 统计了 773 个被征地农户最终实际获得的征地补偿与当地征地补偿标准的比较。

表 5-8　征地补偿跟政策对比情况统计表

城市	样本数（份）	样本数及所占比例（%）	
		高出补偿标准	等于或低于补偿标准
乐清	61	16 26.23	45 73.77
宁波	87	20 22.99	67 77.01
江阴	76	27 35.53	49 64.47
三河	53	37 69.81	16 30.19
潍坊	60	47 78.33	13 21.67
济南	98	54 55.10	44 44.90
广州	28	11 39.29	17 60.71
中山	19	4 21.05	15 78.95
东莞	29	8 27.59	21 72.41
重庆	59	25 42.37	34 57.63
南充	95	32 33.68	63 66.32
成都	108	61 56.48	47 43.52
全国	773	342 44.24	431 55.76

资料来源：2009 年全国征地大样本抽样调查数据，由陈箫整理。

注：样本数据统计表明，农户实际得到的征地补偿高于当地政府制定的补偿标准的占 44.24%，等于或低于当地政府制定的补偿标准占 55.76%。

2.解释变量

解释变量被定义为征地过程中是否与政府或用地单位就征地补偿和安置方案进行过谈判。

3.控制变量

我们还选择了一系列反映农户个人和家庭基本特征，以及家庭社会经济情况的解释变量。它们包括：

（1）个人特征变量：被访者年龄、性别、教育程度，是否是党员、是否是村干部、是否参过军。

（2）家庭特征变量：土地面积、被征土地用途、农业收入比例、家庭人口、人均收入、家庭成员党员数、家庭成员村干部人数、家庭成员是否有外出打工者、亲戚朋友中干部人数、所在家族姓氏在本村是否为大姓。

上述自变量均通过了共线性检验。各个变量的定义及测度见表5-9。

表 5-9 变量描述及测度

变量	测度
被解释变量	
补偿水平	农户实际获得的补偿水平是否高于当地政府制定的征地（拆迁）补偿标准，虚拟变量，是＝1，否＝0
被解释变量	
谈判	征地过程是否有谈判，虚拟变量，有＝1，没有＝0
控制变量	
拆迁	是否有拆迁，虚拟变量，有＝1，没有＝0
土地面积	2008年家庭拥有土地面积，连续变量（亩）
征地用途	虚拟变量，被征为基础设施和公共用地＝1，其他＝0
农业收入比例	2008年家庭农业收入比例，连续变量，百分比（%）
年龄	2008年实际年龄，连续变量（年）
性别	虚拟变量，男＝1，女＝0
受教育程度	正规全日制学校教育年数，连续变量（年）
家庭人口	2008年被访者家庭人口，连续变量（人）
外出打工者	家里是否有外出打工的人，虚拟变量，有＝1，没有＝0
人均收入	2008年家庭人均收入，连续变量（元/人）
家庭成员党员	家里党员数，连续变量（人）
家庭成员村干部	家里村干部人数，连续变量（人）
本村大姓	户主姓氏是否本村大姓，虚拟变量，是＝1，否＝0
亲朋干部	任干部的亲戚朋友数，连续变量（人）

5.4.2 计量模型

我们将被解释变量定义为被征地农户实际获得的征地（含拆迁）补偿是否高于当地政府制定的征地（含拆迁）补偿标准。由于实际补偿水平和当地补偿标准比较存在两种结果（高于或不高于），在回归中需要采用二分类因变量分析模型，本节拟采用 Logit 模型进行回归分析。模型设定如下：

$$\ln\left(\frac{p_i}{1-p_i}\right) = \beta_0 + \beta_1 Negotiations_i + \beta_2 Homestead_i + \beta_3 Land + \beta_4 ApliLandtake_i + \beta_5 Agriincshare_i + \beta_6 Age_i + \beta_7 Gender_i + \beta_8 Expedu_i + \beta_9 Fampop_i + \beta_{10} Famworkout_i + \beta_{11} Incpc_i + \beta_{12} Famccp_i + \beta_{13} Famcadre_i + \beta_{14} Famsurname_i + \beta_{15} RelaCadre_i + \beta_{15} C_j + e_i$$

模型中的反应变量是农户实际补偿方案是否高于当地政策规定。如果某个农户实际补偿水平高于当地政策规定的补偿标准，反应变量的编码为 $y_i=1$；如果实际补偿标准等于政策规定，其编码为 $y_i=0$。其中 i 代表特定农户，为实际补偿水平高于当地征地补偿标准的概率。等式右边分别是解释变量谈判（negotiations），以及包括有无拆迁、个人特征和家庭特征在内的一系列控制变量。C 是虚拟变量，作为城市控制变量。e_i 是服从标准正态分布的误差项，控制其他不可观测的影响因素。

变量统计性描述见表 5-10。表中可见约有 47.09% 的农户回答有征地谈判。

表 5-10　变量的统计性描述

变量	样本数（份）	均值	方差	最小值	最大值
谈判（有＝1，没有＝0）	773	0.470893	0.499475	0	1
拆迁（有＝1，没有＝0）	773	0.294955	0.456318	0	1
土地面积（亩）	773	2.795109	2.58485	0	30.18
征地用途（基础设施和公共建设用地＝1，其他＝0）	773	0.350582	0.477461	0	1
农业收入比例（%）	773	0.025434	0.174852	−3.42466	1
年龄（年）	773	49.31177	11.95468	18	87
性别（男＝1，女＝0）	773	0.707633	0.455145	0	1
教育程度（年）	773	7.886805	3.365734	0	19
家庭人口（人）	773	3.708926	1.415819	1	8
外出打工者（家中有外出打工者＝1，没有＝0）	773	0.407503	0.491688	0	1
人均收入（千元）	773	16.09147	21.99511	0	241.6667
家庭成员党员（人）	773	0.398448	0.641079	0	5
家庭成员村干部（人）	773	0.087969	0.37058	0	5
本村大姓（是＝1，否＝0）	773	0.49806	0.50032	0	1
亲朋干部（人）	773	3.001294	5.852128	0	64

5.4.3　回归结果与讨论

表 5-11 给出了控制城市虚拟变量后所得到的 Logit 模型的回归结果和边际效应估计。

表 5-11　Logit 模型的回归结果和边际效应估计

变量	回归结果	边际效应
谈判	1.579 ***	0.372 ***
	(0.187)	(0.0402)
拆迁	0.843 ***	0.207 ***
	(0.223)	(0.0536)
土地面积	−0.00556	−0.00137
	(0.0388)	(0.00954)
征地用途	−0.000609	−0.000150
	(0.206)	(0.0508)
农业收入比例	−0.243	−0.0597
	(0.468)	(0.115)
年龄	−0.00274	−0.000673
	(0.00904)	(0.00222)
性别	0.0696	0.0171
	(0.193)	(0.0473)
受教育程度	0.0132	0.00325
	(0.0316)	(0.00777)
家庭人口	0.0326	0.00803
	(0.0724)	(0.0178)
人均收入	0.00830 *	0.00204 *
	(0.00432)	(0.00106)
家庭成员党员	0.161	0.0396
	(0.139)	(0.0340)
家庭成员干部	1.226 ***	0.302 ***
	(0.472)	(0.117)
本村大姓	0.582 ***	0.142 ***
	(0.193)	(0.0464)
亲朋干部	0.0202	0.00496
	(0.0179)	(0.00441)
外出打工者	0.335 *	0.0826 *
	(0.199)	(0.0488)
宁波	1.022 **	0.249 **
	(0.459)	(0.104)
江阴	1.117 **	0.270 ****
	(0.450)	(0.0990)
三河	1.772 ***	0.394 ***
	(0.534)	(0.0883)

续　表

变量	回归结果	边际效应
潍坊	1.739 ***	0.390 ***
	(0.508)	(0.0858)
济南	1.224 ***	0.294 ***
	(0.435)	(0.0946)
广州	0.954 *	0.232 *
	(0.565)	(0.127)
东莞	0.910 *	0.222 *
	(0.529)	(0.121)
重庆	1.639 ***	0.373 ***
	(0.459)	(0.0818)
成都	1.020 **	0.249 **
	(0.456)	(0.105)
常数项	−3.198 ***	
	(0.762)	
Log pseudolikelihood	−414.04235	
Wald chi2(25)	157.95	
Prob＞chi2	0.0000	
Pseudo R2	0.2198	
Observations	773	773

注:(1)括号里是稳健统计下的标准差绝对值;
　　(2)"*""**""***"分别表示统计检验在 10％、5％和 1％的水平上显著。

　　本研究的假说是在征地过程中,只要存在谈判,征地补偿的实际水平就会偏离当地的政策标准,朝着有利于农民的方向发展。基于大样本抽样调查数据的 Logit 模型回归结果显示,谈判这个解释变量的回归系数在 1％的置信水平下统计显著且系数为正,验证了我们提出的假说。从边际上看,存在谈判将使征地补偿水平高出当地政府制定的补偿标准的概率提高 37.2％,可见谈判对征地补偿的影响是很大的。

　　回归结果显示,房屋拆迁较之一般征地,实际补偿水平倾向于高出当地补偿标准,在边际上,房屋拆迁获得的补偿超出当地拆迁补偿标准的概率提高 20.7％。从谈判的角度来看,在房屋拆迁的场合,拆迁补偿和安置方案必须要经过房屋所有权人签字后生效,地方政府绕不开拆迁户,为此乡镇干部一般都会挨家挨户与拆迁家庭谈判,就拆迁补偿款、住房安置方式等问题进行协商,经过谈判的补偿方案通常会比最初方案更有利于农户。但除了谈判因素外,拆迁补偿超出当地补偿标准还有其他方面因素,如家庭人口多而原宅基地面积或房屋建筑面积小的农户会获得更多的房屋建筑面积安置,有两个以上成年儿子的家庭可以分户处理等。再比如拆迁奖励政策，包括签约奖励、如期搬迁奖励等，目的在于争取尽早获得农户签约，并鼓动拆迁户早日搬出。调查中我们发现几乎所有的拆迁案例中都有奖励政策，在规定期限内签署补偿安置协议和搬迁的农户会分别获得奖金，奖金额度从几千元到十万元不等。在我们的 Logit 模型回归中，控制了谈判因素后，拆迁因素依然统计显著且系数为正，说明撇开谈判因素，即使没有谈判，房屋拆迁较之农地征收，获得的实际补偿高于当地补偿标准的概率更高。

个人特征变量中年龄、性别、教育程度对征地补偿的影响均不显著，但是家庭特征变量中家中是否有人外出打工、家庭人均收入、家庭中干部人数，以及被访农户的户主所在家族的姓氏在本村是否为大姓均统计显著且系数为正。其中家庭中有干部的农户获得的实际补偿超出当地补偿标准的概率增加 30.2%，户主姓氏是本村大姓的农户获得的实际补偿超出当地补偿标准的概率增加 14.2%，家里有外出打工者获得的实际补偿超出当地补偿标准的概率增加 8.26%，家庭人均收入较高的农户获得的实际补偿超出当地补偿标准的概率增加 0.204%。一方面，即使没有谈判，为了顺利征收土地，地方政府也会倚重村干部和宗族势力，显然这两类人可能从政府或用地单位那里获得比一般农户较多的好处；另一方面，在征地补偿到位后，补偿款在村庄内部分配过程中村干部、最大的宗族势力、家庭有外出打工者的农户，以及人均收入较高的富裕农户这四类农户较之一般农户更有能力影响分配方案的制订过程，从而获得有利于自己的分配结果。此外，从概率上看，村干部、宗族势力、因外出打工见识较广者、以及富裕农户获得较有利的补偿方案的概率排序是符合常理的。村干部是征地补偿款分配方案的直接制订者，所以获得有利于自己的分配方案的概率最高；宗族势力，很多情况下村干部本身就代表着本村最大的宗族势力，对征地补偿方案制订具有较大的影响力，获得有利于自己的分配方案的概率次之；而外出打工者因见识较广或者社会网络关系较一般农户复杂，对征地补偿方案的制订也具有一定的影响力，但较之村干部和最大的宗族势力，家里有外出打工的农户获得有利于自己的分配方案的概率较低；至于富裕的农户，通常拥有的社会政治资源比一般农户多，可能也会影响征地补偿分配方案的制订，但获得有利于自己的分配方案的概率最低。

此外，在模型中引入的城市虚拟变量中，宁波、江阴、三河、潍坊、济南、广州、东莞、重庆、成都等 9 个城市对补偿有正的显著影响。

在我们的模型中，谈判与否是一个内生的解释变量，存在着未控制应控制的因素，而这些因素与谈判有相关性，从而导致模型参数估计有偏的可能性。但是从是否影响谈判这个角度来看，个人和家庭特征，尤其是跟掌握社会、政治资源有关的干部、党员、宗族势力等因素在本模型中都已经加以控制,因此我们认为谈判对征地补偿的解释是有效的。

5.5 本章小结

我们基于 2009 年全国 12 个城市大样本抽样调查数据的实证分析发现,即使在官强民弱的体制和不利于农民争取权益的征地程序安排下,征地谈判在中国农村征地过程中不仅普遍存在,而且对农民在现行征地补偿框架下争取更多利益有正面意义。这说明尽管在征地制度没有得到根本改革之时,农民利益在征地过程中获得不公平补偿的现象无法制止,但是如果允许谈判存在,征地补偿和安置方案或多或少会朝着有利于农民的方向发展。

从政策含义来看,在"区域竞次式"经济发展模式没有得到改变之前,现行征地制度的改革必定是一个渐进的阻碍重重的进程,期待理想的征地制度改革方案一步到位是不现实的。然而在征地制度改革的过程中,就征地程序的某些环节做一定的改进,比如增加协商谈判的环节、征地补偿和安置协议签定改为必须经过所有被征地农户签字生效等,不仅是可行的,也是对被征地农民有利的。

参考文献

1. 韩纪江:《征地过程中利益的矛盾演变分析》,《经济体制改革》2008 年第 4 期。

2. 郎翠艳、张英魁:《试论城市化进程中征地冲突及其对策》,《内蒙古农业大学学报(社会科学版)》2008 年第 3 期。

3. 刘守英:《以地谋发展模式的风险与改革》,《国际经济评论》2012 年第 2 期。

4. 刘永东:《中国乡村农民组织发育、治理结构与组织功能》,中国科学院农业政策研究中心硕士学位论文,2009 年。

5. 潘扬彬、郑庆昌:《城市化过程中征地博弈分析》,《福建农林大学学报(哲学社会科学版)》2006 年第 2 期。

6. 孙昕:《村民选举和农村基层治理——基于三个研究视角的实证分析》,中国科学院农业政策研究中心硕士学位论文,2008 年。

7. 谭术魁、涂姗:《征地冲突中利益相关者的博弈分析——以地方政府与失地农民为例》,《中国土地科学》2009 年第 11 期。

8. 王朝华:《对农户土地征用意愿的调查分析》,《农业经济》2009 年第 2 期。

9. 邹卫中:《农地征用中利益分配零和博弈探析》,《贵州社会科学》2005 年第 1 期。

6

宅基地拆迁赔偿：影响因素及区域差异[①]

自改革开放以来，中国劳动力、资本、技术等要素市场得到了较快发展，政府计划管理的领域不断萎缩，要素配置的市场化程度已经很高。但与此相对应，土地资源配置的市场化程度还不高，其主要体现之一是农用土地向城市用地的正规流转渠道被政府完全垄断。1982年《中华人民共和国宪法》、1986年颁布的《中华人民共和国土地管理法》、1998年修订通过的《土地管理法》等一系列的法律法规分别就集体所有权土地的适用范围及其使用方式和使用权之流转做了严格的限制。在现行的法律框架下，农村集体土地不能直接进入土地一级市场交易，它进入城市土地市场的途径只有通过国家征收，即国家将农村集体所有土地征收为国有土地之后，再向市场供应（李长健等，2008），从而形成了具有中国特色的土地所有权的二元结构（农村土地集体所有制和城镇土地国家所有制）。这种体制保障了国家对城市一级土地市场垄断和对城市建设用地高额级差地租收益的独占，并为中国目前的"土地财政"模式奠定了体制基础。

6.1 宅基地及宅基地拆迁

农村宅基地是农村集体经济组织为保障农户生活需要而无偿划拨给村集体组织成员的、用于修建住房以及与居住生活有关的建筑物和设施的用地。"宅基地属于农民集体所有，农民个人只拥有使用权。"根据国土资源部《关于加强农村宅基地管理的意见》等政策条例，我国现有宅基地制度的基本特征主要包括"一

---

① 本章由笔者和中央财经大学副教授王兰兰博士、中国人民大学教授陶然博士共同完成。

户一宅""面积法定""无偿取得和使用"和"限制流转和抵押"①，侧重于对农民提供福利保障，剥夺了宅基地作为资产资本的基本功能。

中国各地近几十年的城市扩张往往伴随着地方政府或开发商对农村宅基地的拆迁。但在中国现有的土地制度中，对宅基地的拆迁基本没有规定补偿标准。即使在《土地法》中唯一能与宅基地拆迁补偿有关的条例《土地管理法》第四十七条，也只是提及"被征收土地上的附着物和青苗的补偿标准，由省、自治区、直辖市规定"。而这里所补偿的不是宅基地的地价，而是地面附着物，即房屋。因此大多数地方政府在宅基地拆迁中只补房屋的重置成本，而不补地价，补偿价格的形成和确定具有很大的主观性、任意性和地域差异性。例如，在宅基地拆迁补偿中，不同地区可能采取不同的补偿方式，有的地区使用货币补偿，有的使用房屋置换的方式进行补偿，有的则采用集中统一建房等方式以补偿被拆迁损失；而且拆迁补偿的额度，在地区之间也存在很大的差异，有的地区拆迁赔偿额度很高，例如深圳岗厦因拆迁赔偿而成就的亿万富翁或亿万家族②、北京大望京村村民因拆迁补偿而带来的暴富等③。但在目前的中国，高额的拆迁赔偿只是例外，而非常态。在绝大多数情况下，宅基地的拆迁赔偿低于资产的公平市场价值，城市化所带来的宅基地预期增值和宅基地的区位价值也往往在拆迁赔偿的考虑之外（洪亚敏，2008）。

由于宅基地低额的拆迁赔偿和政府在土地出让过程中所获得的高额收益（其中包括土地出让金、与土地利用相关的税费以及工商业用地的优惠政策而带来的投资和相关的税收效益等）之间巨大的利益差距导致地方政府持续地侵占宅基地，并滋生大量的腐败，农民的利益也因此而受到很大的损害。这种趋势极有可能随各地兴起的"城镇建设用地增加与农村建设用地减少相挂钩试点"和新一轮《全国土地利用总体规划纲要（2006—2020）》的修编而加剧。以成都的"三个集中"为代表的城乡统筹改革实验和天津等地进行的"农村宅基地置换"为例，城镇建设用地增加与农村建设用地减少相挂钩的试点实质上是地方政府为获得建设用地指标，对城市建设规划范围外农村地区的耕地和宅基地进行整理和复垦，借此获得建设用地指标，并将这些用地指标转移到城市近郊，用于那里的工业开发区建设和城市扩张。在这一过程中，地方政府为获得这些指标而进行宅基地复垦和土地整理付出了一些成本，但由于整个操作都是行政主导，无论是作为农村集体土地（和宅基地）所有者的村集体，还是土地实际使用者的农民，基本

---

① http://www.chinareform.org.cn/cirdbbs/dispbbs.asp? boardid=2&id=272910&move=pre.

② http://www.110.comfalvwuquanfa/wuquandongtai-0710/75548.html.

③ http://www.yocars.cn/toutiao/show—201047/20101123094701.html.

上都没有讨价还价的能力，只能被动接受地方政府在宅基地复垦、拆迁以及土地整理上的安排，农民的利益因此而受到严重损害的可能性极大。而在新出台的《全国土地利用总体规划纲要（2006—2020）》中，国土资源部提出了一个"屋顶理论"，即中央下达到地方的控制性规划指标中增加了一个规划期末（2020年）城乡建设用地总规模（包括城镇用地、工矿用地和村庄用地），这个规划期末的城乡建设用地总规模不允许被突破，犹如一个房屋的屋顶，一个地区的城乡建设用地空间就取决于"离屋顶的距离"，即现状城乡建设用地总规模和规划城乡建设用地总规模的差距。这个政策结合"城镇建设用地增加与农村建设用地减少相挂钩"的政策及耕地保护政策，就意味着一个地区城市和工业用地的空间有多大，取决于农村建设用地复垦的潜力有多大。在此政策背景下，再考虑到农村宅基地已成为我国农村地区仅次于耕地的主要用地类型，其占地面积在2004年已达到16.6亿亩，为城市建筑面积的4.88倍[①]，可以预见，以"新农村建设""城乡统筹"发展为旗号的新一轮针对农村宅基地的"大拆大建"、瓜分农民耕地乃至宅基地的盛宴即将开始。

在这种制度背景之下，农民权益的保护问题变得日益突出。而现有的文献主要侧重于对宅基地或集体土地的制度探讨或个案研究（陶然、汪晖，2009，2010；刘守英，2008；潘佳瑭，2009；杨杰，2007）。我们这里用全国四个主要城市和地区12个大、中、小城市的调研数据和实证分析的方法，对现有文献进行补充。本研究旨在回答如下研究问题：在各种宅基地拆迁赔偿时，补偿的标准受到哪些因素影响？这种影响因素的分析对我们未来的制度改革有什么含义？

6.2 数据来源

这里研究实证分析所使用的数据来自笔者在2009年进行的城郊失地农民大样本抽样调查。我们采用分层抽样法，在长江三角洲地区、珠江三角洲地区、环渤海区域和成渝地区分别抽取大、中、小3个城市（共12个城市），并在每个城市的城郊接合部抽取2～3个乡镇或街道办事处（共34个）[②]，然后从这2～3个乡镇或街道中随机抽取2004年来5个有过征地或拆迁村或社区（共60个村或社区），最后在每一个村抽取20户左右的农户，调研人员再与这些农户户主或家庭里的其他成人做一对一的问卷访谈，整个调研所获取的有效样本量为1200个

---

① 《中国统计年鉴（2005）》。
② 在城市扩张过程中，一些原有的乡镇、村转变为街道办事处或社区。

村民的访谈数据。

在对 1200 个村民的访谈中,我们设计了一系列关于宅基地拆迁的问题,并提取了农户家庭的宅基地是否被拆迁、拆迁房屋占用的土地面积、建筑面积、房屋建筑结构以及拆迁赔偿的标准与额度(其中包括过渡安置的补偿情况)等信息。由于拆迁赔偿可能会受到家庭及所在区域的影响,在实证分析中,我们也考虑了家庭以及所在区域的一些衡量指标,最后得到信息完整的存在被拆迁情况的村民样本量共 380 个[①]。其中,拆迁赔偿额的计算是由现金补偿和折算成现金的安置房补偿计算得到。现金补偿包括房屋被拆后,政府对住宅、临时搭建房、禽畜棚、装修补偿费、搬家费、过渡费、电话、有线电视、空调、管道煤气等拆移补偿费、围墙、地坪、道路补偿费、提前搬家费等所提供的现金补偿。折算成现金的安置房补偿计算如下:

$$R_i = A_i \cdot P_i - C_i \cdot K_i - E_i \cdot G_i \qquad \text{(式 6.1)}$$

其中:R 代表折算成现金的安置房补偿;i 代表安置房 i;A 代表实际拿到的安置房的总面积;P 代表安置房当年的市场价值;如果拆迁户实际拿到的安置房建筑面积少于按政策规定可以享受的安置房屋建筑面积,C 代表实际拿到的安置房建筑面积;而如果拆迁户实际拿到的安置房建筑面积大于按政策规定可享受的安置房屋建筑面积,C 代表按政策规定可以享受的安置房屋建筑面积。K 代表对按政策规定可享受安置房屋建筑面积时拆迁户所需要支付的单价。E 代表多于按政策规定可以享受的安置房的建筑面积。如果拆迁户实际拿到的安置房建筑面积少于按政策规定可以享受的安置房屋建筑面积,$A=C,E=0$。如果拆迁户实际拿到的安置房建筑面积多于按政策规定可以享受的安置房屋建筑面积,$E=A-C$。G 代表扣除按政策规定可享受的安置房面积之后(也即 E),对 E 这部分房屋面积拆迁户所需支付的单价

表 6-1 和表 6-2 将这些样本量汇总到城市一级,描述了部分变量的平均情况。从表中可以看到,河北三河的燕郊镇是目前宅基地拆迁户均和人均补偿额度最高的地区,其户均赔偿额已达到 180 万元以上,是我们调查样本平均水平的 3 倍以上,人均赔偿额(约 41 万元)为全部样本平均水平的 2.6 倍左右;每平方米占地面积赔偿额最高的地区是宁波市,而每平方米建筑面积赔偿额最高地区仍然是河北三河。总体而言,东部较发达地区的宅基地拆迁赔偿额,无论是户均、人均,还是从每单位占地面积或建筑面积来看,都比西部欠发达地区的赔偿

---

① 在整个调研中,有宅基地拆迁的样本量为 459 个,其中有 42 处宅基地的拆迁信息不完整,有 37 处宅基地拆迁样本的家庭或宅基地面积、类型等信息不完整。这里研究最后获得的信息完整的有效样本是 380 个。

额度高。

表 6-1 宅基地拆迁基本概况

地区	样本量（份）	被拆房屋的平均占地面积（平方米）	被拆房屋的平均建筑面积（平方米）	被拆房屋的平均建筑类型	被拆房屋的平均建筑年份	受影响的家庭平均人口（个）
三河	39	782	249	4.0	1993	4.4
宁波	26	137	163	4.1	1970	2.7
潍坊	51	229	144	4.1	20 世纪	4.1
江阴	35	209	292	5.2	1989	3.5
济南	68	247	204	4.5	1992	3.8
重庆	17	212	316	5.7	1988	3.4
成都	93	428	290	5.3	1989	3.5
南充	51	150	183	5.2	1989	3.1
总样本	380	318	229	4.8	1989	3.6

资料来源：2009 年全国征地大样本抽样调查数据，由王兰兰整理。

表 6-2 宅基地拆迁补偿基本概况

地区	样本量（份）	户均赔偿额（元）	每平方米占地面积赔偿额（元）	每平方米建筑面积赔偿额（元）	人均赔偿额（元）
三河	39	1825868	2336	7329	416426
宁波	26	847095	6173	5190	319195
潍坊	51	764170	3336	5313	184705
江阴	35	711574	3408	2441	202480
济南	68	443826	1795	2179	115633
重庆	17	282818	1334	894	84349
成都	93	222502	520	769	64463
南充	51	111644	744	612	36037
总样本	380	574962	1807	2512	159362

资料来源：2009 年全国征地大样本抽样调查数据，由王兰兰整理。

6.3 计量分析

理论上看，有四类因素可能会影响到宅基地的拆迁赔偿额：(1)宅基地的土地和建筑特征，包括宅基地占地面积、建筑面积、建筑质量和建筑年份。建筑面积、占地面积越大，拆迁赔偿额越高；建筑质量越好，拆迁赔偿额度更高。(2)农户家庭特征，其中包括农户家庭总人口，家里是否有村干部或党员。(3)村到最近的城市距离。距离城市越近,土地潜在市场价值就越高,所支付赔偿可能会更高。(4)区域固定效应,我们采用各个地区的虚拟变量对它进行衡量。这些虚拟变量代表我们数据无法测度的但与区域有关的一些固定特征,如各个区域的政策、经济条件等。这里所采用的模型为多元线性回归模型,其公式如下:

$$y = X\beta + Z\gamma + Q\kappa + P\lambda + \varepsilon \qquad (式 6.2)$$

其中:y 代表人均赔偿额、每平方米建筑面积赔偿额、每平方米土地面积赔偿额或户均赔偿额。X 代表宅基地的土地和建筑特征,其中包括占地面积、建筑面积、建筑类型和建筑年份。我们的调研数据将建筑类型分为 10 类,其代码分别为:1=草房;2=土房;3=木房;4=砖瓦房;5=混凝土房;6=窑洞;7=独门独户的楼房(钢筋混凝土房子);8=农村排屋(钢筋混凝土房子);9=住宅小区的公寓;10=其他。我们将这些代码用在回归计算中。Z 代表被拆迁农户的家庭特征,其中包括家庭总人口、农户家庭是否有村干部和农户家庭是否有党员。后两个家庭特征变量为虚拟变量,如果农户家庭里有村干部或党员,赋值为 1,否则为 0。Q 代表受访者所在村到最近城市的距离;P 为区域固定效应虚拟变量。

计量分析结果如表 6-3 所示:在所有的 4 个回归中,"到最近的城市距离"的系数均为负且显著,也就意味着被拆迁的宅基地离城市越近,拆迁赔偿的额度就越高。数据表明,在其他条件一致的情况下,被拆迁的宅基地离城市每接近 1 公里,户均赔偿额增加近 2 万元,人均赔偿额增加约 4000 元,而每平方占地面积或建筑面积的赔偿额度则近 100 元,这些在一定程度上反映出城市化带来的土地升值。从人均赔偿额来看,农户家庭总人口与人均赔偿额之间呈现出负相关的关系,也即家庭人口越多,人均获得的宅基地拆迁赔偿额会减少;每单位建筑面积的赔偿额与被拆迁宅基地的建筑总面积以及每单位土地面积赔偿额与被拆迁宅基地的占地总面积之间也出现类似负相关关系。

表 6-3　影响宅基地拆迁赔偿额的因素回归分析　　　　　　　单位:元

	人均赔偿额	每平方米 土地面积 赔偿额	每平方米 建筑面积 赔偿额	户均赔偿额
宅基地占地面积	134.9 *** (37.7)	−2.6 ** (1.2)	0.9 (0.9)	464.3 ** (152.2)
宅基地建筑面积	112.9 ** (47.1)	1.4 (1.5)	−4.9 *** (1.1)	298.2 (190.4)
宅基地建筑类型	3989.0 (5712.8)	126.6 (181.9)	−35.2 (134.8)	15782.6 (23085.2)
宅基地建筑年份	335.9 (468.7)	3.7 (14.9)	−8.1 (11.1)	1681.0 (1893.8)

	人均赔偿额	每平方米土地面积赔偿额	每平方米建筑面积赔偿额	户均赔偿额
家庭人口	−19712.6 ***	436.9 **	207.5	89736.5 ***
	(5571.1)	(177.5)	(131.4)	(22512.5)
家庭是否有村干部(1=有,0=无)	−46641.3 *	−1119.3	−1089.1 *	−192608.7 **
	(26034.5)	(829.3)	(614.2)	(105203.6)
家庭是否有党员(1=有,0=无)	25576.5 *	562.5	193.8	58447.0
	(15032.3)	(478.8)	(354.6)	(60744.6)
到最近的城市距离(千米)	−4237.0 **	−93.6 **	−96.6 **	−18643.1 **
	(1502.8)	(47.9)	(35.5)	(6072.7)
济南	105365 ***	736.9	967.7 *	289027.9 ***
	(23429.2)	(746.3)	(552.7)	(94675.8)
江阴	104151.6 **	836.6	533.3	230292.2
	(41010.2)	(1306.4)	(967.5)	(165719.5)
南充	−41180.8	−1613.6	−1792.4 **	−153195.9
	(31383.6)	(999.7)	(740.4)	(126819.1)
宁波	190209.9 ***	5115.8 ***	1719.8 *	649093.1 ***
	(40032.4)	(1275.2)	(944.4)	(161768.4)
三河	420640.5 ***	4194.2 **	9506.6 ***	1688295.0 ***
	(38388.9)	(1222.9)	(905.2)	(155127.0)
潍坊	110166.7 **	513.1	2550.0 **	283679.6 *
	(39792.8)	(1267.6)	(938.8)	(160800.1)
重庆	26955.4	100.2	443.2	81633.1
	(37149.7)	(1183.4)	(876.4)	(150119.6)
常数项	−545153.2	−5839.1	19965.0	−3345298.0
	(926280.6)	(29506.3)	(21852.1)	(3743042.0)
Adj R−squared	0.46	0.15	0.45	0.47
Observations	380	380	380	380

注：括号里的数值是标准差。 ***表示 $p<0.001$，**表示 $0.001 \leqslant p<0.05$，*表示 $0.05 \leqslant p<0.1$。

　　从户均赔偿额和每平方米土地面积的赔偿额来看，影响力度较大的有农户家庭总人口这一个因素，平均而言，家庭人口越多，每户所获得的赔偿总额度或每平方土地面积的赔偿额也越高。同时，被拆迁宅基地的占地面积越大，家庭所获得赔偿总额和人均赔偿额都倾向于越高，数据表明在其他条件一样的情况下，每增加 1 平方米的占地面积，每户所获的拆迁赔偿额可以增加 464 元，而每人所获的拆迁赔偿额可以增加 135 元左右。就地方政府和开发商而言，在征用土地时，他们所看重的是宅基地的占地面积和被搬迁人口所拥有的耕地面积，这两类用地的土地面积越大，他们的获利空间也将越大，其支付赔偿费的意愿和动力也因此而可能更强，所以在解释户均赔偿额和人均赔偿额这两个变量时，被拆宅基地的占地面积比建筑面积所起的解释作用更为显著。在我们的回归模型中，家庭成员里是否有村干部或党员、建筑类型和建筑年份与宅基地的拆迁赔偿额之间没有显示出显著的或稳定的关系。

从表6-3中还可以发现，各个区域的虚拟变量不仅显著地解释了因变量，而且解释的力度（系数的绝对值）在绝大多数情况下，都远远大于其他自变量，这说明宅基地拆迁赔偿额存在非常显著的地区差异。而河北的三河燕郊，无论是从人均赔偿额还是从户均赔偿额或每单位建筑面积的赔偿额来看，都远远高于其他地区（每平方土地面积的赔偿额仅次于宁波市），也就意味着三河的拆迁赔偿额度，在控制了其他变量的基础上，仍遥遥领先于其他地区。

6.4 结论和政策建议

我们研究用跨区的调研数据实证分析了影响宅基地拆迁赔偿的因素，我们发现宅基地的占地面积、建筑面积、家庭人口和村庄距城市的距离这四个因素对宅基地赔偿额有显著影响，而建筑类型、建筑年份和家庭成员中是否有村干部或党员对宅基地赔偿额没有显著影响。我们同时发现，宅基地拆迁赔偿额在全国有非常显著的地域差异。这里所给出的燕郊宅基地拆迁赔偿以及河南新县的城乡结合部改造案例展示了较为成功征地和拆迁模式，其特点是，把土地的市场价值和用地者和被征地拆迁者之间的谈判引入了征地补偿过程中，使征地过程中出现的各种问题和矛盾得到较好处理，能更有效地保护村民的权益。实证分析和案例调研的结果都显示，制度性变革对农民利益保护所起到的作用远远大于其他因素（如家庭人口、建筑特征等因素），从这个意义上说，要减少征地拆迁引发的社会矛盾，有效的制度变革是关键。

被征地农民的大量抗争和一些发达地区政府在农民抗争压力下进行的各种体制内、体制外的改进表明，现行征地体制下的低补偿政策已经越来越难适应我国社会和经济发展的需要。以市场价值补偿为最终改革目标，及时启动征地补偿改革，不仅有助于提高土地利用效率，促进土地集约利用，减轻耕地保护压力，也有利于提高农民财产性收入，改善干群关系，减少上访案件和集体性事件，从而有助于社会稳定，有助于城乡统筹和和谐社会的建立。

目前，《土地管理法》正在进行修订，在修法过程中，我们建议，借鉴北京的做法：(1)由省、自治区、直辖市政府制定辖区内各市县的征地补偿最低标准，最低补偿标准应体现同地同价原则,结合当地土地资源条件、产值、区位、供求关系和社会经济发展水平等综合因素确定;(2)引入征地单位与村集体和农民的谈判机制;(3)设计征地程序与补偿的协调和裁决机制,但裁决职能不应归于作为征地主体的市、县政府。具体而言,建议《土地管理法》修订草案相关条款分别为:

第六十六条:……我国实行征收土地补偿费最低标准制度。各地市、县征收土地补偿费标准由所在省、自治区或直辖市人民政府根据市、县土地资源条件、土地产值、土地区位、土地供求关系和社会经济发展水平等综合因素确定,经省、自治区、直辖市人大常委会批准后公布,报国务院土地行政主管部门备案。

第六十七条:……市、县人民政府土地行政主管部门应当将拟征收土地的现状调查结果告知被征收土地农村集体经济组织和农民,土地补偿费、安置补助款和地上附着物补偿费金额,在不低于土地补偿费最低标准的基础上,由征地单位与被征地农村集体经济组织和农民协商确定,并在征地安置补偿协议书中体现协商结果。

第七十一条:被征收土地的集体经济组织或者农民对征收土地方案中确定的补偿方案有争议的,或者征地单位与集体经济组织或者农民就土地补偿费协商不成的,由所在市、县人民政府协调;协调不成的,由实施征收土地的人民政府或者被征收土地的农村集体经济组织和农民向省、自治区、直辖市人民政府申请裁决。对省、自治区、直辖市人民政府的征收补偿方案裁决有异议的,可以自接到裁决决定之日起十五日内,向人民法院起诉。

当然,如果按上述改革推行,政府就将无法再从商住用地上获得庞大的出让金收入,地方政府预算外财政收入也将大幅度下降。因此,征地制度改革如果不配合系统性的配套改革措施来改变这些约束条件,就无法提供给地方政府提供足够的激励,也就难以从根本上实现征地制度改革的突破。为此,中央政府应该进行征地制度改革的配套改革,以便为地方政府提供足够的财政激励。实际上,征地制度改革并不意味着地方政府无法获得土地由农地转非过程中的增值收益。从理论上讲,城市化过程中土地用途转换所发生增值主要来自于具有"外部性"的城市基础设施和产业发展,而非土地原使用者(即占有土地的农民)对土地的投资。因此,征收一定比例的土地增值税不仅具有经济效率意义上的合理性,和政府目前将要实施的物业税结合起来,就可实现由不规范预算外土地出让金向预算内土地增值税的转化,从而减少当前地方政府在土地出让中的寻租行为和预算外财政缺乏透明度的情况,改善地方财政的管理。

参考文献

1.洪亚敏:《集体建设用地流转中的收益关系与收益分配研究》,《UNDP2008年度报告》。

2.李长健、蒋诗媛、陈志科：《基于利益视角的小产权房中的博弈问题研究》，《华北电力大学学报(社会科学版)》2004 年第 5 期。

3.刘守英：《集体土地资本化与农村城市化——北京市郑各庄村调查》，《北京大学学报(哲学社会科学版)》2008 年第 6 期。

4.潘佳瑭：《城乡结合部宅基地房屋拆迁政策研究》，《中国房地产》2009 年第 10 期。

5.陶然、汪晖：《中国尚未完之转型中的土地制度改革：挑战与出路》，《国际经济评论》2010 年第 2 期。

6.汪晖、陶然：《如何实现征地制度改革的系统性突破——兼论对《土地管理法》修改草案的建议》，《领导者》2009 年第 29 期。

7.杨杰：《宅基地问题的法律分析》，《南京农业大学学报(社会科学版)》2007 年第 2 期。

7

被征地农民就业与政府就业政策

7.1 引　言

随着中国工业化和城市化的快速推进,农村土地被大规模征收,并带来了与日俱增的失地农民,根据笔者估计目前中国失地农民已经超过 6000 万,这还不包括地方政府违法征地带来的失地农民。针对这一现象,各级政府纷纷出台失地农民就业政策,希望能够解决农民失去土地之后的就业问题。各地的失地农民就业政策五花八门,归纳起来主要包括职业技能培训、搭建服务平台、出台扶持政策三大方面,具体而言则包括失地农民职业培训、失地农民职业推介、给农民颁发就业优惠证、鼓励企业吸纳失地农民、公益性岗位安置失地农民、鼓励失地农民自主创业,等等。几乎所有的地方政府都宣称它们出台的失地农民就业政策是成功的,常见的语境是,某某县出台失地农民就业优惠政策,搭建失地农民就业平台,大力开展失地农民就业服务工作,帮助 1000 多名失地农民顺利找到工作,诸如此类。

然而,一个人的职业寻找可能受到年龄、性别、教育、职业培训、劳动技能、社会网络以及经济景气等诸多因素的影响,所以被征地农民找到工作的途径和原因是多方面的。尽管地方政府的失地农民就业政策的确帮助部分失地农民找到了工作,但是这部分农民是否能够代表失地农民的整体,地方政府相关就业政策的有效性究竟如何? 这些都需要用实证分析来验证。

这里的研究采用 2009 年笔者在长三角、珠三角、环渤海以及成渝地区开展的征地问题大样本抽样调查,在所有获得的 1209 份有效样本中,自 2004—2008 年以来有过明确的 1 次以上(包含 1 次)征地或拆迁经历的农户样本一共 823

个,其中被访者 16~60 岁的样本共 683 个。通过计量经济分析,我们将检验哪些因素对被征地农民职业寻找有正面的效应,在这其中政府的被征地农民就业政策起到了什么样的作用?

7.2 被征地农民就业概况

7.2.1 被征地农民 2008 年就业及主要工作类型

表 7-1 统计了 683 个被征地(拆迁)农民非农就业情况,从全国来看,非农就业比例达到 65.59%,其中无锡最高,达到 78.69%,乐清最低,为 46.51%。全国被征地农民失业率为 25.92%,其中三河失业率最高(36.36%),无锡最低(18.03%)。被征地农民纯从事农业的全国平均比例只有 8.49%,最高为乐清(23.26%),最低为潍坊(1.67%)。

表 7-1　征地农民非农就业情况

城市	失业		农业		非农业		样本合计
	样本数(份)	比例(%)	样本数(份)	比例(%)	样本数(份)	比例(%)	(份)
乐清	13	30.23	10	23.26	20	46.51	43
宁波	15	28.30	3	5.66	35	66.04	53
无锡	11	18.03	2	3.28	48	78.69	61
三河	16	36.36	1	2.27	27	61.36	44
潍坊	14	23.33	1	1.67	45	75.00	60
济南	24	26.67	4	4.44	62	68.89	90
广州	6	20.69	5	17.24	18	62.07	29
中山	5	31.25	2	12.50	9	56.25	16
东莞	9	29.03	0	0.00	22	70.97	31
重庆	17	25.76	10	15.15	39	59.09	66
南充	18	20.45	12	13.64	58	65.91	88
成都	29	28.43	8	7.84	65	63.73	102
全国	177	25.92	58	8.49	448	65.59	683

资料来源:2009 年全国征地大样本抽样调查数据,由笔者整理。

从四大都市圈来看,环渤海地区非农业就业比例最高,达到 69.07%,而成渝地区最低,为 63.28%,但总体而言征地农民四大都市区非农就业比例差别不大。环渤海地区失业率也是最高,达到 27.84%,长三角地区失业率最低,为 24.84%。总体而言,从事非农工作和失业的比例在四大都市圈差异不大,但纯务

— 123 —

农的比例成渝地区最高，达到 11.72％，环渤海地区最低，只有 3.09％。

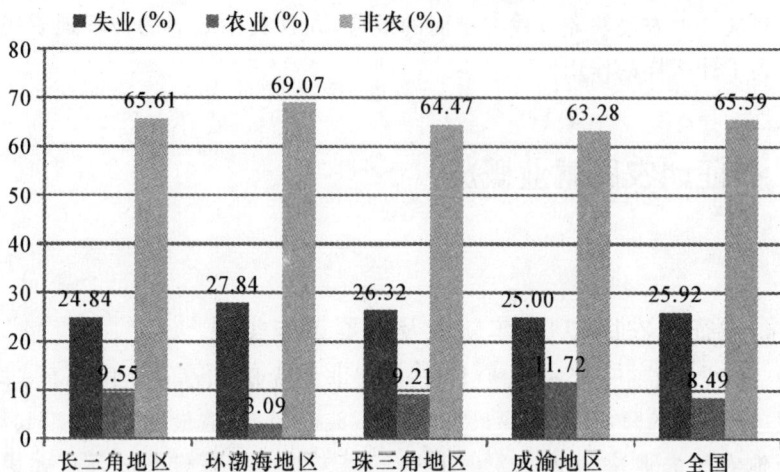

图 7-1　2008 年四大都市圈征地农民非农就业情况

表 7-2 给出了 12 个城市 447 个征地农民非农就业的主要工作类型。其中给企业或私人老板打工的比例超过了其他四类工作类型，达到 45.76％；其次是自营工商业达到 26.12％，经营自家或联营企业（8 人以上雇工）的比例最低，只有 8 个样本，占 1.79％。

表 7-2　被访农户 2008 年最主要的非农工作类型

城市	给企业或私人老板打工		在政府机关事业单位		自营工商业		经营自家（联户）企业		其他类型工作		样本合计（份）
	样本数（份）	比例（％）	样本数（份）	比例（％）	样本数（份）	比例（％）	样本数（份）	比例（％）	样本数（份）	比例（％）	
温州	8	38.10	0	0.00	9	42.86	2	9.52	2	9.52	21
宁波	15	42.86	14	40.00	6	17.14	0	0.00	0	0.00	35
无锡	26	55.32	7	14.89	10	21.28	3	6.38	1	2.13	47
三河	12	44.44	0	0.00	12	44.44	0	0.00	3	11.11	27
潍坊	10	22.22	1	2.22	16	35.56	0	0.00	18	40.00	45
济南	26	41.94	6	9.68	12	19.35	0	0.00	18	29.03	62
广州	9	50.00	1	5.56	6	33.33	1	5.56	1	5.56	18
中山	2	22.22	0	0.00	2	22.22	0	0.00	5	55.56	9
东莞	9	40.91	1	4.55	6	27.27	0	0.00	6	27.27	22
重庆	17	43.59	2	5.13	9	23.08	0	0.00	11	28.21	39
南充	40	68.97	2	3.45	9	15.52	1	1.72	6	10.34	58
成都	31	47.69	5	7.69	20	30.77	1	1.54	8	12.31	65
全国	205	45.76	39	8.71	117	26.12	8	1.79	79	17.63	448

资料来源：2009 年全国征地大样本抽样调查数据，由笔者整理。

　　表7-3统计了征地农民非农就业渠道,其中通过亲戚朋友(包括前雇主)介绍的比例最高,达到50.22%;通过报纸、电视、广播、网络或招工广告以及职业介绍机构获取工作信息的比例为6.92%;通过政府组织获取就业信息的比例为8.04%;而通过自己寻找、学校分配等其他途径获取就业信息的比例达到34.82%。由于我们调查的是12个城市被征地农民,他们大部分居住在城市附近,有较多的就业机会,而在本地就业可以充分利用各自的社会关系获取工作信息,所以通过亲戚朋友或者自己寻找的比例远远超过媒体广告和职业介绍机构。我们也发现,通过政府组织获取就业信息的比例也非常低,其中长三角地区通过政府获取就业信息的比例高于其他地区。

表7-3　征地农民就业渠道的统计

城市	亲戚朋友介绍		媒体广告和职业介绍机构		政府组织		其他途径		样本合计
	样本(份)	比例(%)	样本(份)	比例(%)	样本(份)	比例(%)	样本(份)	比例(%)	
乐清	15	71.43	1	4.76	0	0.00	5	23.81	21
宁波	15	42.86	5	14.29	7	20.00	8	22.86	35
无锡	15	31.91	3	6.38	14	29.79	15	31.91	47
三河	14	51.85	2	7.41	1	3.70	10	37.04	27
潍坊	20	44.44	3	6.67	4	8.89	18	40.00	45
济南	30	48.39	7	11.29	2	3.23	23	37.10	62
广州	8	44.44	3	16.67	0	0.00	7	38.89	18
中山	5	55.56	1	11.11	0	0.00	3	33.33	9
东莞	8	36.36	2	9.09	2	9.09	10	45.45	22
重庆	27	69.23	2	5.13	0	0.00	10	25.64	39
南充	32	55.17	0	0.00	1	1.72	25	43.10	58
成都	36	55.38	2	3.08	5	7.69	22	33.85	65
全国	225	50.22	31	6.92	36	8.04	156	34.82	448

资料来源:2009年全国征地大样本抽样调查数据,由笔者整理。

7.2.2　被征地农民职业培训

　　表7-4给出了被征地农民参加职业培训教育时间的统计。在访谈中,总共有746个家庭有过征地或拆迁的被访者回答了就业培训方面的问题。从全国来看,被征地农民接受职业培训的时间平均不足3天,其中91.07%的被征地农民从未接受过任何职业技术培训教育,只有3.77%的被征地农民参加过1天至1周(含1周)的职业培训,3.51%的被征地农民参加过1周至1个月(含1个月)的职业培训,0.59%的被征地农民参加过总共1~6个月(含6个月)的职业培训,0.44%的被征地农民参加过超过半年至1年(含1年)的职业培训,0.15%的

被征地农民参加过1年以上的职业培训。从各城市来看,宁波市被征地农民平均参加职业培训时间最长,达到20.87天,远远高于其他城市;成都市被征地农民参加过职业技术培训的比例最高,达到22.55%。

表7-4　被征地农民参加职业培训教育情况

城市	没有接受过职业培训		1周以下（含1周）		1个月以下（含1月）		半年以下（含半年）		1年以下（含1年）		1年以上		样本合计（份）	人均培训时间（天）
	样本数（份）	比例（%）	样本数（份）	比例（%）	样本数（份）	比例（%）	样本数（份）	比例（%）	样本数（份）	比例（%）	样本数（份）	比例（%）		
乐清	43	100.00	0	0.00	0	0.00	0	0.00	0	0.00	0	0.00	43	0.00
宁波	46	86.79	2	3.77	3	5.66	2	3.77	0	0.00	0	0.00	53	20.87
无锡	53	86.89	4	6.56	3	4.92	1	1.64	0	0.00	0	0.00	61	1.87
三河	44	100.00	0	0.00	0	0.00	0	0.00	0	0.00	0	0.00	44	0.00
潍坊	56	93.33	0	0.00	4	6.67	0	0.00	0	0.00	0	0.00	60	1.32
济南	89	98.89	0	0.00	1	1.11	0	0.00	0	0.00	0	0.00	90	1.69
广州	25	86.21	1	3.45	1	3.45	0	0.00	2	6.90	0	0.00	29	0.24
中山	12	75.00	1	6.25	2	12.50	0	0.00	1	6.25	0	0.00	16	3.44
东莞	28	90.32	1	3.23	2	6.45	0	0.00	0	0.00	0	0.00	31	0.29
重庆	62	93.94	2	3.03	1	1.52	0	0.00	0	0.00	1	1.52	66	0.00
南充	85	96.59	0	0.00	2	2.27	1	1.14	0	0.00	0	0.00	88	1.74
成都	79	77.45	13	12.75	10	9.80	0	0.00	0	0.00	0	0.00	102	2.92
全国	622	91.07	24	3.51	29	4.25	4	0.59	3	0.44	1	0.15	683	2.89

资料来源:2009年全国征地大样本抽样调查数据,由笔者整理。

从访谈结果来看,农民土地被征收后参加过当地政府为被征地农民组织的职业培训班的比例非常低,只有6.15%(见表7-5),其中成都(16.67%)和宁波(15.09%)的比例相对较高,乐清、三河、济南、广州和重庆所有的被访者表示自从土地被征收后从未参加过当地政府为被征地农民组织的职业培训,也不知道当地有没有这一类职业培训班。

表7-5　参加政府为被征地农民组织的职业技术培训情况

城市	接受过政府组织的职业培训		没有接受过政府组织的职业培训		样本合计（份）
	样本数（份）	比例（%）	样本数（份）	比例（%）	
乐清	0	0.00	43	100.00	43
宁波	8	15.09	45	84.91	53
无锡	6	9.84	55	90.16	61
三河	0	0.00	44	100.00	44
潍坊	3	5.00	57	95.00	60
济南	0	0.00	90	100.00	90

续　表

城市	接受过政府组织的职业培训		没有接受过政府组织的职业培训		样本合计(份)
	样本数(份)	比例(%)	样本数(份)	比例(%)	
广州	0	0.00	29	100.00	29
中山	1	6.25	15	93.75	16
东莞	1	3.23	30	96.77	31
重庆	0	0.00	66	100.00	66
南充	6	6.82	82	93.18	88
成都	17	16.67	85	83.33	102
全国	42	6.15	641	93.85	683

资料来源:2009 年全国征地大样本抽样调查数据,由笔者整理。

　　虽然被访者土地被政府征收后参加政府为被征地农民组织的职业培训教育的比例很低,但从全国来看,被访者拥有的职业资格证书达到 13.03%(见表 7-6),说明其中有一大部分被访者是在土地征收前获得的职业资格证书。其中宁波、无锡、济南、无锡、中山和东莞被征地农民拥有的职业资格证书比例相对较高,均超过 15%,而乐清、三河和重庆被访者拥有的职业资格证书比例相对较低,不超过 10%。乐清市被访者中没有 1 人拥有职业资格证书,从表 7-5 和表7-6中也发现,乐清市农民土地被征收后没有一个人参加职业培训教育的,这或许跟乐清市农民自主创业比例较高有关(从表 7-2 看,乐清市从事非农行业的被征地农民自营工商业或自己经营(联营)企业的比例高达 52.38%,远远高于全国的 27.91%)。

表 7-6　被征地农民拥有职业资格证书情况

城市	有职业资格证书		没有有职业资格证书		样本合计(份)
	样本数(份)	比例(%)	样本数(份)	比例(%)	
乐清	0	0.00	43	100.00	43
宁波	10	18.87	43	81.13	53
无锡	10	16.39	51	83.61	61
三河	3	6.82	41	93.18	44
潍坊	6	10.00	54	90.00	60
济南	15	16.67	75	83.33	90
广州	4	13.79	25	86.21	29
中山	3	18.75	13	81.25	16
东莞	5	16.13	26	83.87	31
重庆	5	7.58	61	92.42	66
南充	9	10.23	79	89.77	88
成都	19	18.63	83	81.37	102
全国	89	13.03	594	86.97	683

资料来源:2009 年全国征地大样本抽样调查数据,由笔者整理。

7.2.3 工作能力获得

表7-7统计了被征地农民非农工作技能获取途径。在调查中,我们向每一位被访者询问了如下问题:"请您考虑一下,您目前的主要工作能力是从哪里获得的? 1＝主要来自征地前工作的经验积累或职业培训;2＝征地后政府组织的职业培训;3＝主要来自其他专门的职业培训;4＝主要来自成人教育、自学考试教育等;5＝主要来自正规的学校教育;6＝其他请注明。"统计结果发现,只有13位被访者认为自己的工作技能是从征地后政府组织的职业培训中获得的,仅占1.90％,而98.10％的被访者认为自己当前的工作技能来自征地前工作积累或职业培训、成人教育、正规学历教育以及其他途径。

表7-7 被征地农民工作技能取得途径

城市	征地后政府组织的职业培训		其他		样本合计(份)
	样本数(份)	比例(％)	样本数(份)	比例(％)	
乐清	0	0	43	100.00	43
宁波	3	5.66	50	94.34	53
无锡	0	0	61	100.00	61
三河	0	0	44	100.00	44
潍坊	1	1.67	59	98.33	60
济南	2	2.22	88	97.78	90
广州	0	0	29	100.00	29
中山	0	0	16	100.00	16
东莞	1	3.23	30	96.77	31
重庆	1	1.52	65	98.48	66
南充	1	1.14	87	98.86	88
成都	4	3.92	98	96.08	102
全国	13	1.90	670	98.10	683

资料来源:2009年全国征地大样本抽样调查数据,由笔者整理。

7.2.4 地方政府被征地农民就业和创业扶持政策

表7-8统计了被征地农民从地方政府获得就业或创业扶持的情况,这些扶持包括获得地方政府颁发的再就业优惠证、获得政府职业推荐、获得用地单位就业优先协议、获得政府扶持性创业贷款,以及得到政府创业税收优惠等。

表 7-8 被征地农民获得政府就业或创业支持情况

城市	获得再就业优惠证		获得政府职业推荐		获得用地单位优先就业协议		获得政府扶持性贷款		得到政府税收优惠支持		样本合计（份）
	样本数（份）	比例（%）	样本数（份）	比例（%）	样本数（份）	比例（%）	样本数（份）	比例（%）	样本数（份）	比例（%）	
乐清	0	0	0	0	0	0	0	0	0	0	43
宁波	3	5.66	5	9.43	0	0	0	0	2	3.77	53
无锡	1	1.64	2	3.28	1	1.64	0	0	1	1.64	61
三河	0	0	1	2.27	0	0	0	0	2	4.55	44
潍坊	0	0	3	5.00	0	0	0	0	0	0	60
济南	0	0	1	1.11	1	1.11	6	6.67	1	1.11	90
广州	0	0	0	0	0	0	0	0	0	0	29
中山	0	0	0	0	0	0	0	0	1	6.25	16
东莞	2	6.45	1	3.23	0	0	0	0	1	3.23	31
重庆	0	0	0	0	0	0	0	0	0	0	66
南充	3	3.41	2	2.27	2	2.27	0	0	6	6.82	88
成都	19	18.63	6	5.88	0	0	3	2.94	17	16.67	102
全国	28	4.10	21	3.07	4	0.59	9	1.32	31	4.54	683

资料来源：2009 年全国征地大样本抽样调查数据，由笔者整理。

再就业优惠证。被征地农民再就业优惠证通常是由地方政府劳动保障部门颁发的享受当地就业优惠政策的证书，获得再就业优惠证的失地农民可以在创业税收、小额担保贷款方面获得一定扶持，同时政府通过税收减免、社保补贴等措施鼓励企业吸纳获得再就业优惠证的农民就业。从表 7-8 来看，只有 28 个被访者获得了地方政府颁发的再就业优惠证，占被征地农民总样本的 4.10%，其中成都获得再就业优惠证的比例最高，占 18.63%，乐清、三河、潍坊、济南、广州、中山和重庆无一访谈者获得再就业优惠证。

政府职业推荐。政府职业推荐是指地方政府邀请企事业单位，为被征地农民举办各种职业推介会，通过被征地农民与用人单位面对面交谈获得就业机会的一项举措。从表 7-8 可见，只有 3.07% 的被征地农民通过政府职业推荐获得过工作，其中宁波比例最高，但也不足被征地农民的 10%；乐清、广州、中山和重庆被访者无一从政府职业推荐活动中获得过工作，或者根本不知道有没有这一类政府扶持失地农民就业活动。

用地单位优先就业协议。在一些地区征地拆迁过程中，地方政府和用地单位为了顺利获得土地进场施工，会与村委会进行包括优先就业等内容的谈判，如果谈判顺利,用地单位就会与村委会签订一份优先就业协议,用地单位承诺项目施工和建成开工后提供若干合适的岗位给被征地农民。但从调查来看,通过优先就业协议获得过工作的访谈者只有 4 人,占被征地农民总样本 0.59％。

政府扶持性贷款。地方政府为了鼓励被征地农民自主创业而推出的小额担保贷款政策。从调查来看,有 9 位被访者获得过政府扶持性贷款,占被征地农民总样本的 1.32％,其中济南有 6 位被访者获得过政府扶持性贷款,成都有 3 位被访者获得过政府扶持性贷款,其余 10 个城市无一被访者获得过此类帮助。

税收优惠。地方政府为了鼓励被征地农民自主创业而推出的税收优惠政策,具体包括营业税、城市维护建设税、教育费附加和个人所得税等方面的减免,各地优惠幅度不同。从表 7-8 看共有 31 个被访者获得过当地政府税收优惠政策,占被征地农民总样本的 4.54％,主要集中在成都和南充;乐清、潍坊、广州和重庆无一被访者获得过此类帮助。

7.3 政府就业政策的绩效评估

7.3.1 变量选择

1.被解释变量

本节的被解释变量定义为被访者(16～60 岁)在 2008 年所处的就业状态,归类为失业、纯务农、以及在非农就业岗位工作三种类型。失业定义为 2008 年没有从事固定或临时的非农工作,人均耕地在 0.3 亩以下,或者虽然人均耕地超过 0.3 亩,但已经将家里的耕地转包出去,总体而言 683 个样本中有 177 个被访者,家庭人均耕地面积只有 0.04 亩,绝大部分是完全失地农民。纯务农定义为家庭收入绝大部分以农业收入为主,不在固定或临时的非农工作岗位工作。所谓非农就业岗位,调查中定义为包括在党政机关和企事业单位工作及打工、自营工商业、经营自家(联户)企业,以及家庭收入以非农收入为主的兼业农民;其中自营工商业指以盈利为目的,自己当老板或合伙人,规模在 8 人及以下的行业,例如小卖部、理发店、包工头、个体运输、粮食加工等,还包括大规模饲养家禽或家畜等,其中"大规模"可以理解为"专业户"。表 7-1 显示总共有 683 个征地(拆迁)被访谈农民,有 448 个被访者在 2008 年从事非农业工作。

2.就业政策解释变量

本节着重检验被征地农民非农就业的影响因素,观察政府就业政策在被征地农民非农就业过程中的作用,从而评价政府被征地农民就业政策的绩效。为

此,我们选择了3个变量作为解释变量,分别是:

(1)工作推荐。获得政府直接工作推荐、享受用人单位优先就业协议,或者工作机会是从政府专门给被征地农民提供的工作信息中获得。

(2)职业培训。参加过政府组织的职业培训或工作能力从政府相关被征地农民就业项目中获得。

(3)政府颁发相关证书:再就业优惠证。

3.工作技能变量

(1)一般职业培训。征地后参加过职业培训的时间

(2)职业资格证书。有没有获得职业资格证书。

由于一般情况下,创业者只有在已经创业后才能享受扶持性贷款和税收优惠政策等创业扶持政策,因而和被解释变量有因果关系倒置问题,所以尽管我们在前面对地方政府创业扶持政策有统计性描述,但不作为解释变量处理。

4.控制变量

我们还选择了一系列反映农户个人和家庭基本特征,以及家庭社会经济情况的解释变量。它们包括:

(1)个人特征变量。被访者年龄、性别、婚姻状态、户口类型、教育程度,是否是党员、是否是村干部、是否参过军。

(2)家庭特征变量。土地面积[1]、家庭成员是否有党员、家庭成员是否有干部、家庭成员是否有人参过军、家庭成员是否有外出打工的人[2],家里有多少成员还在读书、家里是否有人得过重大疾病[3],是否有在乡以上政府担任干部或在新闻媒体担任记者的亲戚朋友、是否有在外地打工的亲戚[4]。

上述自变量均通过了共线性检验。各个变量的定义及测度见表7-9。

---

[1] 土地面积可能会影响农民是否选择外出打工,土地越少,出去打工的几率越高。

[2] 家庭成员是否有党员、家庭成员是否有干部、家庭成员是否有人参过军以及家庭成员是否有外出打工这一组控制变量控制家庭其他成员的社会地位和关系对被访者非农就业的影响。

[3] 家里有多少成员还在读书以及家里是否有人得过重大疾病会影响家庭经济负担,从而影响农民外出打工的决定。

[4] 是否有在乡以上政府担任干部或在新闻媒体担任记者的亲戚朋友,是否有在外地打工的亲戚,这一组控制变量控制社会关系网络对被征地农民非农就业的影响。

表 7-9   变量描述及测度

变量	测度
被解释变量	
就业状态	类别变量,失业=1,纯务农=2,非农就业=3
就业政策	
政府工作推荐	征地后是否获得政府直接工作推荐、享受用人单位优先就业协议,或者工作机会是否从政府专门给被征地农民提供的工作信息中获得,虚拟变量,是=1,否=0
政府职业培训	是否参加过政府组织的职业培训或工作能力是否从政府相关被征地农民就业项目中获得,虚拟变量,是=1,否=0
政府颁发证书	征地后是否获得再就业优惠证,虚拟变量,是=1,否=0
工作技能	
职业资格证书	有没有职业资格证书,虚拟变量,有=1,没有=0
社会职业培训时间	参加社会职业培训时间,从没参加过=0,参加过1周以内培训(含1周)=1,1个月以内(含1月)=2,半年以内(含半年)=3,1年以内(含1年)=4,1年以上=5
控制变量	
年龄	2008年实际年龄(年)
性别	虚拟变量,男=1,女=0
教育程度	正规全日制学校教育年数(年)
户口类型	虚拟变量,非农业户口=1,其他=0
婚姻状态	虚拟变量,已婚=1,其他=0
党员	虚拟变量,本人是党员=1,不是=0
村干部	虚拟变量,本人是村干部=1,不是=0
参军	虚拟变量,本人参过军=1,不是=0
人均耕地	2008人均耕地(亩/人)
家庭成员党员	家里是否有党员,虚拟变量,有=1,没有=0
家庭成员村干部	家里是否有村干部,虚拟变量,有=1,没有=0
家庭成员参军	家里是否有人参过军,虚拟变量,有=1,没有=0
外出打工者	家里是否有外出打工的人,虚拟变量,有=1,没有=0
就读	2008年家庭在读的人数(人)
患病	家里是否有人得过重大疾病,虚拟变量,有=1,没有=0
干部亲戚	有没有任干部的亲戚,虚拟变量,有=1,没有=0
干部朋友	有没有任干部的朋友,虚拟变量,有=1,没有=0
亲朋外出打工者	有没有在外地打工的亲戚朋友,虚拟变量,有=1,没有=0

7.3.2 计量模型

本研究中的被解释变量是类别变量,有失业、务农或非农工作这三种相互排斥的可能性,适合使用多项 Logit 模型(Multinomial logit model),设定的模型如下:

$$\log\left(\frac{P_j}{P_J}\right) = \alpha + \sum_{i=1}^{K} \beta_i T_i + \varepsilon \qquad \text{(式 7.1)}$$

其中,P_j=第 j 就业状态发生的概率,$j=1,2,3,J=3$。$j=1$(失业),$j=2$(务农),$j=3$(非农)。α 为常数项,β_i 代表第 i 个自变量的参数,T_i 代表第 i 个变量的观测值。ε 是服从标准正态分布的误差项,控制其他不可观测的影响因素。

解释变量和控制变量统计性描述见表 7-10。

表 7-10　解释变量和控制变量描述性统计

自变量	样本数(份)	均值	方差	最小值	最大值
政府颁发证书	683	0.040996	0.198425	0	1
政府工作推荐	683	0.035139	0.184266	0	1
政府职业培训	683	0.04246	0.201783	0	1
职业资格证书	683	0.130308	0.336888	0	1
社会职业培训时间	683	0.162518	0.581938	0	5
年龄	683	45.80381	9.573432	18	60
性别	683	0.713031	0.452679	0	1
婚姻状态	683	0.942899	0.232206	0	1
户口类型	683	0.352855	0.478208	0	1
教育程度	683	8.295022	3.244848	0	19
党员	683	0.215227	0.411281	0	1
村干部	682	0.067449	0.250982	0	1
参军	683	0.080527	0.272307	0	1
人均耕地	683	0.111484	0.270553	0	1.87
家庭成员党员	683	0.342606	0.474929	0	1
家庭成员村干部	683	0.065886	0.248264	0	1
家庭成员参军	683	0.190337	0.392855	0	1
外出打工者	683	0.623719	0.484807	0	1
就读	683	0.650073	0.755593	0	4
患病	683	0.304539	0.460549	0	1
干部亲戚	683	0.376281	0.484807	0	1
干部朋友	683	0.366032	0.482072	0	1
亲朋外出打工者	683	0.45388	0.498233	0	1

7.3.3 回归结果与讨论

表 7-11 报告了在控制了 12 个城市后的多项 Logit 模型的回归结果，表 7-12 估计了各自变量对被征地农民就业的边际效应。

表 7-11　多项 Logit 模型的估计结果

变量	就业状态	
	失业	务农
政府颁发证书	−35.25 ***	−34.65 ***
	(0.413)	(0.838)
政府工作推荐	−1.450	−33.83 ***
	(1.114)	(0.561)
政府职业培训	0.248	0.498
	(0.516)	(0.988)
职业资格证书	−1.295 ***	−1.030
	(0.416)	(0.757)
社会职业培训时间	−0.0401	−0.364
	(0.178)	(0.305)
年龄	−0.00809	−0.00734
	(0.0131)	(0.0234)
性别	0.449 **	0.975 **
	(0.225)	(0.413)
婚姻状态	−1.801 ***	−1.251 *
	(0.436)	(0.671)
户口类型	0.305	−0.144
	(0.272)	(0.452)
教育程度	0.0311	0.0808
	(0.0375)	(0.0561)
党员	−0.112	0.212
	(0.272)	(0.515)
村干部	−0.292	−2.047
	(0.416)	(1.307)
参军	0.114	0.766
	(0.373)	(0.557)
人均耕地	−2.336 **	1.863 ***
	(0.915)	(0.497)
家庭成员党员	0.123	−0.699 *
	(0.228)	(0.404)

变量	就业状态	
	失业	务农
家庭成员村干部	−0.863 *	−0.561
	(0.467)	(0.908)
家庭成员参军	−0.0407	0.795 *
	(0.279)	(0.477)
外出打工者	−0.246	−0.0916
	(0.198)	(0.362)
就读	0.126	−0.202
	(0.136)	(0.227)
患病	0.0736	0.253
	(0.213)	(0.375)
干部亲戚	0.198	−0.153
	(0.202)	(0.361)
干部朋友	0.193	0.687 *
	(0.212)	(0.360)
亲朋外出打工者	−0.0197	−0.603 *
	(0.199)	(0.340)
宁波	−0.298	−1.978 ***
	(0.515)	(0.695)
江阴	−1.137 **	−2.448 ***
	(0.535)	(0.920)
三河	−0.107	−2.872 **
	(0.516)	(1.238)
潍坊	−0.618	−3.785 ***
	(0.494)	(1.337)
济南	−0.282	−2.960 ***
	(0.468)	(0.878)
广州	−0.460	−1.387 *
	(0.630)	(0.756)
东莞	−0.610	−36.15 ***
	(0.602)	(0.547)
南充	−1.456 ***	−0.703
	(0.550)	(0.683)
成都	−0.364	−1.946 **
	(0.515)	(0.786)
常数项	1.332	−0.350
	(0.945)	(1.474)
Log pseudolikelihood	−470.191	
Wald chi2(68)	35500.6	
Prob > chi2	0.0000	
Pseudo R2	0.1759	
Observations	683	

注:(1)以非农就业为对照组;

　　(2)括号里是稳健估计下的标准差绝对值;

　　(3)"*","**","***"分别表示统计检验在10%,5%和1%的水平上显著。

表 7-12 被征地农民就业的多项 Logit 模型的边际效应估计

变量	就业状态		
	失业	务农	非农就业
政府颁发证书	-0.255 ***	-0.00308 ***	0.258 ***
	(0.0224)	(0.000813)	(0.0224)
政府工作推荐	-0.0585 **	-0.00302 ***	0.0615 ***
	(0.0230)	(0.000804)	(0.0230)
政府职业培训	0.0188	0.000554	-0.0194
	(0.0430)	(0.00144)	(0.0432)
职业资格证书	-0.0616 ***	-0.000646	0.0623 ***
	(0.0136)	(0.000394)	(0.0137)
社会职业培训时间	-0.00274	-0.000334	0.00308
	(0.0123)	(0.000266)	(0.0123)
年龄	-0.000558	-6.22e-06	0.000564
	(0.000900)	(2.14e-05)	(0.000904)
性别	0.0287 **	0.000740 **	-0.0294 **
	(0.0133)	(0.000315)	(0.0133)
婚姻状态	-0.237 ***	-0.00139	0.239 ***
	(0.0906)	(0.00138)	(0.0908)
户口类型	0.0219	-0.000152	-0.0218
	(0.0204)	(0.000399)	(0.0205)
教育程度	0.00214	7.25e-05	-0.00221
	(0.00260)	(5.32e-05)	(0.00261)
党员	-0.00754	0.000217	0.00733
	(0.0178)	(0.000531)	(0.0179)
村干部	-0.0181	-0.000920 ***	0.0190
	(0.0231)	(0.000273)	(0.0232)
参军	0.00809	0.000983	-0.00908
	(0.0279)	(0.000968)	(0.0280)
人均耕地	-0.161 ***	0.00188 ***	0.160 ***
	(0.0576)	(0.000518)	(0.0575)
家庭成员党员	0.00868	-0.000597 *	-0.00808
	(0.0163)	(0.000306)	(0.0163)
家庭成员村干部	-0.0439 **	-0.000384	0.0443 ***
	(0.0170)	(0.000529)	(0.0171)
家庭成员参军	-0.00285	0.000969	0.00188
	(0.0189)	(0.000713)	(0.0190)
外出打工者	-0.0175	-6.77e-05	0.0175
	(0.0143)	(0.000336)	(0.0143)

变量	就业状态		
	失业	务农	非农就业
就读	0.00873	−0.000195	−0.00854
	(0.00930)	(0.000200)	(0.00933)
患病	0.00513	0.000241	−0.00537
	(0.0150)	(0.000390)	(0.0151)
干部亲戚	0.0140	−0.000152	−0.0138
	(0.0146)	(0.000312)	(0.0146)
干部朋友	0.0136	0.000692 *	−0.0143
	(0.0153)	(0.000404)	(0.0154)
亲朋外出打工者	−0.00132	−0.000549	0.00186
	(0.0137)	(0.000336)	(0.0138)
宁波	−0.0185	−0.000924 ***	0.0194
	(0.0288)	(0.000269)	(0.0289)
江阴	−0.0541 ***	−0.00104 ***	0.0551 ***
	(0.0174)	(0.000316)	(0.0175)
三河	−0.00702	−0.00105 ***	0.00807
	(0.0330)	(0.000273)	(0.0330)
潍坊	−0.0345	−0.00125 ***	0.0358
	(0.0224)	(0.000277)	(0.0224)
济南	−0.0177	−0.00129 ***	0.0190
	(0.0273)	(0.000319)	(0.0274)
广州	−0.0266	−0.000726 ***	0.0273
	(0.0305)	(0.000253)	(0.0305)
东莞	−0.0331	−0.00475 ***	0.0379
	(0.0257)	(0.00125)	(0.0258)
南充	−0.0665 ***	−0.000467	0.0669 ***
	(0.0166)	(0.000407)	(0.0167)
成都	−0.0226	−0.00105 ***	0.0236
	(0.0286)	(0.000347)	(0.0287)
样本量	683	683	683

注：(1)在计算自变量对被访者就业的边际效应时，对于虚拟变量是按照从 0 到 1 计算的；对于连续变量则是根据变量的均值进行计算的；

(2)括号里是稳健估计下的标准差绝对值；

(3)"*"，"**"，"***"分别表示统计检验在 10％，5％和 1％的水平上显著。

政府被征地农民就业政策。根据回归结果来看，模型中引入的跟政府被征地农民就业扶持政策相关的三个解释变量结果各不相同。

政府颁发证书。即再就业优惠证对被征地农民就业的影响在 1％的置信水平下统计具有显著性,拥有再就业优惠证的被征地农民更倾向于从事非农就业工作,而从边际效应上来看,拥有再就业优惠证使被征地农民失业概率下降了25.5%,从事农业的概率下降了0.308%,而从事非农业工作的概率上升了25.8%。

政府工作推荐。获得政府工作推荐(包括优先就业协议和从政府那里获取就业信息),相对于非农就业而言,对从事农业的影响在1%的置信水平下显著为负,也就是说获得政府工作推荐,相对于非农就业而言,被征地农民从事农业的概率下降,而从边际效应来看,获得政府工作推荐,使被征地农民从事农业的概率下降0.302%,从事非农业的概率上升6.15%。虽然获得政府工作推荐,相对于非农就业而言,对失业的影响不显著,但是边际效应使被征地农民失业的概率下降5.85%,且在1%的置信水平下统计显著。

政府职业培训。政府职业培训(包括从政府相关培训项目中获得工作技能)对被征地农民就业的影响及边际效应不显著,没有统计学意义。

工作技能。相对于从事非农工作而言,拥有职业资格证书对失业的影响显著为负,即从事非农工作和失业,拥有职业资格证书导致失业的概率下降;从边际效应来看,拥有职业资格证使失业的概率下降6.16%,非农就业的概率上升6.23%。职业资格证对务农的影响及边际效应不显著,尽管从边际上看拥有职业资格证使务农的概率下降0.646%。而参加职业培训的时间长短,尽管对农民就业的影响及边际效应符合预期,即培训时间越长失业和务农的概率越低,并在边际上下降,但统计均不显著,不具有统计学意义。工作技能可以从工作中积累获取,边学边干或者跟着师傅学,也可以从职业技能培训获取,职业资格证是拥有某项或多项工作技能的证明,而参加培训并不代表真正获得了工作技能,只有通过了能够证明拥有某项技能的考试,才能获得职业资格证书,从而证明自己拥有某项技能。企事业单位招聘员工,相对于学习时间,通常更看重具备某项才能的证书,因为那毕竟是通过技能考试获得的,因而在农民获得招聘面试机会时发挥着重要的作用。从这个意义上来说,职业资格证书对就业的影响统计上显著,而职业培训,不论是一般职业培训还是政府组织的职业培训,对就业的影响不显著,这是颇为合理的,对政府制定和实施被征地农民就业政策也有极为重要的参考价值。与相关职业资格证书颁发机构合作,持久地、广泛地推行被征地农民职业技能培训项目,让农民不仅真正获得工作能力,更重要的是,也获得相关职业资格证,而不是搞形象工程,邀请新闻媒体,做一两个曝光率高的职业培训项目或失地农民职业推介活动,这可能对被征地农民实现充分就业更具实质意义。

控制变量。在年龄、性别、婚姻、户口类型、教育程度、党员、村干部以及参军等个人特征变量中,只有性别和婚姻对被征地农民就业具有显著影响,相对于非农就业而言,男性失业或务农的概率更高,在边际上男性较之女性失业的概率高出2.87%,务农的概率高出0.74%,而从事非农就业的概率下降2.94%。相对于非农就业而言,已婚者失业和务农的概率均显著下降,在边际上,已婚者较之其他婚姻状态者,失业的概率下降23.7%,而从事非农业工作的概率上升23.9%,务农的概率下降0.139%,但对务农概率边际上的影响统计上不显著。

在家庭特征、社会关系等方面,相对于非农就业,人均耕地越高,失业的概率越低、务农的概率越高,从边际上看,人均耕地每增加1亩,失业的概率下降16.1%,务农的概率上升0.188%,而从事非农工作的概率上升16%;家里有干部的农民,相对于非农就业而言,失业的概率显著下降,边际上下降4.39%,而从事非农就业的概率上升4.43%,对从事农业工作的概率的影响尽管在影响方向上符合预期,但统计上不显著。家里有人参过军或有干部的朋友均导致从事农业工作的概率上升,但参军因素的边际效应不显著,有干部的朋友,从事农业工作的概率边际上增加0.0692%,虽然统计上显著,但实际影响甚小。有在外地打工的朋友,相对于非农就业而言,从事农业的概率下降,但其边际效应不显著。

预期中家庭供养和负担情况,以及亲戚朋友中是否有干部对非农就业的影响并不显著。同时,被访者的教育程度对非农就业的影响也不显著,这与预期有落差。通常教育程度越高,获取信息和职业技能的能力越强,越容易获得就业机会。然而,生活在中国农村的居民教育程度普遍不高,在正规学历教育中获得专业技能的大中专生绝大多数已经迁移出农村地区,绝大部分生活在农村的农民只受到过基础教育。我们的调查显示683位被访者平均教育年龄只有7.88年,换言之,被征地农民受到的正规基础教育平均而言只相当于一个初中一年级学生。受过这一阶段基础教育的农民在职业技能和就业信息获得方面,教育程度高低或许对其实现就业的影响的确不显著。我们另一项基于2008年全国6省30县1200个纯农区农户调查数据的农民创业研究显示(Hui Wang, Lanlan Wang and Ran Tao,2011),教育程度低的农民比教育程度高的农民更倾向于自主创业,不过在已经创业的农民中教育程度高的农民平均收入高于教育程度较低者,这或许从另一个角度印证了上述解释。

7.4 本章小结

总体而言,多项Logit模型和边际效应分析结果显示,政府在帮助被征地农民就业创业上推出的相关扶持政策对被征地农民实现非农就业有正面积极的作用,其中代表地方政府被征地农民就业政策的三组政策变量中再就业优惠证对降低失业或务农的影响在1%的置信水平下显著,并在边际上获得该证书的农民失业概率下降达到25.5%之多,从事非农就业的概率提高25.8%之多,显然对就业的影响不仅显著而且很大;而获得政府工作推荐(包括优先就业协议和从政府那里获取就业信息)对被征地农民非农就业的帮助边际上只能提高6.15%的概率,其影响比再就业优惠证明显就小得多。至于政府组织职业培训对被征地农民的影响则根本不显著。这说明这三组政策工具中,包含了一系列就业创业优惠政策在内的再就业优惠证对被征地农民实现非农就业更具有实质性的正面意义。

尽管如此,我们认为地方政府在帮助被征地农民实现非农就业方面的政策绩效并不高,因为在上述计量分析中被证明有效的政策工具受惠覆盖面非常低。

表 7-13 　政府被征地农民就业政策覆盖面　　　　单位:%

全国	从政府获得工作信息	接受过政府组织的职业培训	从政府相关职业培训项目中获得工作能力	获得再就业优惠证	获得政府职业推荐	获得用地单位优先就业协议
乐清	0	0	0	0	0	0
宁波	20.00	15.09	5.66	5.66	9.43	0
无锡	29.79	9.84	0	1.64	3.28	1.64
三河	3.70	0	0	0	2.27	0
潍坊	8.89	5.00	1.67	0	5.00	0
济南	3.23	0	2.22	0	1.11	1.11
广州	0	0	0	0	0	0
中山	0	6.25	0	0	0	0
东莞	9.09	3.23	3.23	6.45	3.23	0
重庆	0	0	1.52	0	0	0
南充	1.72	6.82	1.14	3.41	2.27	2.27
成都	7.69	16.67	3.92	18.63	5.88	0
全国	8.04	6.15	1.90	4.10	3.07	0.59

资料来源:2009年全国征地大样本抽样调查数据,由笔者整理。

从表7-13可以看到,在448个实现非农就业的被访者中,通过政府组织获得就业信息的比例为8.04%;土地被政府征收后参加政府为被征地农民组织的职业培训教育的比例6.15%,仅有1.90%的被访者认为自己的工作技能是从征地后政府组织的职业培训中获得的,仅有4.10%的被访者获得了地方政府颁发的再就业优惠证,仅有3.07%的被征地农民通过政府职业推荐获得过工作,仅有0.59%的被访者通过优先就业协议获得过工作。这说明地方政府在被征地农民就业政策的制定和实施力度上还有非常大的提升空间。尤其是原本为国企下岗工人量身定做的再就业优惠证,包含着一系列鼓励就业创业措施,如在创业税收、小额担保贷款获得一定扶持,通过税收减免、社保补贴甚至现金奖励等措施鼓励当地企业吸纳再就业优惠证持有者,等等,对被征地农民实现非农就业有实质性的帮助和影响,这从上面的计量分析中已经得到印证。然而在 448 个实现非农就业的被访者中只有 28 人获得过当地政府颁发的再就业优惠证,在 683 个总样本中也只有 28 人获得过当地政府颁发的再就业优惠证。换言之,在 235 个尚未实现非农就业(继续务农或处于失业状态)的被征地农民中无一人拥有再就业优惠证,可见提高包含一系列就业优惠政策的再就业优惠证覆盖面,让更多的被征地农民从中受惠,可能对实现被征地农民充分就业具有更好的政策效果。

8

土地征收与农民生活满意度

8.1 引 言

本章①旨在讨论土地征收对农民生活满意度的影响。Veenhoven(1991)认为,生活满意度是人们判断自己需求被满足的程度,即个体对现在所过生活的喜欢程度,是对个人生活的有意识的一个全局判断,从情感方面(或享乐水平)和认知水平这两个方面来对生活做一个整体评价,第一方面是一个人的开心经历,后一方面则是个体对自己人生目标实现程度的判断。Wakker 等人(1997)的研究发现对个人幸福感的因素可以归纳为收入、健康、环境污染和人权,而 Di Tella 等人(2001)提出失业率和通货膨胀是影响快乐的重要因素,Bjornskov(2003)通过对欧洲、美国和亚洲国家人民生活满意度的研究发现,社会资本对生活满意度有着显著的影响。近年来生活满意度方面的研究往纵深发展,Paul Dolan 等(2008)基于 20 世纪 90 年代以后关于幸福感经济学论文以及心理学理论研究的归纳总结统计,发现失业、相对差的健康状况以及缺乏社会交流等是影响民众幸福感的主要负面因素。从就业角度来看,Krstic 和 Sanfey(2007)则认为非正式雇佣者比劳动市场上其他各类型的人有更低的生活满意度,正式的工作对于未来的预期和幸福感起到积极作用。Bjornskov 等(2008)分析了主观幸福感与财政及政策分散化的关系,调查结果的分析表明消费越多,利益越分散,幸福感越

---

① 毛娜在研究土地征收对农民生活满意度的影响过程中做了大量前期工作,包括参与 2009 年的全国大样本抽样调查,负责问卷检查、数据录入和清理、文献搜集、初步的统计回归等。笔者在撰写本章内容时,少量借鉴了毛娜整理的文献,使用了经过毛娜清理的数据,但计量部分全部重做。

高。总体而言,可能影响个人(群体)生活水平满意度的因素可以概括为以下两方面:一是个体特征,包括性别、年龄、受教育程度、健康状况、工作类型、经济状况、婚姻状况、宗教信仰等;二是社会特征,政治环境、经济环境、社会保障与社会福利、自然环境、城市化水平等(毛娜,2010)。笔者认为生活满意度是一个人对包括收入、社会地位、身体心理健康、居住、婚姻、工作在内的生活现状的主观综合认知。

在国内,已经有很多针对企业职工(邢占军,2001)、城市居民(傅红春,2004)、老年人(李建新、骆为祥,2007),以及农民工(蒋平,2009)生活满意度方面的研究,然而迄今为止针对被征地农民生活满意度的研究比较少,更多的研究关注农民对征地(拆迁)补偿或安置满意度(如王锋等,2010),忽略了土地征收对农民生活的全面影响,包括农民的生活满意度。

土地征收对农民生产、就业和生活带来的影响可能是局部的,也可能是全面的。部分农地被征收可能导致农民农业收入下降,保留的土地不足以维持基本生活,多数被征地农民必须通过外出打工补贴家用。失地农民则完全失去了赖以维持基本生活的土地,除非租种土地,否则必须寻找非农就业岗位来维持生计。至于拆迁的农户,原有的邻里关系、社会网络、社会信任等都有可能被打破。另外,不论是农地征收还是宅基地拆迁安置,农户的生活成本大大增加。这些因素必然会影响农民的生活满意度。

本章基于前述大样本抽样调查,分析农民生活满意度的现状及其影响因素,着重通过计量分析来观察土地征收和拆迁对生活满意度的影响。

8.2 农民生活满意度现状

8.2.1 总体满意度:生活水平

本章将生活满意度定义为农户对生活水平满意与否的主观感受和评价。我们在调查过程中向每一位被访者询问了对生活水平是否满意这样一个问题,并用1、2、3的分值进行评分,"1"代表不满意,"2"代表一般,"3"代表满意。在此,分值仅仅具有排序上的意义,即分值越高,生活水平满意度越高。

表8-1统计了12个城市1209个样本中1192个报告了生活满意度相关问题的访谈者的生活满意度情况。总体而言,对生活水平表示满意的农户占62.33%,表示一般的占25.42%,表示不满意的占12.25%,可以看出多数被访者对目前的生活是表示满意的。

表 8-1 被访农户生活满意度统计

城市	不满意	一般	满意	合计（四舍五入）
乐清	22 人	20 人	35 人	77 人
	28.57%	25.97%	45.45%	100%
宁波	11 人	27 人	64 人	102 人
	10.78%	26.47%	62.75%	100%
无锡	8 人	15 人	78 人	101 人
	7.92%	14.85%	77.23%	100%
三河	9 人	24 人	75 人	108 人
	8.33%	22.22%	69.44%	100%
潍坊	3 人	20 人	86 人	109 人
	2.75%	18.35%	78.90%	100%
济南	9 人	24 人	69 人	102 人
	8.82%	23.53%	67.65%	100%
广州	30 人	49 人	25 人	104 人
	28.85%	47.12%	24.04%	100%
中山	6 人	26 人	51 人	83 人
	7.23%	31.33%	61.45%	100%
东莞	25 人	32 人	34 人	91 人
	27.47%	35.16%	37.36%	100%
重庆	13 人	23 人	66 人	102 人
	12.75%	22.55%	64.71%	100%
南充	7 人	26 人	71 人	104 人
	6.73%	25.00%	68.27%	100%
成都	3 人	17 人	89 人	109 人
	2.75%	15.60%	81.65%	100%
全国	146 人	303 人	743 人	1192 人
	12.25%	25.42%	62.33%	100%

资料来源：2009 年全国征地大样本抽样调查数据，由笔者整理。

从生活水平满意度的分布情况来看，成都市被访者对生活表示满意的比例最高，高达 81.65%，从高到低依次是成都、潍坊、无锡、三河、南充、济南、重庆、宁波，以上 8 座城市被访者生活满意的比例均高于全国；而广州市被访者对生活表示满意的比例最低，仅为 24.04%，对生活表示满意的被访者比例低于全国的还有东莞、乐清和中山。认为生活水平一般的人群比例最高的是广州市，为 47.12%，比例高于全国平均水平的市依次为东莞、中山、宁波和乐清，比例低于全国平均水平的城市有南充、济南、重庆、三河、潍坊、成都和无锡。对生活水平表示不满意的人群比例最高的是广州，东莞与乐清的比例也超过了 25%，潍坊、成都、南充、中山、无锡、三河和济南对生活水平不满意的比例均低于 10%。

在选定的研究区域中,生活水平满意度平均值最大的是成都市,该市被访者回答"满意"和"一般"的高达97.25%,"不满意"率仅为2.75%,同为成渝都市圈内的重庆市和南充市生活水平满意度在12个城市排名中处于中间;处于珠三角地区的广州被访者对生活水平满意度最低,不满意率达28.85%,而满意率仅仅为24.04%;同处珠三角地区的东莞满意度排名倒数第二,满意率也排名全国倒数第二,不满意率排名倒数第三;位于珠三角地区内的另一座城市中山市被访者生活满意度处于中间位置。环渤海地区的济南、潍坊和三河市生活水平满意度均处于中等偏上的位置,长三角地区区内乐清市的生活满意度较低,宁波市位列中游,无锡市处于中等偏上。

总的来看,生活水平满意度均值大于全国水平的市依次有:成都、潍坊、无锡、南充、三河、济南、中山、重庆、宁波;小于全国水平的市依次有乐清、东莞和广州。

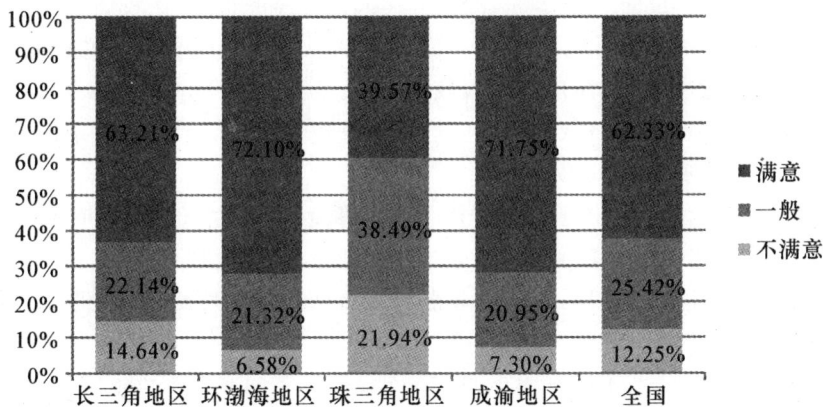

图 8-1 四大都市圈农民生活水平满意度

从四大都市圈来看,环渤海和成渝地区超过70%的被访者表示生活满意,而珠三角地区只有39.57%的农户表示生活满意。反之,珠三角地区21.94%的农户对生活表示不满意,环渤海地区只有6.58%的农户对生活表示不满意。

8.2.2 分项指标满意度

我们除了调查农户生活水平总体满意度外,还涉及了与农户生活水平相关的问题,包括:经济状况、住房状况、居住地周围的环境状况、居住地周围的交通状况、子女教育状况、娱乐休闲的方便程度,调查采用5分赋值法对满意度进行打分,把每项问题的满意程度分为"非常满意"到"非常不满意"5个层次,1=非常不满意,2=不太满意,3=一般,4=比较满意,5=非常满意。与生活水平相关因素的满意度分布统计结果见表8-2。

表 8-2　生活水平影响因素满意度分布一览表

生活水平相关因素	非常满意（%）	比较满意（%）	一般（%）	不太满意（%）	非常不满意（%）
家庭经济状况	11.66	31.80	36.33	15.94	4.28
家庭住房状况	18.62	40.94	28.1	8.72	3.61
居住地周围的环境状况	17.20	47.73	22.23	9.82	3.02
居住地周围的交通状况	20.55	51.76	16.78	8.89	2.01
子女教育状况	18.97	55.10	18.40	6.77	0.76
婚姻状况	35.07	51.01	11.98	1.41	0.53
娱乐休闲的方便程度	16.88	49.62	22.22	9.50	1.78

资料来源：2009 年全国征地大样本抽样调查数据，由笔者整理。

从表 8-2 可以看出，被访者对家庭经济状况回答"非常不满意"或者"不太满意"的占全部样本量的 20.22%，43.46% 的人认为经济状况"比较满意"或者"非常满意"，回答"一般"占 36.33%。家庭经济状况的满意度相对来说较低，仅为 43.46%。有意思的是，在户均收入较高的珠三角地区（74005 元/人）和长三角地区（64662 元/人），经济状况满意度均低于户均收入较低的环渤海地区（55825 元/人）和成渝地区（51066 元/人）。

显然住房满意度总体上高于经济状况满意度，有高达 40.94% 和 18.62% 的被访者对当前居住情况表示满意甚至非常满意。表示不满意甚至非常不满意的比例只有 8.72% 和 3.61%。其中环渤海地区住房满意度最高，达到 72.10%，珠三角地区最低，为 43.88%。

被访者居住周边环境方面。总体来说，被访者对周边环境的满意度高达 64.93%，其中环渤海地区环境满意度高达 76.81%，珠三角地区环境满意度最低，为 54.31%；只有 12.84% 的被访者表示对周边环境不满意，长三角地区被访者对周边环境表示不满意的比例最高，为 12.84%，依次是成渝地区、珠三角地区和环渤海地区。

居住地周边交通便捷状况方面。72.31% 的被访者表示对周边交通便捷状况满意，其中环渤海地区和成渝地区满意度最高，均超过 77%，珠三角地区满意度最低，为 57.91%。10.90% 的被访者对周边交通便捷状况表示不满意，珠三角这一比例最高，达到 16.55%。由于本次调查范围是 12 个城市郊区被征地农民，绝大多数被访者居住地离城市较近，所以交通都比较便捷。

子女教育情况方面。74.07% 的被访者表示对子女教育状况满意，其中环渤海地区满意度最高，达到 71.48%，成渝地区和珠三角地区满意度最低，均不足 60%。6.63% 的被访者对子女教育状况表示不满意，成渝地区这一比例最高，达到 8.57%。

— 146 —

婚姻状况方面。86.08％的被访者表示对婚姻状况满意,其中环渤海地区满意度最高,达到89.03％,其他依次是长三角地区、成渝地区和珠三角地区。只有1.94％的被访者对婚姻状况表示不满意,长三角地区这一比例最高,达到3.21％。

娱乐休闲的方便程度。66.50％的被访者表示对婚姻状况满意,其中环渤海地区满意度最高,其他依次是长三角地区、成渝地区和珠三角地区。只有11.28％的被访者对婚姻状况表示不满意。

从图8-2可见,被访者对各项指标满意度按从高到低的排序分别是婚姻、子女教育、周边交通、娱乐休闲、周边环境、住房及家庭经济状况。其中婚姻满意度高达86.08％,比家庭经济状况满意度高出近43％。从这个排序中可以看出,较之其他方面,被访者对家庭经济状况的满意度是比较低的。

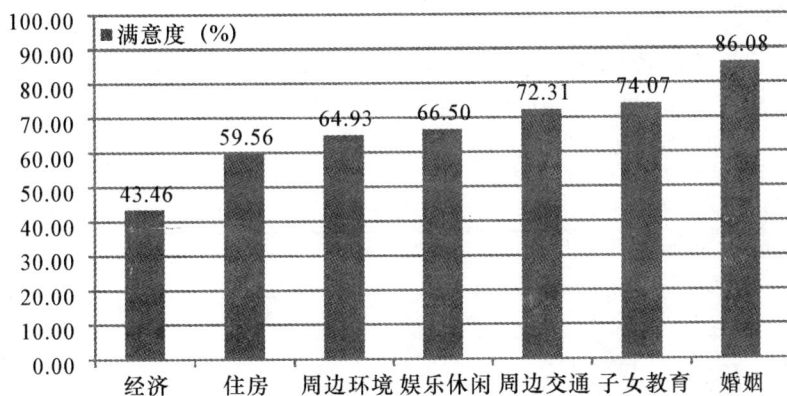

图8-2　被访者各项指标满意度排序

8.2.3　被征地农民生活满意度

1. 被征地农民生活满意度总体情况

本节重点关注被征地农民生活满意度情况。从被征地(含拆迁)农民来看(见表8-3、图8-3和图8-4),对生活水平表示满意的比例高达65.97％,超过被访者平均水平的62.33％,但是仅有征地农户的生活满意度只有51.72％,比被访者平均水平低10％以上。长三角和珠三角地区被征地(含拆迁)农民的生活满意度均比当地平均水平低,而四大都市圈仅有征地的农户生活满意度全部低于当地农户的平均水平。

对生活水平表示不满意的比例(10.69％)平均而言比总样本的比例(12.25％)低,但是长三角地区(15.38％)和珠三角地区(20.78％)分别高于本地区被访者对生活不满意的比例。其中仅有征地的农户表示对生活不满意的比例高达 18.81%，高出农户平均水平 6% 以上，其中长三角、环渤海和成渝地区仅有征地的农户表示生活不满意的比例都比该地区农户平均水平高，成渝地区更是高出 10% 以上。

表 8-3　被征地农民生活满意度统计　　　　　　　　　单位:%

都市圈		长三角地区	环渤海地区	珠三角地区	成渝地区	全国
全部农户	不满意	14.64	6.58	21.94	7.3	12.25
	一般	22.14	21.32	38.49	20.95	25.42
	满意	63.21	72.1	39.57	71.75	62.33
有征地或	不满意	15.38	6.16	20.78	7.36	10.69
拆迁的农户	一般	22.17	19.43	48.05	20.16	23.34
	满意	62.44	74.41	31.17	72.48	65.97
仅有征地	不满意	20.41	9.38	20.55	17.91	18.81
的农户	一般	25.17	25	46.58	22.39	29.47
	满意	54.42	65.63	32.88	59.7	51.72

资料来源:2009 年全国征地大样本抽样调查数据,由笔者整理。

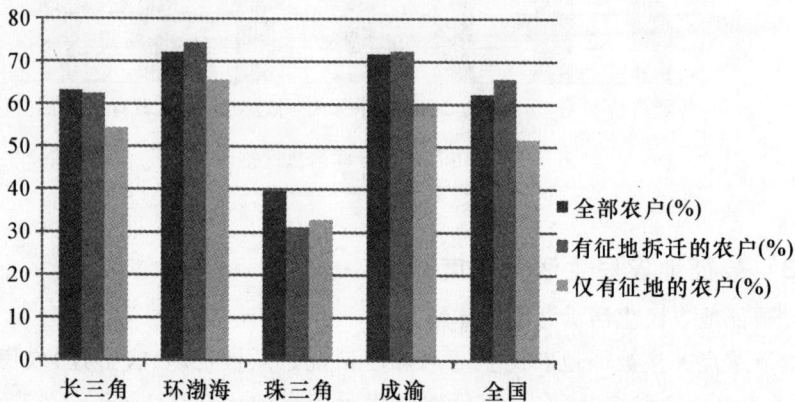

图 8-3　四大都市圈被征地农民表示生活满意的比例

2.被征地农民家庭收支变动情况

收入:收入水平直接关系到农户的生活水平,表 8-4 统计了全体被访者和被征地农民征地前后收入水平变化状况。征地后,农户家庭人均年收入水平从征地前的 10886.58 元提高到了 18452.41 元,而被征地农民的家庭人均年收入水平从 11538.60 元提高到了 18371.04 元,分别提高了 7565.83 元和 6832.44 元,

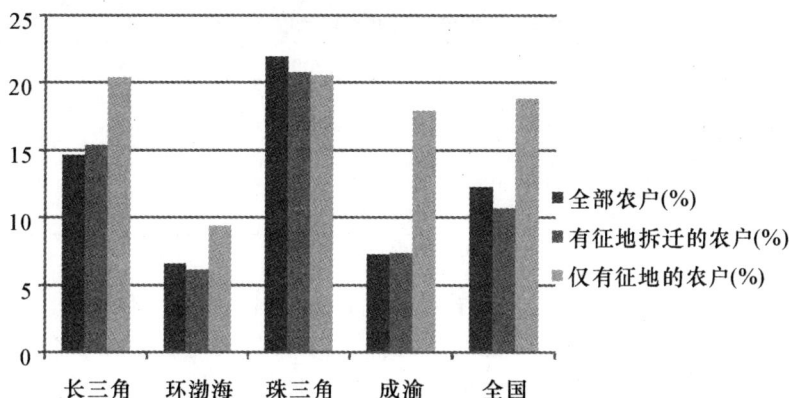

图 8-4　四大都市圈被征地农民表示生活不满意的比例

增长率分别是 69％和 59％。被征地农民的家庭人均年收入水平的提高无论是绝对值还是相对百分比，都小于农户平均水平。由于生活水平满意度通常是比较而言的，尽管一个人的收入每年有所增长，但增长的幅度低于同村平均增长幅度，则他对生活满意度的主观评价通常低于他人。从这一点可以推断，相对于未被征地者，被征地农民的生活水平并没有因为征地而更好。

表 8-4　征地前后家庭人均年收入水平

家庭人均收入水平[元/(年·人)]	全体被访者	失地农民
征地前	10886.58	11538.60
征地后	18452.41	18371.04
收入增加额	7565.83	6832.44
变化幅度	69％	59％

资料来源：2009 年全国征地大样本抽样调查数据，由毛娜整理。

征地前后的家庭人均年收入分布见表 8-5。征地前，大多数农民的人均年收入在 12000 元以下，从全体被访者看，45.17％的被访者人均年收入低于 6000元，高于 6000 元低于 12000 元的占 37.89％，高于 18000 元的仅占 16.94％。征地后，个人收入普遍提高，位于 6000～12000 元之间的被访者居多，占总人数的48.21％，高于 18000 元的被访者上升到 30.49％。其中，被征地农民征地前和征地后的收入分布变化与总体类似。

表 8-5　征地前后家庭人均年收入分布　　　　　　　　　　　单位：%

人均年收入水平［元/(年·人)］		<6000	6000~12000	18000~24000	>24000
全体被访者	征地前	45.17	37.89	6.22	10.72
	征地后	21.3	48.21	11.02	19.47
被征地农民	征地前	40.06	41.1	7.27	11.57
	征地后	20.14	49.29	11.57	19

资料来源：2009 年全国征地大样本抽样调查数据，由毛娜整理。

支出：表 8-6 统计了征地前后被访家庭人均支出水平的变化情况，征地前农户家庭人均年支出为 8136.02 元，其中被征地农民的人均年支出略低于平均水平，为 8001.40 元；征地后农户家庭人均年支出上升到 15302.60 元，其中被征地农民的支出达到 15791.08 元。全体被访者和被征地农民的家庭人均支出征收后相对于征收前分别增加了 7166.58 元和 7789.68 元，增幅分别是 88% 和 97%。征地后农民的支出基本上是征地前的两倍。显然被征地农民人均生活支出增幅高出农户平均增幅 9 个百分点，生活成本上升较快。

表 8-6　征地前后家庭人均支出水平

征地前后被访者支出变化状况［元/(年·人)］	全体被访者	被征地地农民
征地前	8136.02	8001.40
征地后	15302.60	15791.08
增加额	7166.58	7789.68
增加幅度	88%	97%

资料来源：2009 年全国征地大样本抽样调查数据，由毛娜整理。

从表 8-7 的征地前后家庭人均支出分布来看，征地前大多数人群的年均支出位于 12000 元以下，从全体被访者来看，50.44% 的被访者人均年均支出低于 6000 元，高于 6000 元低于 12000 元的占 30.52%，高于 18000 元的仅占 19.04%。征地后个人支出普遍升高，位于 6000~12000 元之间的人群数最多，占总人数的 45.94%，高于 18000 元的人群比上升到 25.17%。其中，失地农民征地前支出水平较低，位于 18000 元以上的仅仅只有 11.15%，而征地后这一比例上升到 28.66%，并且人均支出 6000~12000 元之间的比例最大，占 45.27%。失地农民支出大幅上升的主要原因是农民失去土地后意味着失去了低成本的生活方式，过去粮食自给自足的状况随着农地被征走也消失，取而代之的是这部分农民也需要到市场上购买粮食以及蔬菜等，大大提高了生活成本。

表 8-7　征地前后家庭人均支出分布　　　　　　　　单位:%

家庭人均支出水平[元/(年·人)]		<6000	6000~12000	18000~24000	>24000
全体被访者	征地前	50.44	30.52	2.67	16.37
	征地后	28.89	45.94	7.74	17.43
被征地农民	征地前	57.02	31.82	2.75	8.4
	征地后	26.07	45.27	8.08	20.58

资料来源:2009 年全国征地大样本抽样调查数据,由毛娜整理。

　　收支平衡变化:表 8-8 统计了被征地农民征地前后收支平衡状况。可以看出,征地前后全体被访者的家庭人均年收入增加了 7565.83 元,人均支出增加了 7166.58 元,收支平衡后收入节余增加了 399.25 元,而对于被征地农户,家庭人均年收入增加了 6832.44 元,人均支出却增加了 7789.68 元,收支平衡后收入节余反而减少了 957.24 元。

表 8-8　征地前后被征地农民收支平衡情况　　　　　　　　单位:元

		全体被访者	被征地农民
征地前	收入	10886.58	11538.60
	支出	8136.02	8001.40
	节余	2750.56	3537.20
征地后	收入	18452.41	18371.04
	支出	15302.60	15791.08
	节余	3149.81	2579.96
征地前后收入节余变化		399.25	−957.24

资料来源:2009 年全国征地大样本抽样调查数据,由笔者整理。

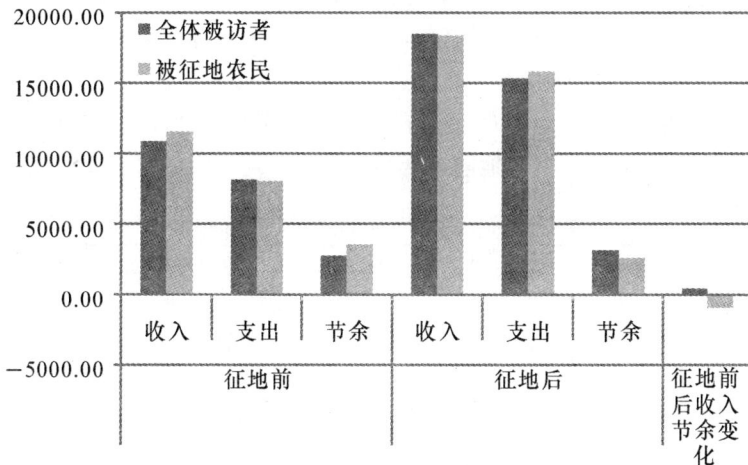

图 8-5　被征地农民征地前后收支平衡变化(单位:元)

究其原因,一方面,相当一部分被征地农户在征地前主要收入来源是农业收入,征地后由于失去部分甚至全部土地,导致农业收入减少(表7-1显示25.92%的被征地农民处于失业状态,家庭收入下降;8.49%的被征地农民继续从事农业,但由于部分土地被征收,农业收入大大减少);即使兼业的农民,家庭收入一大部分依赖打零工,但只能进入低端劳动力市场,收入增加十分有限。另一方面,被征地农民,尤其是失地农民失去土地后意味着失去了粮食蔬菜自给自足的低成本生活方式,必须依靠购买粮食蔬菜等维持生活,大大提高了生活成本;对于拆迁农户而言,尤其是那些被集中安置到类似城市公寓的农户,水电、物业等生活成本相应提高,以上种种都导致被征地农民征地前后收入增加幅度下降而支出增加幅度上升。

3.社会信任

Putnam R.(1993)认为:"社会资本指的是社会组织的特征,如信任、规范和网络,它们能够通过推动协调的行动来提高社会的效率。"传统乡村是一个熟人社会,有着血缘、地缘、信仰和乡规民约等深层次网络连接,人与人的交往较为单纯,社会信任度比较高,但是当土地征收发生,农民失去土地或失去房屋,被迫融入城市,从村落迁入现代化社区,传统的熟人社会就向半熟人甚至是陌生人社会过渡,社会网络关系发生重构,社会信任度下降,甚至原来邻里、亲戚朋友之间比较信任的关系都有可能逐渐发生变化,从而影响农民对生活满意度的主观认知。我们在调查中向每一位被访者询问两个问题,分别是:"你是否向住在小区(村里)里的朋友借过钱?"和"你是否向住在小区(村里)里的朋友求助过?"并用这两个问题代表被访者所在社区的社会信任度。表8-9和表8-10显示了征地前后被访农户所在社区社会信任度,征地前有73.67%的农户有过互相帮助的情况,征地后这一比例下降到了61.04%;征地前有34.59%的农民有过相互借钱的情况,征地后这一比例下降到了23.54%。这充分说明征地前后社会信任度出现了明显的下降。

表8-9　征地前后农户相互帮助情况统计

都市圈	样本数(份)	征地前	征地后
长三角地区	78	52 份 66.67%	43 份 55.13%
环渤海地区	206	145 份 70.39%	130 份 63.11%
珠三角地区	239	162 份 67.78%	132 份 55.23%
成渝地区	301	248 份 82.39%	198 份 65.78%
全国	824	607 份 73.67%	503 份 61.04%

资料来源:2009年全国征地大样本抽样调查数据,由武卓思整理。

表 8-10　征地前后农户相互借钱情况统计

都市圈	样本数（份）	拆迁安置前	2008 年
长三角地区	78	22 份 28.21％	18 份 23.08％
环渤海地区	206	69 份 33.50％	47 份 22.82％
珠三角地区	239	78 份 32.64％	63 份 26.36％
成渝地区	301	116 份 38.54％	66 份 21.93％
全国	824	285 份 34.59％	194 份 23.54％

资料来源：2009 年全国征地大样本抽样调查数据，由武卓思整理。

4.社会保险

在我国现行社会保障制度尚未完全覆盖到农村地区的时候，农地对农民而言具有非常重要的社会保障功能。然而，一旦土地被征收，农民就失去了长期赖以生存的基本生活来源。如果没有养老保险、失业保险和医疗保险这一类城市居民拥有的社会保障，一旦失业或者生病农民就会陷入困境。因此，我们认为是否拥有社会保障会影响被征地农民对生活满意度的主观评价。

表 8-11　被访者社会保障情况　　　　　　　　　　　单位：%

社会保障情况	有	没有
征地前有城镇职工养老保险	26.24	73.76
因土地被征加入养老保险	25.89	74.11

资料来源：2009 年全国征地大样本抽样调查数据，由毛娜整理。

从表 8-11 可以看出，只有 25.89％的家庭因为征地而有家庭成员参加了养老保险，家庭成员在征地前就有城镇职工养老保险的占 26.24％，参保率较低。

8.3　土地征收对农户生活满意度的影响分析

8.3.1　变量选择

1.被解释变量

本部分的被解释变量定义为被访者生活满意度。

2.政策变量

(1)土地是否被征收：本章重点观察土地征收对农民生活满意度的影响。因此我们以土地是否被征收过作为解释变量。

（2）是否有过拆迁：为了控制拆迁对生活满意度的影响，我们将是否有拆迁作为虚拟控制变量。

3.社会信任变量

邻里关系在征地拆迁过程中可能会发生变化，所以我们设定邻居信任度作为社会信任变量。

4.社会保障变量

社会保障变量定义为家庭是否有人因为征地而加入了养老保险。

5.个人和家庭特征控制变量

我们还选择了一系列反映农户个人和家庭基本特征，以及家庭社会经济情况的解释变量。它们包括：

（1）个人特征变量：被访者年龄、性别、婚姻状态、就业状况、教育程度，是否是党员、是否是村干部、身体是否健康、心理是否健康。

（2）家庭特征变量：家庭人口数、家庭农业收入占总收入的比、家庭人均收入。

上述自变量均通过了共线性检验。各个变量的定义及测度见表8-12。

表8-12 变量描述及测度

变量	测度
被解释变量	
生活满意度	有序变量，1＝不满意，2＝一般，3＝满意
政策变量	
征地	是否有征地发生，虚拟变量，1＝有，0＝没有
是否有拆迁	是否有拆迁发生，虚拟变量，1＝有拆迁，0＝没有
社会信任变量	
对邻居的信任程度	设置成两个哑变量
邻里信任度1	虚拟变量，1＝信任，0＝一般
邻里信任度2	虚拟变量，1＝一般，0＝不信任
社会保障变量	家庭是否有人因为征地而加入了养老保险，虚拟变量，1＝有，0＝没有
控制变量	
年龄	2008年实际年龄（岁）
性别	虚拟变量，男＝1，女＝0
就业	虚拟变量，非农就业＝1，其他＝0
教育程度	正规全日制学校教育年数（年）
婚姻状态	虚拟变量，已婚＝1，其他＝0
党员	虚拟变量，本人是党员＝1，不是＝0
村干部	虚拟变量，本人是村干部＝1，不是＝0

变量	测度
身体健康	设置成两个哑变量
身体健康 1	虚拟变量,1＝健康,0＝一般
身体健康 2	虚拟变量,1＝一般,0＝不健康
心理健康	设置成两个哑变量
心理健康 1	虚拟变量,1＝健康,0＝一般
心理健康 2	虚拟变量,1＝一般,0＝不健康
家庭人口数	2008 年家庭人口,实数测度(人)
家庭农业收入占总收入的比	2008 年家庭农业收入比例,百分比(%)
家庭人均收入	2008 年家庭人均收入,取对数值

8.3.2　计量模型

这里研究的被解释变量为被访者对生活满意度的主观认知,回答是满意、一般和不满意三个代表不同满意程度的结果,适合采用有序 Probit 回归模型进行分析。

对农户而言,影响其生活满意度的因素共有五个层次:个人特征变量,包括年龄、性别、受教育年限、婚姻状况、职业状况、是否担任村干部;家庭特征变量,包括家庭人口数、家庭农业收入占总收入的百分比、家庭人均收入;个人健康水平,包括身体健康水平和心理健康水平;政策变量,此处将政策分为四种情形,即只有征地发生,只有拆迁发生,既有征地发生又有拆迁发生,没有征地也没有拆迁发生。由此可以设定三个虚拟变量,dummy1＝1 代表只有征地发生,dummy2＝1 代表只有拆迁发生,dummy3＝1 代表既有征地发生又有拆迁发生;家庭人均收入以元为单位,为了减少误差,取对数值后作为自变量。

我们把农户给出不同回答的概率预测模型设定如下:

$$y_i^* = \beta_0 + \beta_1\,\mathrm{age} + \beta_2\,\mathrm{gender} + \beta_3\,\mathrm{expedu} + \beta_4\,\mathrm{marriage} + \beta_5\,\mathrm{job} + \beta_6\,\mathrm{ccp} + \beta_7\,\mathrm{cadre}$$
$$+ \beta_8\,\mathrm{zdpension} + \beta_9\,\mathrm{fampop} + \beta_{10}\,\mathrm{agriinshare} + \beta_{11}\,\mathrm{Logincpc} + \beta_{12}\,\mathrm{health} + \beta_{13}\,\mathrm{Psy} +$$
$$\beta_{14}\,\mathrm{trust} + \beta_{15}\,\mathrm{dummy1} + \beta_{16}\,\mathrm{dummy2} + \beta_{17}\,\mathrm{dummy3} + \beta_{18}\,C_j + e_i$$

(式 8.1)

其中,i 代表特定农户,j 代表特定城市。变量统计性描述如下:

表 8-13　变量描述性统计

变量	变量赋值	样本数	均值	标准差	最小值	最大值
被解释变量						
生活水平满意度	1＝不满意 2＝一般 3＝满意	1192	2.500839	0.703833	1	3
解释变量						
个人特征变量						
年龄	实数测度（岁）	1192	50.02771	11.6073	18	87
性别	1＝男,0＝女	1192	0.700252	0.45834	0	1
教育年限	年	1192	7.763468	3.260978	0	19
婚姻	1＝已婚,0＝其他	1192	0.940436	0.236776	0	1
就业	1＝非农,0＝其他	1192	0.644295	0.478927	0	1
党员	1＝是,0＝不是	1192	0.231544	0.421996	0	1
村干部	1＝是,0＝不是	1192	0.307047	0.461463	0	1
社会保障变量						
家庭是否有人因为征地而加入了养老保险	1＝有,0＝没有	1192	0.258389	0.437933	0	1
家庭特征变量						
家庭人口数	实数测度（人）	1192	3.707234	1.461397	1	9
农业收入比例	百分比(%)	1192	0.061165	0.156353	1.35E-06	0.9999
人均收入取对数值	实数测度	1192	9.303737	1.221172	-0.91629	13.08154
个人健康水平						
身体健康1	1＝好,0＝一般	1192	0.197987	0.398649	0	1
身体健康2	1＝一般,0＝差	1192	0.446309	0.497318	0	1
心理健康1	1＝好,0＝一般	1192	0.155201	0.362249	0	1
心理健康2	1＝一般,0＝差	1192	0.806208	0.395434	0	1
社会关系						
邻里信任度1	1＝信任,0＝一般	1192	0.013423	0.115125	0	1
邻里信任度2	1＝一般,0＝不信任	1192	0.778524	0.415415	0	1
政策变量						
是否有征地	1＝有,0＝没有	1192	0.650124	0.477128	0	1
是否有拆迁	1＝有,0＝没有	1192	0.379653	0.485501	0	1

8.3.3　回归结果与讨论

表 8-14 报告了在控制了 12 个城市后的有序 Probit 模型的回归结果和各自

变量对农民生活满意度的边际效应。

表 8-14 有序 Probit 模型回归和边际效应估计

变量	有序 Probit 模型回归结果	边际效应估计		
		不满意	一般	满意
是否有征地	−0.258 **	0.0392 **	0.0549 **	−0.0941 **
	(0.118)	(0.0175)	(0.0252)	(0.0422)
是否有拆迁	0.172	−0.0265	−0.0366	0.0631
	(0.135)	(0.0204)	(0.0287)	(0.0488)
年龄	0.0104 **	−0.00165 **	−0.00220 **	0.00385 **
	(0.00448)	(0.000719)	(0.000962)	(0.00166)
性别	−0.116	0.0179	0.0247	−0.0427
	(0.0976)	(0.0146)	(0.0210)	(0.0355)
教育	−0.00974	0.00155	0.00206	−0.00361
	(0.0169)	(0.00269)	(0.00360)	(0.00628)
婚姻	0.160	−0.0280	−0.0328	0.0607
	(0.176)	(0.0336)	(0.0347)	(0.0681)
党员	0.225 **	−0.0329 **	−0.0483 *	0.0813 **
	(0.113)	(0.0151)	(0.0247)	(0.0394)
村干部	0.244 **	−0.0364 **	−0.0521 **	0.0884 **
	(0.100)	(0.0141)	(0.0218)	(0.0354)
就业	−0.153	0.0237	0.0326	−0.0563
	(0.104)	(0.0157)	(0.0223)	(0.0378)
家庭人口	0.00940	−0.00150	−0.00199	0.00349
	(0.0338)	(0.00539)	(0.00717)	(0.0126)
农业收入比例	−0.590 **	0.0938 **	0.125 *	−0.219 **
	(0.299)	(0.0472)	(0.0646)	(0.111)
人均收入取对数值	0.200 ***	−0.0318 ***	−0.0423 ***	0.0741 ***
	(0.0527)	(0.00865)	(0.0116)	(0.0196)
因征地加入保险	0.218 *	−0.0323 *	−0.0467	0.0790 *
	(0.132)	(0.0183)	(0.0286)	(0.0465)
身体健康 1	0.265 **	−0.0377 **	−0.0569 **	0.0947 **
	(0.120)	(0.0151)	(0.0265)	(0.0411)
身体健康 2	0.464 ***	−0.0729 ***	−0.0968 ***	0.170 ***
	(0.0970)	(0.0155)	(0.0211)	(0.0347)
心理健康 1	0.348	−0.0472	−0.0748	0.122
	(0.251)	(0.0289)	(0.0542)	(0.0827)
心理健康 2	0.593 **	−0.119 **	−0.110 ***	0.229 **
	(0.234)	(0.0570)	(0.0354)	(0.0908)

续 表

变量	有序 Probit 模型回归结果	边际效应估计		
		不满意	一般	满意
社会信任 1	−0.00634	0.00101	0.00134	−0.00235
	(0.354)	(0.0569)	(0.0749)	(0.132)
社会信任 2	0.0951	−0.0157	−0.0199	0.0356
	(0.104)	(0.0178)	(0.0216)	(0.0393)
宁波	0.500 **	−0.0597 ***	−0.107 **	0.167 **
	(0.247)	(0.0219)	(0.0510)	(0.0719)
江阴	0.824 ***	−0.0802 ***	−0.167 ***	0.247 ***
	(0.296)	(0.0164)	(0.0508)	(0.0649)
三河	0.633 ***	−0.0712 ***	−0.133 ***	0.205 ***
	(0.242)	(0.0190)	(0.0478)	(0.0651)
潍坊	0.916 ***	−0.0869 ***	−0.183 ***	0.270 ***
	(0.264)	(0.0152)	(0.0431)	(0.0553)
济南	0.759 ***	−0.0783 ***	−0.156 ***	0.235 ***
	(0.265)	(0.0173)	(0.0487)	(0.0635)
重庆	0.556 **	−0.0649 ***	−0.118 **	0.183 ***
	(0.247)	(0.0209)	(0.0499)	(0.0696)
南充	0.959 ***	−0.0888 ***	−0.190 ***	0.278 ***
	(0.258)	(0.0147)	(0.0410)	(0.0523)
成都	0.956 ***	−0.0894 ***	−0.189 ***	0.279 ***
	(0.277)	(0.0156)	(0.0440)	(0.0564)
Cutoff point 1(μ_1)	2.404 ***			
	−0.662			
Cutoff point 2(μ_2)	3.378 ***			
	−0.667			
Log pseudolikelihood	−700.203			
Wald chi2(31)	207.63			
Prob > chi2	0.0000			
Pseudo R2	0.1368			
Observations	1192			

注：(1)括号里是稳健统计下的标准差绝对值；

(2)"*"，"**"，"***"分别表示统计检验在 10%、5%和 1%的水平上显著。

1.政策变量

这里研究重点观察土地征收对农民生活满意度的影响。有序 Probit 回归结果表明,被访者的土地是否被征收这个解释变量在 0.05 的水平上显著为负,说明相对于其他农户而言,有征地发生的农户,生活满意度更低,在边际上有土地被征收的情况发生将导致农户生活不满意的概率提高 9.41%。我们的调查表明,仅有征地发生的农户获得的征地补偿款的平均值为 5.68 万元,有拆迁发生的家庭拆迁补偿款平均值为 17.68 万元,明显高于征地补偿款。另外,如果仅有农地征收发生,征地补偿和安置协议的签署,政府或村委会有可能绕开被征地户,由村主任或 2/3 以上村民代表签字后生效,而且在很多地方农地征收补偿款在村内或组内均分,被征土地的承包经营权所有者分到的补偿款很低,但是在房屋拆迁的场合,拆迁补偿和安置方案必须要经过房屋所有权人签字后生效,地方政府和村委会绕不开拆迁户,为此乡镇和村干部一般都会挨家挨户与拆迁家庭谈判,就拆迁补偿款、住房安置方式等问题进行协商。经过谈判的补偿方案通常会比最初方案更有利于农户,补偿款也基本上归被征房屋所有者所有。所以我们预期有拆迁的情况或许能改善农民生活满意度,仅有农地征收的农户因征地补偿和安置水平较低导致生活水平下降,从而导致生活满意度下降,然而回归结果表明拆迁对农民生活满意度的影响虽然系数为正。而且在边际上有拆迁发生的农户,生活满意度改善的概率增加 6.31%,但并不显著,没有统计学意义,但是相对于其他农户而言,至少拆迁对农民生活满意度并没有产生负面影响。

2. 社会信任变量

邻里关系信任度对生活满意度的影响不显著,因而不具有统计学意义。

3. 社会保障变量

社会保障变量在 10% 的置信水平下显著为正,显然因征地而加入了养老保险有助于改善农户生活满意度,在边际上加入保险可使农户生活满意度提高的概率上升 7.90%。

4. 个人和家庭特征控制变量

在个人特征控制变量中,年龄、党员和村干部对生活满意度的影响均在 5% 的置信水平下显著为正。从边际上看,如果被访者年长,对生活表示满意的概率上升 0.385%;如果被访者是村干部,对生活表示满意的概率上升 8.13%;如果被访者是村干部,对生活表示满意的概率上升 8.84%。身体健康者有助于改善生活满意度,较之身体状况一般的人群,身体健康状况较好的人对生活表示满意的概率上升 9.47%;较之身体状况较差的人群,身体健康状况一般的人对生活表示满意的概率上升 17%;心理健康较好,较之心理健康状况一般,对生活满意度的影响并不显著,但是较之心理健康较差的人,心理健康一般者,对生活满意度的影响在 5% 的置信水平下显著为正,边际上心理健康一般者比心理健康较差者对生活表示满意的概率上升 22.9%。

在家庭特征变量中,农业收入比例对生活满意度的影响在 5% 的置信水平下显著为负,边际上农业收入比例增加,生活满意度下降的概率上升 21.9%。

人均收入对生活满意度的影响在 1% 的置信水平下显著为正，边际上人均收入取对数值每增加一个单位，生活满意度上升的概率增加 7.41%。

另外，宁波、无锡、三河、济南、潍坊、重庆、南充和成都的被访者对生活满意度的主观认识倾向于比较正面。

8.4　本章小结

本章基于 2009 年全国 12 个城市 1209 个被征地农民的大样本抽样调查数据，通过有序 Porbit 模型观察了土地征收对农民生活满意度的影响。模型回归结果基本符合预期，即土地征收对农民生活满意度有负面影响。更深入的观察表明，在现行征地制度设计的征地程序下，政府征收农地的过程中有可能绕开农地承包经营权所有者，征地补偿和安置方案在很多地方由村主任或 2/3 以上村民代表签字生效，农地征收补偿款在村内或组内均分，分到被征农户手上的钱很少；而房屋拆迁则因程序设计上必须经业主签字方能生效，故而房屋所有者相对拥有谈判主动权，从而有可能获得相对比较满意的补偿方案。制度设计上的不同，导致农地征收和房屋拆迁的补偿结果有一定的差距，这一点我们已经在前文进行了详细的论述。但是我们的研究发现，尽管有谈判存在，拆迁户在平均上可以获得超出当地补偿和安置标准的结果，但对农户生活满意度的影响统计上并不显著，这与我们的预期不符。然而，至少我们可以说，相对于其他农户而已，拆迁农户的生活满意度并没有因此下降。

上述结论的政策启示是，即便不从根本上改变现行农地征收制度，但如果能改进现行征地程序的设计，增加有利于农民把握协商谈判主动权的环节，比如征地补偿和安置方案必须经过每一个被征土地承包经营权所有人同意方可生效，就有可能改变征地补偿结果，从而改善被征地农民经济状况，至少不降低农民生活满意度。

参考文献

1. Bjornskov, C. The Happy Few: Cross-country Evidence on Social Capital and Life Satisfaction. *KYKLOS*, 2003, 56: 3—16.

2. Christian Bjornskov, Axel Dreher, Justina A. V. Fischer. On Decentralization and Life Satisfaction. *Economics Letters*, 2008, 99: 147—151.

3. Gorana Krstic, Peter Sanfey. Mobility, Poverty and Well-being Among the Informally Employed in Bosnia and Herzegovina. *Economic Systems*, 2007, 31: 311—335.

4. Kahneman,D. Wakker,P. P. , Sarin, R. Baek to Bentham, Explorations of Experienced Utility. *Quarterly Journal of Eeonomics*,1997,112:375—405.

5. Paul Dolan, Tessa Peasgood, Mathew White. Do We Really Know What Makes Us Happy? A Review of the Economic Literature on the Factors Associated with Subjective Well-being. *Journal of Economic Psychology*,2008,29:94—122.

6. PutnamR. *Making Democracy Work*. Princeton University Press,1993.

7. Di Tella, R. , MacCulloch, R. , Oswald, A. Preferences Over Inflation and Unemployment:Evidence from Surveys of Happiness. *American Economic Review*,2001,91:335—341.

8. Veenhoven. R. *Happiness in Nations:Subjective Appreciation of Life in 56 Nations 1946—1992*. Erasmus University Press,1993.

9. 李建新、骆为祥:《社会、个体比较中的老年人口生活满意度研究》,《中国人口科学》2007 年第 4 期。

10. 傅红春、罗文英:《上海居民收入满足度的测定与分析》,《管理世界》2004 年第 11 期。

11. 蒋平:《城市农民工工作满意度影响因素研究——以福建省沿海城市为例》,厦门大学硕士学位论文,2009 年。

12. 邢占军、张友谊、唐正风:《国有大中型企业职工满意感研究》,《心理科学》2001 年第 2 期。

13. 王锋、赵凌云:《我国被征地拆迁居民满意度调查——以浙江省湖州市为例》,《安徽农业科学》2010 年第 2 期。

第三篇 现行征地制度观革：
地方实践与
系统性政策组合

9
中国征地制度改革的地方实践

如前所述,在中国快速城市化的过程中,由于征地引发的社会矛盾已经成为很多地区,尤其是发达地区地方政府最头痛也最难处理的问题。为了降低征地难度,在一些经济发达地区,地方政府除了在现行征地补偿体制内进行提高补偿标准、强化失地农民社会保障一类的改进之外,也开始进行一些体制外的改革和突破。

9.1 探索以"区片综合价"为主的征地补偿形式

在一些经济较发达的沿海地区城市,征地补偿的标准已从传统的产值倍数法向区片综合价法过渡,逐步突破了按原用途补偿的限制。例如浙江省政府于2002 年发布了《关于加强和改进土地征用工作的通知》。该《通知》提出土地征收区片综合价格是根据城镇建设征收农村集体土地的需要,由县级人民政府依照被征收农地不同地段、土地利用类型、土地生产能力、人均耕地面积和经济发展水平综合划定区片,进行土地价格评估,在充分听取有关方面(特别是农民)意见的基础上,统一制定的每个土地征收补偿区片的"综合补偿标准"。"区片综合价"原则上仅包括土地补偿费和安置补助费两项,但种植结构基本类同的地方也可将青苗补偿费纳入,路、渠等一般性地上附着物可纳入。各地根据当地实际选择后两项是否包括,但在最后政府批文中必须明确。土地征收区片综合价测算范围重点在土地利用总体规划确定的城市、集镇建设用地规模范围内,但各地可以根据征地需要和实际情况扩展到城市郊区或更大范围。

《通知》发布后,浙江各地纷纷采用区片综合价来进行征地补偿。据我们对部分地区的调查,实行土地征用区片价以后,征地补偿标准(不含青苗和地上附着物补偿费)是以往的 1~2 倍。

我们早期的一项研究对 1999 年、2000 年及 2003 年浙江省台州市区椒江区、黄岩区和路桥区的土地征收补偿标准进行了比较分析，其中 1999 年与 2000 年采取产值倍数法计算土地征收补偿价格，2003 年采取区片综合价计算土地征收补偿价格（详见表 9-1 和表 9-2）。

浙土资发〔2003〕21 号《关于彻底落实省政府加强和改进土地征用工作通知的若干意见》提出，根据浙江省当时实际情况，耕地每公顷年产值原则上以不低于 22500 元为标准（即每亩 1500 元）。按产值倍数法计算[1]，以耕地为例，土地补偿费每亩最低为 12000 元，最高为 15000 元；安置补助费为每人最低为 6000 元，最高为 10500 元，按台州市人均耕地 0.41 亩计算，安置补助费应为 14640～25620 元；两者合计，补偿安置标准为 26640～40620 元。

2003 年椒江区、黄岩区和路桥区当地政府制定的区片综合价最高为每亩 7.5 万～8.0 万元，最低为每亩 3.0 万～3.5 万元。

以耕地用途为例，表 9-1 和表 9-2 显示，1999—2003 年椒江区土地征收安置补偿费最高标准从每亩 5.5 万～7.5 万元上升到 7.5 万～8.0 万元，最低标准从每亩 2.0 万～2.8 万元上升到 4.5 万～5.0 万元；黄岩区土地征收安置补偿费最高标准从每亩 3.5 万～5.5 万元上升到 5.8 万～6.5 万元，最低标准从每亩 1.8 万～2.7 万元上升到 3.0 万～3.5 万元；路桥区土地征收安置补偿费最高标准从每亩 5.0 万～6.0 万元上升到 5.5 万～6.5 万元，最低标准从每亩 2.0 万～4.0 万元上升到 3.0 万～4.0 万元，土地征收安置补偿费平均提高幅度在 20% 左右。由此可见，区片综合价的实施确实对提高土地征收安置补偿费起到了促进作用，尤其是对于一些等级相对较低的土地。

表 9-1　1999 年、2000 年台州市区土地征收补偿安置标准情况表[2]

年份	行政区划	区片等级	标准（万元／亩）			计算方法
			土地补偿费	安置补助费	合计	
1999 年	椒江区	一	2.0～3.0	3.5～4.5	5.5～7.5	产值倍数法
		二	1.5～2.0	2.5～3.5	4.0～5.5	
		三	1.3～1.5	1.5～2.5	2.8～4.0	
		四	1.0～1.3	1.0～1.5	2.0～2.8	

---

[1]　台州市区土地补偿费为该耕地被征用前 3 年平均年产值的 8～10 倍，安置补助费为该耕地被征用前 3 年平均年产值的 4～7 倍。

[2]　1999 年、2000 年征收非耕地的土地补偿费与安置补助费按所在地耕地标准减半计算；黄岩区安置补偿费具体按人均耕地不同进行调整，表 9-1 未列出。

续　表

年份	行政区划	区片等级	标准（万元／亩）			计算方法
			土地补偿费	安置补助费	合计	
2000 年	黄岩区	一	1.76～2.2	1.76～3.3	3.52～5.5	产值倍数法
		二	1.12～1.28	1.28～2.4	2.4～3.68	
		三	0.78	1.04～1.95	1.82～2.73	
	路桥区	一	2.0～2.4	3.0～3.6	5.0～6.0	产值倍数法
		二	1.5～2.0	2.5～3.0	4.0～5.0	
		三	0.8～1.5	1.2～2.5	2.0～4.0	
	椒江区	一	2.4～3.0	3.5～4.5	5.9～7.5	产值倍数法
		二	1.92～2.4	2.5～3.5	4.42～5.9	
		三	1.5～1.9	1.5～2.5	3.0～4.4	
		四	1.2～1.5	1.0～1.5	2.2～3.0	
	黄岩区	一	1.76～2.2	1.76～3.3	3.52～5.5	产值倍数法
		二	1.12～1.6	1.28～2.4	2.4～4.0	
		三	1.04～1.3	1.04～1.95	2.08～3.25	
	路桥区	一	2.0～2.4	3.0～3.6	5.0～6.0	产值倍数法
		二	1.6～2.0	2.5～3.0	4.1～5.0	
		三	1.2～1.5	1.2～2.5	2.4～4.0	

资料来源：《1999—2003 年台州市区征地补偿安置政策汇编》，由赵恒坤整理。

表 9-2　2003 年台州市区土地征收补偿安置标准情况表[①]

行政区划	区片等级	标准（万元／亩）	片内等级	标准（万元/亩）	计算方法
椒江区	一	7.0～8.0	一类	7.5～8.0	区片综合价法
			二类	7.0～7.5	
	二	6.0～7.0	一类	6.5～7.0	
			二类	6.0～6.5	
	三	5.0～6.0	一类	5.5～6.0	
			二类	5.0～5.5	
	四	2.0～5.0	一类	4.5～5.0	
			二类	2.0～2.5	

---

①　2003 年区片综合价法中土地补偿费和安置补助费按 4∶6 进行分配，耕地、园地、蔬菜基地、农田水利用地、养殖水面、建设用地划为一类；林地、未利用地划为二类。

行政区划	区片等级	标准(万元／亩)	片内等级	标准(万元/亩)	计算方法
黄岩区	一	2.9～6.5	一类	5.8～6.5	区片综合价法
			二类	2.9～3.2	
	二	2.5～5.6	一类	5.0～5.6	
			二类	2.5～2.8	
	三	2.1～4.8	一类	4.3～4.8	
			二类	2.1～2.4	
	四	1.8～4.1	一类	3.6～4.1	
			二类	1.8～2.0	
	五	1.5～3.5	一类	3.0～3.5	
			二类	1.5～1.7	
路桥区	一	5.5～6.5	一类	5.5～6.5	区片综合价法
			二类	5.5	
	二	4.0～5.0	一类	4.0～5.0	
			二类	4.0	
	三	3～4.0	一类	3.0～4.0	
			二类	3.0	

资料来源:《1999—2003 年台州市区征地补偿安置政策汇编》,由赵恒坤整理。

　　尽管"区片综合价"法确定的征地补偿安置标准略高于传统的产值倍数法,但是"区片综合价"法制定的依据却依旧是产值倍数法[①],按照农用地价值补偿原则确定补偿标准。但据我们对浙江部分县市的调查显示,2003—2004 年亩均征地补偿费仍然仅约占亩均土地出让价的 25％,约占招标、拍卖和挂牌出让土地价格的 4.3％。当然"区片综合价"考虑了土地区位因素,是对原有产值倍数法的一个突破。近年来越来越多的省份制定了考虑区位因素的"统一年产值"、"征地补偿保护标准"等征地补偿形式,

9.2　征地补偿标准突破被征土地原用途价值

　　由于被征地农民的抗争,一些地方政府在不断提高传统补偿项目标准的同

---

　　①　根据《农用地估价规程》(TD/T1006—2003)的有关规定,确定征地区片综合地价可以采用两条技术路线,分别为叠加法和样点法。叠加法是指在农用地基准地价评估基础上,叠加农用地社会保障价格确定征地区片综合地价;样点法是根据样点农用地价格和社会保障价格确定征地区片综合地价。在制定征地区片综合地价时,还要结合当地的实际情况,综合确定影响征地区片综合地价的各种因素,按照不同因素对征地区片综合地价的影响程度编制修正系数表。

时,还增加了留地安置政策,甚至与村集体共享土地出让金。以浙江省乐清市为例,目前的补偿标准(含土地补偿费和安置补助费)在最高区片已经接近 20 万元/亩,远远超过了农地价值本身。

表 9-3 乐清市征地补偿标准—区片综合价(耕地)10 年变化

1999 年 8 月 31 日起		2003 年 10 月 1 日起		2007 年 9 月 24 日起		2009 年 1 月 1 日起	
区片类别	亩补偿标准(万元)	区片类别	亩补偿标准(万元)	区片类别	亩补偿标准(万元)	区片类别	亩补偿标准(万元)
一类	5~7	一级	7	一级	14	一级	14
二类	4.5~5.5	二级	6	二级	12	二级	12.3
三类	3~4	三级	5	三级	10	三级	10.5
四类	2~3	四级	4	四级	8	四级	8.8
/		五级	3	五级	6	五级	8
/		六级	2.5	六级	5	/	

数据来源:陈献峰:《出让金在政府与农民的分享》,北京大学—林肯研究院城市发展与土地政策研究中心的中国土地制度改革——各地方的经验与创新研讨会论文,2010 年。

表 9-3 可见,从 2009 年起乐清市全市范围内耕地被划分为 5 个片区,被征土地补偿款 8 万~14 万元不等(不含安置补助费)。这个补偿标准包含了传统的土地补偿费(按一级片区计算为 7 万元/亩),和因自 2007 年起取消了留地安置政策而推出的建立被征地农民生活水平补贴(按一级片区计算为 7 万元/亩),两者合计最高一级区片土地补偿费为 14 万元/亩。

乐清市安置补助费规定每亩耕地参保 3 人,共补助 6 万元。如果一个农户家里被征耕地恰好达到 1 亩,按照乐清市人均耕地 0.3 亩计算,则有 3 人参保,则安置补助费为 6 万元/亩(含在区片综合价里)。按照《乐清市征收农民集体所有土地管理办法》(2011 年)的规定,市财政按照 9 万元/亩的标准提取被征地农民基本养老保障资金,其中 6 万元/亩用于补助被征地农民基本养老保障中村集体经济组织和个人出资部分;其余 3 万元/亩为被征地农民基本养老保障基金中市财政出资部分,在基金中统筹使用。也就是说,除了区片综合价之外,政府从出让金中拿出 3 万元/亩直接拨付到被征地农民基本养老保险基金中去。因此,一级片区一亩耕地的实际补偿按照标准为 17 万元。这一补偿标准已经突破了耕地原用途的价值。

2011 年浙江省乐清市政府出台的《乐清市征收农民集体所有土地管理办法》的另一个进步之处在于,建设用地征收补偿与耕地同等对待,而未利用地征收补偿不再按照原来的耕地补偿一半的标准执行，而是与林地同等对待（见表 9-4）。

表 9-4 乐清市 2011 年征地补偿标准调整方案

区片	现行征地补偿标准		2011 年征地补偿标准	
	地类	补偿标准（万元/亩）	地类	补偿标准（万元/亩）
一级	耕地	7	耕地（含建设用地和园地）	7
	园地	7		
	其他农用地	5.6	林地（含其他农用地）	5.6
	林地	5.6		
	建设用地	7	未利用地	5.6
	未利用地	3.5		
二级	耕地	6	耕地（含建设用地和园地）	6.3
	园地	6		
	其他农用地	4.8	林地（含其他农用地）	5.04
	林地	4.8		
	建设用地	6	未利用地	5.04
	未利用地	3		
三级	耕地	5	耕地（含建设用地和园地）	5.5
	园地	5		
	其他农用地	4	林地（含其他农用地）	4.4
	林地	4		
	建设用地	5	未利用地	4.4
	未利用地	2.5		
四级	耕地	4	耕地（含建设用地和园地）	4.8
	园地	4		
	其他农用地	3.2	林地（含其他农用地）	3.84
	林地	3.2		
	建设用地	4	未利用地	3.84
	未利用地	2		
五级	耕地	3	耕地（含建设用地和园地）	4
	园地	3		
	其他农用地	2.4	林地（含其他农用地）	3.2
	林地	2.4		
	建设用地	3	未利用地	3.2
	未利用地	1.5		

资料来源：《乐清市征收农民集体所有土地管理办法》乐政发〔2011〕37 号。

9.3 政府开始与农民分享土地增值收益

仍然以浙江省乐清市为例,地方政府已经开始尝试与村集体共享土地出让金,具体办法是在所有按国家规定的补偿到位、办理征地手续后,出让金净收益部分由市、镇按 7∶3 分成,而镇与村集体又按照 6∶4 分成,这样村集体除了得到征地补偿款以外,还得到了大约 12％ 的土地出让金。2011 年颁布的《乐清市征收农民集体所有土地管理办法》第十九条规定:除基础设施、公共设施、公益事业、水利、交通、能源等项目用地外,"(1)用于经营性商住的,在经营性商住用地出让后,由各镇人民政府、街道办事处或者功能区管委会在镇、街道或者功能区与市财政的出让收入分成所得中,按土地出让成交价款的 12％,补助给被征地村;(2)用于工业的,按每亩不超过 10 万元的标准,在土地征收方案批准后,由各镇人民政府、街道办事处、功能区管委会或者工程建设指挥部补助给被征地村,资金由市财政与各镇人民政府、街道办事处、功能区管委会或者工程建设指挥部结算";用于福利性住宅、医疗、教育、机关团体项目的,参照工业用地给予补助。

按照一级片区耕地计算,如果用于工业或福利性住宅、医疗、教育和机关团体用地,除了 17 万元/亩补偿安置款以外,村集体还能获得 10 万元/亩的补助,实际补偿达到 27 万元/亩。如果用于商业性质,除了 17 万元/亩的土地补偿和安置款以外,村集体还能获得该幅土地 12％ 的出让金。这说明地方政府开始与农民分享土地增值收益,出让金越高,农民获得的实际补偿也越高。

另一个有意思的案例是在靠近北京市的河北三河市燕郊镇。以燕郊镇王各庄村和南巷口村为例,这两个村分别位于河北省距离北京最近的一个乡镇——燕郊镇的繁华地段。自 2005 年以来,王各庄村、南巷口村的耕地在城市化扩张的过程中已所剩无几,燕郊镇党委、政府按照市委、市政府所定的"置身沿海、借势京津、加快崛起"的发展定位,决定探索包括王各庄村、南巷口村的 13 个"城中村"的建设改造,以实现"把城中村改造与建设京东强市名城同步进行"的目标[1]。由于城中村改造的好坏直接影响着京东强市名城的建设步伐,燕郊镇、三河市地方政府也期望在"政府不出一分钱,还要给村民谋求最大的福利"、减少地方政府在征地拆迁过程中的风险,镇政府派出了"得力干部做开发商和村民的沟通工作"[2],在这种对拆迁策略的探索过程中,燕郊镇和三河市的地方政府决定

① http://www1.lf.gov.cn/WebSiteItem3003.aspx.
② http://www1.lf.gov.cn/WebSiteItem3003.aspx.

对第一个城中村——王各庄村的改造（2006 年 7 月完成拆迁补偿安置工作）采用由具有相当实力的开发商（福成集团）与"旧村直接接触、洽谈，然后在王各庄村先后召开了'两委'班子会议、党员和村民代表会议、全体村民大会，广泛征求村民对村改的意见和建议"①，最后确定了拆迁补偿标准。后来包括南巷口村在内的其他几个"城中村"改造的拆迁补偿标准，都在王各庄村的拆迁赔偿标准基础上确定。三河市市政府为支持王各庄"城中村"改造，不直接介入，也不直接投入到宅基地拆迁过程中，而允许村集体和开发商直接谈判，使"价高者得"的这种市场化运作在宅基地拆迁过程中得以实施，而且政府在王各庄村的"城中村"改造中"免收了土地出让金和城市建设配套费，以政府的政策支撑起了村改的庞大框架"②，为城中村拆迁赔偿标准达到"人均 40 万元"提供了有效的支持③。据三河市国土资源局有关人员的介绍，在王各庄之后的"城中村"改造中（包括南巷口村的拆迁），市政府开始按每亩 40 万元的价格收取土地出让金。在 2008 年的金融危机中，为了吸引投资，市政府曾一度停收这一笔费用。而从今年开始，市政府已开始考虑在以后的宅基地拆迁过程中，全部的拆迁赔偿工作由市政府、镇政府直接负责，开发商不再直接参与到与村集体的拆迁谈判过程之中。据三河市国土资源局这一有关人员介绍，以后的拆迁赔偿标准不会低于现有的标准。

从三河燕郊"城中村"改造和宅基地拆迁的历史发展来看，它在征地拆迁过程中所采用的谈判机制在一定程度上是由于三河燕郊所处的特殊的地理位置所带来的潜力巨大的开发机会，再加之三河市市政府、燕郊镇镇政府在建设"京东强市名城"的过程中所持有的探索态度而带来的。燕郊镇的城中村改造过程中所引用的谈判机制和市场化运作带来了"三赢"的局面："村民赢得满意的居住和生活环境，开发商赢得合理的利润回报，政府赢得城市投资环境的改善。"④但这种创新机制能否持久，前景似乎不容乐观。

我们就以南巷口村的开发为例，来具体地分析政府、开发商和村民的利益得失，以了解谈判机制背后的利益结构。南巷口村全村有 314 户，1250 口人，村址占地 721.9 亩，其中 600 亩为天洋置地集团获得，以修建天洋城高层住宅建筑。这一高层住宅项目的总建筑面积有 180 万平方米⑤。如果我们以 2800 元/平方米的价格为建筑成本价，以 40 万元/亩的价格作为土地出让金价格，以人均宅基

---

① http://www.lf.gov.cn/pub/htm/newscenter/bendiyaowen/quxiandongtai/2006-09-08-12204.htm.

② http://www1.lf.gov.cn/WebSiteItem3003.aspx.

③ http://www1.lf.gov.cn/WebSiteItem3003.aspx.

④ http://www1.lf.gov.cn/WebSiteItem3003.aspx.

⑤ http://www.tianyangcity.com/tyc/main.htm.

地拆迁赔偿额为 40 万元计,天洋置地集团的总成本约为 60 亿元;如果以 6000 元/平方米的价格为市场价[1],在扣除给 1250 人南巷口村村民提供的安置房之外(也即 43750 平方米),天洋置地集团可能获得的总收益为 105 亿元,纯收益大概有 40 亿元。而市政府无需直接介入宅基地的拆迁就可获得大约为 2.4 亿元的纯收益[2]。由此可见,无论从开发商的角度,还是从政府的角度来看,都具有支持宅基地拆迁的谈判机制和市场机制的动力。然而由于这种机制到目前为止,只是地方政府在宅基地拆迁过程中探索出来的一种实施办法,还未得到中央政府的政策性认可,因此对地方政府而言,它们所采用的这种办法仍然存在一定的政治风险;再加之土地出让过程中所产生的巨额收益,燕郊镇政府和三河市市政府已在考虑取消这种谈判机制。

9.4 征地拆迁程序中谈判机制的引入

前文已就征地谈判对征地补偿的影响进行了实证分析,分析结果表明征地谈判在中国农村征地过程中不仅普遍存在,而且对农民在现行征地补偿框架下争取更多利益有正面意义。事实上,很多地方政府默许在征地过程中存在一定程度的谈判,尤其在前文提到的浙江温州、河北燕郊等地,我们发现了大量通过谈判协商征地拆迁补偿和安置方案的案例,只不过这些地区政府并没有将谈判机制以正式的制度形式固定下来。在引入征地补偿谈判机制的制度化方面,北京市是一个例外。

2004 年北京市发布了《北京市建设征地补偿安置办法》,其中第九、十条规定由市政府制定征地补偿费最低保护标准,实际补偿金额由征地单位与村集体商定。这是我们几年调查以来所见到过的对被征地农民最有利的征地程序设计。

---

[1] http://www.soufun.com/house/1010212463.htm,采用 2009 年 11 月份的价格。

[2] 有天洋置地高层的人士透露,拆迁补偿款多达 12 亿元,交给政府的土地出让金有 6 亿元。即使如此,天洋置地的这一项目获得的纯收益也有可能达 30 亿元,参见 http://blog.soufun.com/10344608/1278995/articledetail.htm。

> **北京市建设征地补偿安置办法（节选）**
>
> 第九条　征地补偿费最低保护标准由市土地行政主管部门以乡镇为单位结合被征地农村村民的生活水平、农业产值、土地区位以及本办法规定的人员安置费用等综合因素确定，报市人民政府批准后公布执行……
>
> 第十条　征地单位与被征地农村集体经济组织或者村民委员会应当在不低于本市征地补偿费最低保护标准的基础上，协商签订书面征地补偿安置协议。协议应当包括补偿方式、补偿款金额及支付方式、安置人员数量及安置方式、青苗及土地附着物补偿、违约责任和纠纷处理方式等内容。

在与被征地农民重复博弈过程中，地方政府进行的各种体制内、体制外制度改进表明，现行征地体制下的低补偿政策已经越来越难适应我国社会、经济发展的需要。以市场价值补偿为最终改革目标，及时启动征地补偿改革，不仅有助于提高土地利用效率，促进土地集约利用，减轻耕地保护压力，也有利于提高农民财产性收入，改善干群关系，减少上访案件和集体性事件，从而最终有助于社会稳定，有助于城乡统筹和和谐社会的建立。

在 2010 年版《土地管理法》修改草案中，取消了按原用途补偿的规定，提出了同地同价足额补偿的原则，要求"根据当地土地资源条件、土地产值、土地区位、土地供求关系和社会经济发展水平等综合因素确定"。这些条款的设定，应该说是征地补偿制度改革的进步，也为逐步过渡到按国际通行的市场价值补偿预留了改革空间。

9.5　本章小结

关于征地制度改革的地方实践案例非常丰富，事实上我们只掌握了其中很少的一部分。但总体而言，这些改革主要体现在三个方面的进步，首先是在补偿形式上突破了土地原用途补偿的原则，很多地区政府制定的征地补偿标准已经超出了农地价值本身；其次，让农民分享土地增值收益，土地市场价格越高，农民获得补偿也越多；最后，允许征地拆迁过程中谈判的存在，甚至将之制度化，从而为农民争取更多利益提供了一条可行的途径。

然而，我们必须承认，迄今为止的改革大多并未触动征地制度本身。在当前"区域竞次式"经济增长模式下，现行以低补偿、无征地范围限制为特点的征地制度是政府推动地方经济增长的制度基础，征地制度改革往往是局部的调整，只有改变现行征地制度改革的约束条件，提供足够的改革动力，才有可能从根本上改革中国现行征地制度。

10

征地制度系统性改革：目标、路径与配套改革

本书前九章从理论、实证两个层面全面分析了中国土地征收制度的背景、争议、相关理论、地方改革以及现行征地制度对财产权利保护、征地补偿、农民就业和生活满意度等方面的影响。正如我们提到的，在"区域竞次式"经济增长模式下，地方政府一方面大规模征地建设开发区，并以低工业地价为优惠条件吸引外来投资；另一方面随着本地工业化和城市化进程的快速推进，商业和住宅用地不断升值，地方政府通过垄断城市土地一级市场，以招标、拍卖等竞争程度较高的方式出让商住用地获得高额的土地出让收入，而地方政府的这一整套策略赖以执行的制度基础就是以"低补偿和无征地范围限制"为特点的征地制度。

毋庸置疑，征地制度改革的核心是公共利益的界定（征地范围的划分）和征地补偿的确定。然而，如果征地补偿以市场价值为依据，地方政府就不可能有足够的财力大规模征收集体土地建设开发区，更不可能以低价作为优惠条件招商引资；而如果将征地范围严格限定在公益性用地上，地方政府就不能征收商业和住宅用地，无法再从商住用地上获得庞大的出让金收入，财政收入也将随之大幅度下降；没有现行征地制度的支持，地方政府严重依赖的"区域竞次式"增长模式将难以为继。抛开中国经济转轨和增长的这一逻辑，是无法理解征地制度改革背后的约束条件的。

正因如此，设定征地制度改革的目标容易，如何实现征地制度的改革目标却很难。

然而，中央政府应该充分认识到，目前我国这种以"区域竞次"来吸引制造业投资，并成为全世界中、低端制造业中心的发展模式是以地方政府通过压低制造业用地征用和出让价格为基础的，也是从经济、社会角度来看完全不可持续的。

从经济效应上看，"区域竞次"中的过低土地价格必然导致我国制造业投资过多，并形成过剩的、国内市场无法消化的生产能力。而为了消化这些生产能

力,中国不得不人为压低人民币汇率以确保产品的国际竞争力。在人民币被低估的情况下,制造业部门过度投资所带来的产能过剩必然带来不断增加的出口顺差,而人民币汇率无法随生产力进步适时调整,又诱致那些认为人民币最后不得不被迫升值的投机者向中国投入大量热钱,从而造成外汇储备的迅速累积。在这种情况下,央行不得不大量发放人民币对冲,于是造成经济中的流动性过剩,并最终带来一般消费品部门通货膨胀。而地方政府在商住用地上的垄断地位必然使得商住用地土地供应偏少,与流动性过剩的情况结合,进一步推高了房地产的价格,形成资产泡沫。通货膨胀与资产泡沫结合在一起的结果就是宏观经济失控。

从社会效应来看,这种发展模式的代价是损害了为数众多的被征地农民的利益。为促进制造业发展而进行的大规模低价圈地已经造成庞大的失地农民群体,处理不好,很容易恶化城乡关系,造成社会不稳定。

结合前面的讨论,可以看到,要从根本上扭转目前的局面,必须从根本上对现行征地制度进行系统性改革,换言之通过相关政策组合,不仅确立征地制度改革目标,提出改革的路径,更要改变现行征地制度背后的阻碍改革的约束条件。本章旨在提出一个系统性的政策组合,确立我国征地制度改革的目标、路径及相关配套改革。

10.1 征地制度改革的目标

我们认为,征地制度改革的终极目标的确立应当建立在寻求财产权利保护和政府公用征收的平衡点的基础上,一方面充分体现《宪法》和《物权法》关于财产保护方面的法律精神,强化集体土地所有者的所有权和集体土地使用者的用益物权,并从征地权行使范围和征地补偿这两个层面体现对集体土地财产权利的保护;另一方面要为公用土地征收留好通道,有利于公益事业发展。为此,本书认为中国征地制度改革的目标应当是:

通过系统性改革,最终建立以符合公共利益为宗旨的土地征收原则,以体现市场价值为公平补偿依据的土地征收制度。

10.2 征地制度改革的路径

改革的目标是清楚的,改革的过程却可能是渐进的。传统观念的惯性,快速工业化和城市化导致的不断增加的土地需求，以及特殊集团的利益都可能成为改革的障碍。而且，在对待被征地农民问题上，还存在着纵向平衡（如何对待已经失去土地的农民）和横向平衡（在土地集体所有制下，如何平衡不同区段土地的征收补偿差异）等难点，但是从各地征地制度改革试点的实践和效果来看，有理由相信，通过渐进的改革，真正体现公平和效率的征地制度将会逐步确立。

总体而言，改革的路径需遵循从易到难分阶段实施的原则。

10.2.1 第一阶段：过渡时期

1. 在征地程序中引入征地补偿和安置的谈判协商机制

在改革初期，可以建立包括以下内容的征地补偿机制：

（1）由省、自治区、直辖市政府制定辖区内各市县的征地补偿最低标准；

（2）引入征地单位与村集体和农民的谈判机制。征地补偿最低标准应体现同地同价原则，结合当地土地资源条件、产值、区位、供求关系和社会经济发展水平等综合因素确定。由于纯公益性用地（如基础设施项目）的供应目前依然采用行政划拨或协议出让方式，因此建议由地方政府国土部门作为中立的谈判组织方，组织用地单位和被征地者开展谈判协商，谈判协商的内容以征地补偿和安置为主，但也不排除征地的范围，比如基础设施项目造成的残留地带征。工业和商住用地征收由地方政府与被征地方直接谈判协商征地补偿和安置方案。引入谈判和协商机制，有助于化解目前征地过程中出现的各种问题和矛盾，因为谈判结果是基于谈判双方意见达成一致的基础上产生的。我们建议征地谈判和协商机制能在即将出台的新的《土地管理法》中体现，并据此修改现行《征用土地公告办法》。

2. 严格区分公益性用地征收和商业用地征收两种不同目的的征收行为，并据此执行不同的土地征收补偿办法

公共目的征收补偿可以由法律或者政府定价，在我国缺乏建立农地买卖市场因而没有形成土地市场价格的情况下，被征收土地本身的赔偿应该根据其最高层次和最佳用途原则进行估价，尽可能接近真实的土地价值，当然应该扣除预期土地将变为公共用地而引起的价格上涨的部分。

其他目的的土地征收，则应该更多地引入竞争机制和谈判机制，从而使得土地所有者的土地收益权在征收过程中得到有效的保护。现行土地增值税可以对由社会进步和城市设施投入导致的涨价部分加以调整。

3. 重构合理的征地程序与补偿的协调和裁决机制

不论征地目的是什么、征地补偿标准多高，由于征地涉及巨大的利益调整，一定会出现征地争议，尤其是补偿争议。一旦出现争议，必须在制度上提供一个

有效、公正的申诉、协调和裁决程序。在目前的《土地管理法》修订草案中提出，当农村集体不同意市、县政府的征地补偿标准时，"被征收土地的农村集体经济组织和农民对征收土地方案中确定的补偿方案有争议的，由市、县人民政府协调，协调不成的，由省、自治区、直辖市人民政府裁决。对征收土地补偿方案的裁决为最终裁决"。这相当于让征地当事一方，既有定价权，又有当对方不同意时的争议裁决权。而对于被征地当事一方，却只有"对裁决程序有异议的，可以自接到裁决决定之日起十五日内，向人民法院起诉"。而且，"征收土地补偿争议不影响征收土地的实施"，这意味着即使被征地者胜诉了，也没有手段让相关政府部门进行足额补偿。显然，这种争议协调和裁决模式是存在很大问题的。为了避免地方政府在征地过程中既当运动员，又当裁判员，我们建议协调职能由市、县政府承担，而裁决职能由省级政府承担，同时保留法律诉讼作为最后的管道。

10.2.2 第二阶段：终极方案

1. 通过立法界定公共利益的含义，划分征地范围，建立以公共利益为唯一征地依据的征地制度

按照征地制度改革的目标，最终要建立以符合公共利益为土地征收原则的征地制度，因此必须在立法上清晰界定公共利益的含义，并以此划分征地范围。在征地制度改革中，公共利益的定义至关重要，因为它关系到征地范围的确定，从而限定政府征地权的行使边界。以符合公共利益为征地的唯一合法依据，明确定义公共利益边界和征地范围。我们建议公共利益的边界定义为：凡直接的公共事业用途；具有公共利益性质的一切其他用途；以及为实施上述用途所必需的相关设施和附属设施用地。公共利益的边界定义清楚后，参照韩国、日本以及我国台湾地区的相关法律，结合我国实际情况，进一步制定征地目录，确定征地范围。本书前文所提出的征地范围划分包括了为经济发展目的动用征地权，是一个比较宽泛的解释，因此具有较好的可操作性和社会接受度。但无论如何，公共利益和征地范围的界定一定会引起争议，我们认为争议不是回避矛盾的理由，设立一套完善的审核机制，使得对公共利益含义的认定既严格，又能够与时俱进，在争议中不断改进，在改进中不断完善才是应有之道。

2011 年 1 月 21 日国务院颁布了《国有土地上房屋征收与补偿条例》，原《城市房屋拆迁管理条例》即日起废止。较之《城市房屋拆迁管理条例》，《国有土地上房屋征收与补偿条例》一大进步是首次将公共利益列为城市房屋征收的依据，并在第八条认定六种情形符合公共利益政府可以依法进行征收，政府征收城市房屋通常不是为了获得这些房屋而是为了获取公用土地，所以城市房屋征收的实质是城市土地使用权的征收。从这个意义上说，在法律上，我国土地征收制度

已经有了巨大的进步，虽然尚未覆盖集体土地征收，但至少为集体土地征收制度改革提供了一条有极大借鉴价值的法律条款。中共中央十七届三中全会精神更是强调"同地同权"，在土地征收过程中集体土地不受区别对待至少有了政治上的依据。

在限定征地范围后，城市规划范围内有很多集体土地，这些土地转换后的用途可能用于商住，并不符合公共利益，我们建议在城市规划控制下，允许集体土地直接进入土地市场。与此同时，通过土地发展权和土地用途管制对城市规划控制区范围外的农地用途转换加以限制。

2.以完全补偿为原则，建立以市场价值为补偿基础的征地补偿机制

不论从公平正义的角度来看，还是从经济效率的角度来看，以独立于政府征地决策和被征地者投资决策的社会最优投资水平为征地补偿依据是最优的。而以被征收土地的市场价值来衡量社会最优投资水平，不仅具有可操作性，更为多数国家征地补偿实践所接受。因此，即使符合公共利益的征地，补偿也应充分考虑土地的市场价值、农民的生活安置、相邻土地的损害以及地上作物、建筑物、构筑物的损失，从而一方面保障被征地农民出路，另一方面引导土地的高效利用。

然而，多数符合公共利益的项目用地并没有市场价格，所谓土地的市场价值应是被征土地在符合最佳最高利用原则下的潜在价值。为了公正地制定征地补偿方案，被征土地的市场价值应由独立的第三方估价机构加以评估。我国实行土地估价制度已经有十多年的历史，土地估价技术已较成熟，因此，只要委托公信力较高的估价机构就可以对被征土地的市场价值进行客观公正的评估。

10.3 征地制度配套改革

征地制度改革能否变成现实，在很大程度上取决于政府，尤其是中央政府，能否下决心进行深层次的、配套性的体制改革。因为惟有进行深层次的改革，才能够改变中国当前不可持续的城市发展与经济增长模式；而惟有通过配套性的改革，通过实施一种环环相扣的整体性改革方案，才能够在打破不合理的既有利益格局的情况下，同时兼顾改革中可能被损害群体的利益并有效降低只进行单项改革时所必然面临的巨大利益调整和改革阻力，从而实现征地制度改革的顺利过渡。

10.3.1 调整现有征地模式、促进收入合理分配和经济社会可持续发展

既有的征地和出让模式是地方政府一方面通过压低地价、协议让地来竞争制造业投资，另一方面限量供应、招拍挂高价出让商住用地的一个制度基础。如果不对这个体制进行根本性的改革，地方政府大规模低价征地、（亏本）供地，并吸引制造业投资，然后通过限量、高价供应商住用地盈利进行不健康"土地财政"的发展模式就不会停止。如果继续沿用既有征地模式，或者继续在土地利用总体规划确定的城镇建设用地范围内实施征地，那么就很难扭转地方政府通过低地价和补贴性基础设施恶性工业用地，然后通过高地价、限量供应商住用地盈利的不利局面；就无法扭转我国城市建设中大搞各种工业开发区、工业用地比例明显偏高，而商住用地比例明显偏低，价格过高且上涨速度更快的不可持续的发展模式。实际上，尽管2006年国土资源部首次规定工业用地必须纳入"招拍挂"出让范围，但很多地方为了吸引工业投资，在工业用地出让中，采取有意向的挂牌出让，出让金显著偏低；不仅如此，地方政府在出让土地后有时还会把部分土地出让金按投资额返还给企业。为了弥补协议出让工业用土地带来的亏空，一些地方政府不得不通过商、住业用地出让获得的土地出让收入进行横向补贴。

就我们看来，必须要从树立科学发展观、实现经济、社会、环境可持续发展的高度，而不是地方政府征地方便的角度来考虑征地制度的改革。应该认识到，目前我国这种以"区域竞次"来吸引制造业投资，并成为全世界中、低端制造业中心的发展模式是以地方政府通过压低制造业用地征用和出让价格为基础的。

从经济效应上看，"区域竞次"中的过低土地价格必然导致我国制造业投资过多，并形成过剩的、国内市场无法消化的生产能力。而为了消化这些生产能力，中国不得不人为压低人民币汇率以确保产品的国际竞争力。在人民币被低估的情况下，制造业部门过度投资所带来的产能过剩必然带来不断增加的出口顺差，而人民币汇率无法随生产力进步适时调整又诱致那些认为人民币最后不得不被迫升值的投机者向中国投入大量热钱，从而造成外汇储备的迅速累积。在这种情况下，央行不得不大量发放人民币对冲，于是造成经济中的流动性过剩，并最终带来一般消费品部门通货膨胀。而地方政府在商住用地上的垄断地位必然使得商住用地土地供应偏少，与流动性过剩的情况结合，进一步推高了房地产的价格，形成资产泡沫。通货膨胀与资产泡沫结合在一起的结果就是宏观经济失控，最后经济不得不进行较大调整。

从社会效应来看，这种发展模式的代价是损害了为数众多的被征地农民的利益。为促进制造业发展而进行的大规模低价圈地已经造成高达3000～4000万的失地农民，处理不好，很容易恶化城乡关系，造成社会不稳定。

所以必须要从落实中央政府"科学发展观"的角度来看待征地制度改革问题，要从要根本上扭转目前的局面，必须建立农地转工、商等非农用途过程中农民与用地者的直接协商机制。这就必须允许农村集体土地直接进入一级市场，只要符合城市规划和土地利用规划的要求，土地开发商可以直接与村集体进行土地交易，使得村集体及其村民能够保有土地出让的更多收益。

10.3.2 推动集体建设用地使用制度改革

在很大程度上，征地制度改革和集体建设用地入市是一枚硬币的两面，允许集体建设用地入市就意味着这一部分土地就不再通过征收收归国有。因此，征地制度改革推进到何种程度，也就决定了集体建设用地入市的范围，甚至决定了建设用地之外的集体土地（主要是农用地）的命运。长久以来，学术界和政府部门都十分关注集体土地权能缺失的问题，很多学者都期望集体土地产权有朝一日可以和国有土地产权"平起平坐"。2007 年我国《物权法》的颁布实施，以及 2008 年中国共产党十七届三中全会通过的《中共中央关于推进农村改革发展若干重大问题的决定》，也都开始逐步体现"平等保护物权"的精神。但是，如果我国的征地制度不进行根本性的改革，征地权依然借助公权力强行介入非公共利益领域，那么集体土地产权就永远不可能与国有土地产权"平起平坐"。所以，从这个意义上来讲，在这轮《土地管理法》的修订中，征地制度的改革是一个核心的内容。从某种意义上说，集体建设用地入市不过是完成征地制度改革之后的一件"副产品"而已。如果前一个问题能够得以顺利地推进，那么集体建设用地入市中的很多问题就可以迎刃而解了。

中共十七届三中全会《决定》指出，要逐步扩大集体建设用地流转范围。但在目前农村建设用地流转的范围问题上，从目前《土地管理法（修订草案）》来看，立法者的倾向是从空间（即土地利用总体规划确定的城镇建设用地范围外）上或用途上来控制。这个规定实际上把绝大部分有较高市场价值的农村建设用地排除在流转之外，包括继续禁止集体建设用地用于商品住宅开发（小产权房开发）。其主要理由是担心建设用地总量失控、耕地保护压力增大以及土地收益流失。但前文的讨论也表明，这些政策的实施效果并不理想，不仅小产权房屡禁不止，而且政府也丧失了本来可以从小产权房合法化后可获得的税收收入。

我们认为，允许集体建设用地进行商品住宅开发，不管是不改变集体土地所有权性质的方式，还是允许在村集体和农民与用地者补偿谈判好后再转为国有土地的方式，都有助于保护集体建设用地权利人利益，减少社会矛盾，提高土地利用效率。对面广量大、悬而未决的小产权房问题，与其禁止，不如趁《土地管理法》修订的机会加以规范和疏导。只要不损害公共利益，符合土地利用总体规划和城镇总体规划，就应当赋予集体建设用地与国有建设用地平等的权利。工业或商住用地应该直接与用地涉及的村集体和农民进行土地交易，使得土地用途转换和相应土地升值潜力较大的村集体及其村民能够保有土地用途转换过程中农地价值和增值部分的主要收益。

允许农村集体土地直接进入城市土地的一级市场的意义其实远远超过给予失地农民合理补偿本身。惟有如此，才能够缓解目前地方政府垄断供地而导致的商品房用地价和相应房价过高的问题，也惟有如此，才能够遏制地方政府低价征地、然后血本出让给制造业用地者来大搞开发区的现象，也才能遏制制造业产能过剩带来的一系列宏观经济失衡、生态环境恶化，也才能缓解因目前征地权被滥用所带来的严重社会矛盾。如果能够推动这些改革实现，并配合相应的规划措施，恰恰有助于改善、而不是恶化政府担心的（放开集体建设用地流转后）的耕地保护不力以及城市建设用地过度扩张的问题。配合下一个小节要讨论的税制改革，政府土地收益流失问题也将不成为问题。

这里特别需要进一步讨论的问题，是如何改造中国城市中广泛存在的"城中村""城郊村"。目前很多城市进行的所谓"改造"，无非是对这些地段进行房屋拆迁后再将土地转为国有，然后出让土地牟利。这些措施不仅会因损害被拆迁农户利益而造成政府和被拆迁农民之间的直接对抗和社会冲突，而且也使很多居住在"城中村"或"城郊村"的外来流动人口居无定所。从保护失地农民和流动人口这两个中国社会中已经非常弱势之群体的利益角度看，我们不认为如此性质的拆迁是一种可持续的城市改造模式。但在城市改造中找到有效的替代解决方案，也不是非常容易的事情。一种可能的改进，是借鉴美国、日本、中国台湾等国家和地区进行的土地"增值溢价捕获""区段征收""市地重划"等成功经验，结合各地市情，以确权为前提推进土地制度创新，为各地"城中村"改造乃至都市更新提供有力的政策工具。改革的目标，应该是在有效改造基础设施、提升公共服务的基础上，继续发挥"城中村"地段为流动人口提供经济适用住房的保障性作用，最终建立政府、原土地权利人，外来人口，乃至地产开发和工业用地者多方的利益均衡。中国台湾省的"区段征收"和"市地重划"经验表明，这些措施可以成功解决政府公共建设用地取得和征收补偿难题，土地权利人亦可获得原地补偿，享有公共设施完善、生活质量提升、土地增值等多重开发利益，公私各蒙其利。

中国的"城中村"改造，完全可以借鉴这些成功经验，并在此基础上进行创新。为解决外来流动人口的居住问题，中国城市的"城中村"改造过程中，城市政府完全可以借鉴"区段征收"和"市地重划"的成功经验，不仅可以用较低成本获取公共用地，还可以结余少量可供拍卖的商、住用地。与此同时，通过城市规划手段，可以放宽建设容积率，原业主减少的土地面积可以通过房屋建筑面积的增加以及基础设施的改善获得补偿。一个旧城改造项目实施后，房屋建筑面积总体上可以得到增加，从而政府通过增加市场供给来抑制房价或房租的大幅上升。这样，就可能在规划限制的基础上，通过市场机制，而不是政府提供的方式来有效解决部分流动人口的居住问题。总体来看，由于"城中村"基础设施的改进可以大大提高被改造地段的土地价值，这个新增的附加值部分就可以在地方政府、"城中村"原有土地权利人之间合理分配，从而形成一个经济学上的"帕累托改进"：一方面，地方政府完全可以不用投入更多资源，就可以支付被改造地段的基础设施提升和城市面貌改善（因为政府在区段征收中，已经预留一部分土地用作基础设施建设，还有一部分可以公开拍卖以偿还开发费用），而"城中村"原有土地权利人即使放弃了其部分土地用于基础设施改进和政府拍卖，其剩余土地的价值也高于未改造前的全部土地价值；另一方面由于"城中村"改造通过提高容积率增加了房屋供给，起到了抑制房价和房租的作用，这就充分保障甚至改善了外来流动人口的居住权利。

10.3.3　推动财税体制改革

在"区域竞次式"增长模式下地方政府严重依赖土地出让金收入，因此不改变目前财政激励结构，征地制度改革势必遇到很大的阻力。另一方面，如果严格限制征地范围，拓宽农村集体建设用地流转，那么对改革所涉及村集体和农民带来的土地收益势必非常庞大。实际上，征地制度改革并不意味着地方政府无法获得土地由农地转非过程中的增值收益。从理论上讲，城市化过程中土地用途转换所发生增值主要来自于具有"外部性"的城市基础设施和产业发展，而非土地原使用者（即占有土地的农民）对土地的投资。因此，征收一定比例的土地增值税不仅具有经济效率的合理性，也可实现由不规范预算外土地出让金向预算内土地增值税的转化，从而减少当前地方政府在土地出让中的寻租行为和预算外财政缺乏透明度的情况，改善地方财政的管理。在通过深化土地市场化改革、提高土地使用成本以减少工业用地低价出让行为的同时，改变地方政府为提高出让金而偏少供给商住用地的局面，还必须加速财税体制的改革。其主要措施就是要逐渐引入对商、住用房产征收的财产税（或物业税），以此激励地方政府增加商住类房地产用地的供给。

因此，需要建立一个合理的建设用地收益分配机制，使得政府、村集体以及农民的权益分配达到平衡。事实上，各地在集体建设用地流转收益分配上已经作出了很多有益的尝试。比如在浙江省湖州市规定村集体经济组织所有的土地流转收益，由乡（镇）与村两级分成，其中乡（镇）为 10％，村为 90％。当然，政府通过非税手段参与集体建设用地流转收益分配的方式并不是最佳的，我们建议通过税收的途径来加以规范。

第一，修订《土地增值税暂行条例》，将适用范围扩展到集体土地，设计合理的税率，扩大政府在农村土地使用权的出让、转让和租赁收益上的税源。纳税对象既包括严格限定征地范围后非公益性项目用地集体非建设用地的出让、租赁收入，也包括集体建设用地流转收益（含宅基地）。当征地制度改革推进到按照市场价值补偿被征土地时，依照"涨价归公"的理念，征地补偿也可以纳入土地增值税纳税对象，将土地自然增值部分收归政府财政。

第二，在试点的基础上全面开征物业税。物业税的改革研究工作从 2003 年起已正式启动，税务总局与财政部先后批准了北京、江苏、深圳等六个省市作为试点先行单位，进行房地产模拟评税试点。2007 年税务总局与财政部又增加了河南、安徽、福建和大连四个地区部分区域作为房地产模拟评税扩大试点范围。目前这十个城市处于模拟空转阶段，但已有多个城市向国家税务总局和财政部递交了物业税"空转实"的申请方案。如果能够在试点基础上，全面开征物业税，这将是地方政府稳定而持久的税源。

如果要严格限制公益性征地范围，引入征地谈判机制，全面进行农村集体建设用地市场化改革，需要在土地增值税和物业税这两个税种上同时推进。实际上，目前各地土地出让中一半以上的出让是协议低价供应的工业用地，扣除日益增加的征地成本和基础设施成本，土地出让的收益非常低，甚至为负，而地方政府可以获得净收益的商住用地不超过总出让的四成，所以地方政府进行的预算外土地财政收支行为的净收益和收益率其实并不高，初步估计在总出让金的20％左右。如果全面引入土地增值税和物业税并设定合理的税率，地方获得的土地增值税与物业税的税收收入完全可以弥补政府在土地出让金上的损失，并能有效抑制地方政府通过大规模征地和低地价策略招商引资的冲动，从而切实做到保护农民利益，提高土地利用效率，降低耕地保护的压力，最终有助于实现城乡统筹发展。更重要的是，物业税和土地增值税是稳定的可持续的政府税收收入，完全有别于"寅吃卯粮"不可持续的土地出让金，从而有效抑制地方政府通过征地和低地价策略招商引资的冲动，切实做到保护农民利益，提高土地利用效率，降低耕保压力，实现城乡统筹和经济社会可持续发展。

10.4 本章小结

本章从公共利益和征地补偿这两个层面提出了征地制度改革的目标、分阶段实施的改革路径以及相关配套改革。然而上述改革方案并未涵盖征地制度改革的全部，很多重要的环节包括征地程序、争议裁决和法律诉讼等方面的改革本书并未涉及。尽管如此，我们认为公共利益和征地补偿是征地制度的核心，是追根溯源式推动征地制度回归本质的两项重大内容，只有这两项内容的改革调整实现了，包括征地程序、征地裁决等在内的其他方面的改革才有意义。

毋庸置疑，由于涉及重大利益的调整，中国征地制度改革的进程必须在征地制度的激励结构和约束条件改变后才有条件向前推进，因而必定是一个渐进的、阻力重重的系统性改革过程。然而，只要配套改革能够跟进，我们就有理由相信，一套符合社会公平正义、有利于优化土地配置的征地制度一定能够成功地设计出来，并被逐渐完善和推广。通过某些极端的案例来反对征地制度改革是缺乏足够说服力的，因为这些案例带来的问题，往往只涉及征地改革的技术层面，而改革政策的技术细节完全可以通过渐进的方式逐步加以完善。正确的改革目标一旦确立，那么，往前推进的每一步，也一定是坚实的一步。

鉴于《土地管理法》修改在即，我们想指出的是，考虑到征地问题事关我国经济发展、社会公义乃至政治稳定的大局，《土地管理法》的修订工作必然是一个影响亿万百姓切身利益的重大法律事件，我们认为，在修法的过程中，有必要引入广泛的公众参与，并对法律如何修改进行公开的学术辩论与政策讨论。只有这样，才能够厘清很多认识的误区，才能够明确阻碍改革的关键制约，也才能够在凝聚社会共识的基础上实现改革的最终突破。否则，《土地管理法》修改方案即使可以被人大通过，在实践过程中也很可能无法得到有效实施，甚至会带来更多的社会矛盾和冲突。

后　记

经过近两年来断断续续的写作，今天终于可以交稿付印了，忍不住长长地舒了一口气，顿感胸口一块巨石落地。

我是一个懒人，学浅才疏，志亦不大，对出版专著一直没有兴趣，这一方面是觉得撰写一本专著工程浩大，心有畏惧；另一方面是觉得要堆砌出一二十万字，难免滥竽充数，心有不甘。十年前我出版了我的博士论文，此后除了应景之需的个别章节，再无专著出版。但是，环境是如此迫人，不得不屈服于现实，挥毫起笔。好在征地制度是我较为熟悉的领域，以往有较多的研究积累，并在 2009 年和几位合作者一起主持了全国 12 个城市大样本征地抽样调查，搜集了宝贵的一手数据，为本书实证部分的研究打下了扎实的基础。

多年以来，我的学术研究大多是与合作者一起开展的，相关学术成果也是共同署名发表。由于结构完整性的需要，本书难免也必须吸收以往的一些研究成果，其中少数成果是我与合作者共同完成的，虽已征得合作者的同意，在这里我也必须加以说明。

在本书撰写过程中，我的合作者中国人民大学陶然教授、中央财经大学王兰兰副教授，以及美国瓦萨学院苏福兵副教授给予了很多无私的帮助。浙江大学叶春辉副教授、中国社科院社会学研究所陈华珊助理研究员在计量方面提供了很多建议，在此表示感谢！

硕士研究生赵恒坤、陈箫、毛娜、罗娟和陈卫等同学在调研、数据录入清理、文献整理以及计量分析等方面做了非常多的优秀的工作，甚至本书一小部分是我与他们共同完成的。虽然多数同学已经走上工作岗位，不再从事学术研究，在此我依然要感谢他们的贡献。

本书得到了国家自然科学基金"最严格耕地保护制度下土地发展权转移与交易的研究：理论框架、地方创新与政策含义"（71073138）、国家社科基金重大项目"城乡经济社会一体化新格局战略中的户籍制度与农地制度配套改革研究"
(08/ZD025)、国家社科基金重大项目"城乡统筹发展背景下户籍制度改革与城
镇化问题研究"(11&ZD037)、北京大学-林肯研究院城市发展与土地政策研究
中心的资助,特此感谢。

尽管已经尽了最大努力,但由于本人学术训练有限,书中难免有很多不足,
甚至出现一些错误,恳请同行谅解并批评指正。

汪晖
2012 年 8 月于浙江大学

图书在版编目(CIP)数据

中国征地制度改革：理论、事实与政策组合 / 汪晖著.
—杭州：浙江大学出版社，2013.5
ISBN 978-7-308-10602-3

Ⅰ.①中… Ⅱ.①汪… Ⅲ.①土地征用－土地制度－
经济体制改革－研究－中国 Ⅳ.①F321.1

中国版本图书馆 CIP 数据核字(2012)第 215610 号

中国征地制度改革：理论、事实与政策组合
汪晖　著

责任编辑	陈丽霞	
出版发行	浙江大学出版社	
	（杭州市天目山路 148 号　邮政编码 310007）	
	（网址：http://www.zjupress.com）	
排　　版	浙江时代出版服务有限公司	
印　　刷	杭州丰源印刷有限公司	
开　　本	710mm×1000mm　1/16	
印　　张	12	
字　　数	222 千	
版 印 次	2013 年 5 月第 1 版　2013 年 5 月第 1 次印刷	
书　　号	ISBN 978-7-308-10602-3	
定　　价	34.00 元	